L'ILE BOURBON

L'ILE DE FRANCE — MADAGASCAR

RECHERCHES HISTORIQUES

PAR

Le D' Honoré LACAZE

PARIS

A. PARENT, IMPRIMEUR DE LA FACULTÉ DE MÉDECINE

RUE MONSIEUR-LE-PRINCE, 31

—

1880

L'ILE BOURBON

L'ILE DE FRANCE. — MADAGASCAR

RECHERCHES HISTORIQUES

L'ILE BOURBON

L'ILE DE FRANCE - MADAGASCAR

RECHERCHES HISTORIQUES

PAR

Le Dr Honoré LACAZE

PARIS

A. PARENT, IMPRIMEUR DE LA FACULTÉ DE MÉDECINE

RUE MONSIEUR-LE-PRINCE, 31

1880

AVANT-PROPOS.

Après le passage du cap de Bonne-Espérance par
les Portugais, toutes les nations de l'Europe maritime pénétrèrent dans la mer des Indes, cherchant
des terres inconnues et ces régions lointaines avec
leur auréole magique de richesses.

Les Portugais eurent la plus grande part de ces
explorations. Madagascar, la grande île, les arrêta
d'abord, et ils y fondèrent un établissement dans le
sud-ouest. Les Hollandais, les Anglais, les Français
arrivèrent après eux. Tous voulurent tenter la colonisation de cette grande terre qui a presque l'étendue d'un continent; tous y renoncèrent après des
essais infructueux et des ruines. La France est la
nation qui y séjourna le plus longtemps, et pendant
environ quarante ans; certaines cartes indiquent que
sa domination s'étendait sur toute la côte orientale,
depuis le Fort-Dauphin jusqu'à la baie d'Antongil.

Les îles à l'est, reconnues par Mascarenhas, restèrent inoccupées longtemps après leur découverte.
Les Hollandais avaient pris possession de Cirné, à laquelle ils avaient donné le nom de Mauritius, mais
ils n'y firent jamais de grands travaux de colonisation, et malgré les richesses naturelles de cette île
ils finirent par l'abandonner, ce qui permit à la

France, appuyée sur la colonie naissante de Bourbon, de s'en emparer.

L'île Mascareigne ou Mascarin, Sainte-Appolline, Bourbon depuis Flacourt, resta longtemps sans habitants. La grande île de Madagascar paraissait seule digne d'une colonisation sérieuse. Les Français, quoiqu'ayant reconnu et pris possession de Mascareigne, n'ajoutèrent aucune importance à cette île aux abords difficiles, qui ne semblait propre qu'à être un point de relâche pour le rafraîchissement des navires de passage. Les Hollandais, les Anglais, les Portugais étaient déjà dans l'Inde, dans les grandes îles de la Sonde, et ne s'arrêtaient plus à leur première étape.

S'il était dans la destinée de Madagascar de ne pouvoir être colonisée sérieusement par aucun peuple civilisé, il est curieux de voir les deux petites îles dédaignées ou abandonnées prendre un essor considérable, et devenir deux colonies importantes.

C'est la ruine de la compagnie des Indes à Madagascar qui fut la cause du développement de l'île Bourbon, et c'est de l'île Bourbon que nous voyons les premiers colons se diriger sur Mauritius, abandonnée des Hollandais, pour y fonder une colonie française. — On peut donc considérer l'île Bourbon comme le point le plus important pendant quelque temps, et à l'origine surtout de nos efforts de colonisation dans la mer des Indes. — Cette île a eu la singulière destinée de changer de nom avec tous les gouvernements : Mascareigne, Bourbon, Réunion, Bonaparte. La cause en serait-elle dans l'ancienne renommée d'excellence de son climat, de ses produits, de cette nature si admirable qui avait porté

Flacourt à lui donner le nom de Bourbon, seul digne de ce sol privilégié. On dirait que chaque gouvernement y a attaché son nom avec une sorte de prédilection. Hélas ! aujourd'hui, nous n'avons plus à nous enorgueillir que du passé, et le présent ne nous offre plus qu'un pays accablé par la fièvre comme Madagascar.

Pour bien comprendre la marche de notre colonisation de la mer des Indes, il faut donc la suivre dans ses phases successives : Madagascar, Mascareigne, Bourbon, Mauritius, île de France. — Mes recherches intéressent plus particulièrement l'île Bourbon. C'est là que le grand effort de colonisation s'est continué malgré toutes les difficultés, et a fini par constituer un pays. — L'île de France a bénéficié de toutes les écoles, de tous les essais, de toutes les luttes de l'île voisine. — Le courant était déjà établi entre la colonie et la mère patrie quand la France en prit possession.

Je donnerai donc un sommaire historique de nos établissements à Madagascar avant de parler de l'île Bourbon et de Maurice. C'est le point de départ. Les deux petites îles ont vécu longtemps sous le même drapeau et la même administration; leurs familles se sont mêlées depuis l'origine jusqu'à nos jours.

Ce qu'étaient ces régions fortunées il y a deux siècles, des voyageurs l'ont dit, et certains craignent d'être taxés de faire de la fable ou du roman, tant ils y ont vu des choses merveilleuses. Je les reproduira sans y rien ajouter, pour représenter ce passé dont la peinture a tant de charme et paraît si extraordinaire. — Je ne veux pas faire une histoire régulière, mais, autant que possible, peindre d'après les documents originaux. Quand j'en trouverai d'intéressants, je les reproduirai le plus possible, et y mettrai du mien le moins possible, pensant avec raison que ces récits originaux découverts dans les bibliothèques ou les archives ont un mérite tout spécial et original, le plus grand, le seul peut-être qu'offriront ces recherches.

Cet Eden, ce paradis terrestre a été saccagé, le climat s'est modifié profondément, les grandes forêts ont été abattues jusqu'au sommet des montagnes pour y planter la canne, les cours d'eau si limpides, si abondants, ayant perdu leurs réservoirs d'humidité, s'étalent le plus souvent sur le rivage comme des marais, et on s'étonne après cela de la venue de la fièvre paludéenne. Aujourd'hui on critique, on s'indigne, on regrette ; mais nous avons subi la loi fatale : il fallait changer de culture, et les exigences d'une industrie nouvelle ont tout dominé. Tout se transforme sur la terre, et plus d'un pays, plus d'une île surtout a subi la même influence qui nous a transformés.

Notre voisine, Maurice, a suivi les mêmes phases que nous, et nous avons exactement à nous reprocher les mêmes fautes, et à gémir des mêmes conséquences.

Considérons philosophiquement l'état actuel et tâchons, quand nous le pourrons, de faire revivre les temps passés par les récits anciens et aussi par les impressions et les souvenirs que nos pères nous ont transmis. J'ai pensé qu'il y aurait de l'intérêt et un charme consolateur pour les créoles et ceux qui ont habité ces pays, de trouver réuni ce qu'on ne rencontre que disséminé dans des livres rares et souvent avec difficulté.

Si nous avons à regretter un passé dont la simplicité et la grandeur nous sont dépeintes avec tant de charme par nos ancêtres, nous trouvons aussi une consolation et un espoir dans ce parcours historique. — La colonie de Bourbon, comme Maurice, a eu des phases périodiques de misère et de découragement. — Souvent les administrateurs annoncent la ruine et le désespoir : le pays ne produit plus, les fortunes sont ébranlées, la terre épuisée, la dette énorme, la population exubérante, la monnaie disparue, le papier déprécié ; les propriétés ont pris une valeur exagérée et sont ensuite avilies. C'en est fait, la colonie ne peut plus se relever. Elle s'est relevée cependant, et la ruine n'a jamais été définitive. Les documents qui concernent les deux îles sont pleins de ces détails et de cette peinture désespérés.

Dans les temps passés, comme aujourd'hui, nous verrons de grandes fortunes à côté de grandes misères. Les besoins des temps modernes rendent peut-être plus pénible cette situation, et elle a peut-être des causes plus profondes, mais il y aurait de quoi se consoler si le climat, devenu complètement malsain, ne venait pas ajouter à la misère le triste et pénible cortège de la maladie.

Ces pays ont eu surtout un attrait proverbial, et ceux qui les ont quittés, après y avoir séjourné, et vivent encore dans les grandes villes de France, ne cessent d'en parler avec enthousiasme et regret. — Pour eux, les plus belles années de leur existence

ont été celles écoulées dans un tel milieu où les souffrances matérielles ou sociales étaient amoindries
ou inconnues. Le riche comme le pauvre y vivait à peu
près de la même manière. Si la table de quelques-uns
était plus ornée et plus abondante, elle n'était jamais
exclusive, et le parent, le voisin sans fortune y avait
souvent sa place, sans que son amour-propre eut à
en souffrir. — Il existe dans ces pays, comme partout, des classes sociales que motivent la naissance,
l'éducation, la fortune ; mais l'égalité y règne surtout autant que possible. — La fortune acquise par
le travail, l'énergie, l'intelligence, quel que soit le
métier qui l'ait produite, est la bien venue, et l'homme
appartenant aux premières familles ne déroge pas
en prenant une industrie qui, ailleurs, déclasse. C'est
peut-être le plus beau côté de cette société, et l'extérieur, l'esprit, qui dans d'autres régions sont modi-
fiés d'une manière fâcheuse par le milieu, ici, restent ceux de l'homme aux bonnes manières et de
bonne éducation. Telle maîtresse de maison, obligée
pour faire vivre sa famille de faire un petit commerce
de détail, reste à l'occasion la femme du monde
pleine d'agréments, de bon ton, et souvent de ta-
lents aptes à briller dans un salon.

Les arts, la musique surtout, y sont cultivés avec
succès et passion, et depuis longtemps. J'ai connu
des femmes d'un autre âge qui jouaient très agréablement du clavecin, de la guitare, de la harpe, et
qui surtout étaient bonnes musiciennes, lisant facilement et transposant la musique. — Les naïves et
simples romances d'autrefois étaient chantées avec
accompagnement de guitare sous une tonnelle ou une

varangue bien simple. Les brillants salons actuels n'offrent rien de plus séduisant; mais tout change, et le piano a supplanté la modeste guitare, et c'est lui qu'on entend partout aujourd'hui. — Les femmes y ont toujours eu un cachet de grâce qui ne s'est pas perdu, et, à Bourbon, elles sont même renommées auprès de nos voisines par l'élégance de leurs toilettes.

Il y a aujourd'hui dégénérescence de la race et les grandes beautés, comme les hommes aux formes vigoureuses et bien dessinées, ont diminué ou disparu. — La vie physique, l'absence des grandes préoccupations d'affaires, l'exercice du cheval, les danses à grands mouvements développaient le corps, et on ne voit plus aujourd'hui aussi nombreux ces hommes au bel aspect dont parlent les anciennes chroniques.—L'instruction, les professions qui réclament la culture de l'intelligence ont nui au développement physique. Ici, comme ailleurs, il y a eu déplacement de forces.

Chose remarquable, ces climats débilitants étrangers aux grands besoins de la vie, et qui font naître souvent la mollesse et l'apathie, ont produit cependant des natures bien trempées qui ont su lutter contre l'affaissement des pays chauds. — Des hommes vraiment remarquables et exceptionnels partout, y sont partis de rien pour arriver, par le travail et l'énergie de leur intelligence, à de grandes fortunes. Quelques-unes sont encore debout malgré la difficulté du temps, et témoignent du mérite de ceux qui les ont élevées.

C'est encore un point de vue admirable de ces

pays privilégiés que les richesses qui y ont pris naissance pour se répandre au dehors sans que la source en soit épuisée. En Europe la fortune, les revenus sont dépensés sur place, et viennent augmenter même, dans leur excès fâcheux, l'avoir général. Dans ces colonies éloignées, il règne une idée malheureuse et fatale : on y vient, on y travaille pour faire fortune et aller jouir ailleurs. Malgré les satisfactions qu'on y trouve, il semble que sur le grand sol de la mère patrie seul on peut jouir de la vie sous toutes ses formes. Les revenus les plus considérables et les plus réels sont exportés, et les grandes familles qui en bénéficient vivent en Europe. — Il faut vraiment qu'un pays offre des ressources exceptionnelles pour résister à un tel régime, et la généralisation actuelle de cet état de choses, depuis surtout la grande facilité des voyages, est, à mon avis, la plus importante cause de notre déchéance. — Chacun pense à s'en aller, et celui qui peut disposer d'une certaine somme part seul ou en famille pour l'Europe, dépense le plus souvent au delà de ce qu'il a, et revient dans des conditions de dettes qui rendent plus difficile son travail, son industrie. — Un vice profond, peut-être irrémédiable de notre société, depuis l'émancipation, est l'immigration continue. Un pays dont le travail n'est soutenu que par un flot d'hommes qui, chaque année, vient à grands frais de l'extérieur, qui les absorbe par les maladies, la mort ou toute autre cause, et a constamment besoin de les renouveler, ne peut vivre d'une manière normale.

Comment y remédier, comment créer des ateliers permanents et pris sur place? Grandes difficultés, peut-être insurmontables, car nous ne sommes pas les seuls dans les mêmes conditions, et les îles qui ont notre industrie font comme nous et souffrent comme nous.

La formation, les débuts de la colonie de Bourbon sont d'une originalité exceptionnelle. Un pays qui n'avait jamais été habité, qui excite l'enthousiasme de tous ceux qui l'ont visité, se peuple peu à peu des éléments les plus divers, les plus disparates. On y assiste à la naissance d'une société sauvage, barbare, peu édifiante même, livrée à elle-même pendant longtemps, ou dirigée par des chefs incapables ou indignes.—Il a fallu du temps pour agréger tous ces éléments contraires, et c'est à ces êtres si divers que ce pays a dû son originalité. — Une administration difficile, sans suite, eut à subir pendant longtemps l'indiscipline et le désordre sous le régime de la compagnie et même sous le gouvernement du roi. La colonie finit cependant, malgré tant d'obstacles, par prendre une importance légitime. En examinant d'un œil philosophique cette colonie, on y retrouve tous les filons des premiers colons. Les origines n'en sont point accusatrices, et à cette époque un forban, un aventurier, n'était souvent qu'un chercheur de fortune, comme beaucoup appartenant au gouvernement ou aux premières familles d'Europe (1). A ces esprits agités, chercheurs d'inconnu et d'aventures, il a fallu, à un moment donné, l'ordre et la stabilité

____

(1) Nous voyons à Madagascar un corsaire, Hugo, commandant l'*Aigle noir* pour le ministre Fouquet. Il veut même s'emparer de Fort-Dauphin.

d'une société organisée. Alors, ils sont devenus des colons actifs, industrieux, des pères de famille soucieux de l'avenir. Leur énergie bien dirigée a constitué de grandes fortunes et des colonies prospères à la métropole. L'esprit d'indépendance, de rébellion, frondeur, est resté un des côtés de cette société.

L'île de France offre les mêmes caractères, mais moins tranchés, et n'a pas eu comme Bourbon une enfance aussi longue, aussi difficile ; nous en avons donné la raison ; quand elle a été fondée par sa sœur voisine, elle a pu profiter d'une organisation déjà avancée et d'une direction expérimentée et immédiate.

Bernardin de Saint-Pierre a visité Bourbon en 1770. Il parle de l'île de France surtout en termes souvent peu flatteurs, excepté dans les pages ravissantes de Paul et Virginie. Ce qui le frappe surtout à Bourbon, c'est la vie simple, douce, primitive.

« Les mœurs des anciens habitants de Bourbon étaient fort simples. La plupart des maisons ne fermaient pas, une serrure même était une curiosité. Quelques-uns mettaient leur argent dans une écaille de tortue, au-dessus de leur porte. Ils allaient nu-pieds, s'habillaient de toile bleue et vivaient de riz et de café ; ils ne tiraient presque rien d'Europe, contents de vivre sans luxe pourvu qu'ils vécussent sans besoins. — Ils joignaient à cette modération les vertus qui en sont la suite: de la bonne foi dans le commerce; de la noblesse dans les procédés. — Dès qu'un étranger paraissait, les habitants sans le connaître venaient leur offrir leur maison. » (Voyage à l'île de France.)

Nous avons connu encore ces mœurs primitives qui ont été modifiées avec le temps.

Cependant, malgré la gêne et les souffrances, l'hospitalité est encore généralement pratiquée. C'est de Madagascar qu'est venue cette manière si simple, si généreuse d'hospitalité.

Le voyageur qui parcourt les villages malgaches retrouve encore les mêmes usages. Quand l'étranger arrive dans un village, les cases lui sont ouvertes, et on est heureux de lui offrir à coucher, à manger. C'est la main qui offre, c'est le cœur qui donne, dit le proverbe malgache,

A l'île de France c'était à peu près la même manière d'être, et nous y avons vu une existence large et hospitalière, mais la société qui s'y est formée n'a pas eu les commencements naïfs de Bourbon, cette vie de montagnes et d'un pays moins fréquenté. — Elle a beaucoup grandi par son port, son sol plus accessible ; son importance agricole et commerciale a pris de grandes proportions. On y fait encore de ces chasses miraculeuses dont nous parle La Roque. Les sangliers, les cerfs y vivent en troupeaux au milieu des forêts, et je doute que dans aucun pays on puisse assister à des chasses aussi royales. — Quoique vivant sous un autre gouvernement la population y est restée française, et les deux îles sont unies par tous les liens de parenté, de sympathie et d'affection. — Comme pays, c'est un contraste complet avec Bourbon : plaines, rivages accessibles, ports nombreux, sites charmants. L'île de France a été, dans son genre, un autre Eden.

Les premiers explorateurs de Mascareigne n'ont

vu que ses rivages enchanteurs, et ses premiers habitants ne connaissaient pas sans doute les gorges profondes et les sommets presque inaccesibles du centre de l'île. — Nous allons compléter le tableau en disant quelques mots de ces régions alpestres qui ont conservé longtemps leur aspect primitif, et ne l'ont perdu en partie que dans ces dernières années.

Les grandes routes ont leur incontestable utilité, et facilitent singulièrement les communications, mais elles ont leur danger quand elles entraînent avec elles les déboisements et des essais de culture dans des régions qui auraient dû être respectées, d'abord parce qu'elles étaient les grands réservoirs d'humidité du pays, aussi parce qu'elles sont impropres à toute culture sérieuse.

L'île Bourbon est un cône qui n'a guère de plateau et, à part la plaine des Cafres, toutes les autre parties nommées plaines ne sont que des pentes plus ou moins accidentées. La plaine des Cafres est formée par un affaissement volcanique; elle est jalonnée de nombreux pitons, étapes du volcan dans sa marche primitive du piton des Neiges vers le volcan actuel. Cette plaine présente dans certaines parties une très belle végétation; elle est et était, surtout avant son exploitation récente, un réceptacle de brouillards humides. Le creux des rochers contenait d'une manière permanente une eau limpide et abondante que les rayons du soleil ne parvenaient pas à évaporer. — Il y fait très froid, la nuit surtout, et dans la saison fraîche on constate quelquefois, sur le sol, des couches de glace. Ce sol est peu profond, et la culture arrive promptement à son sous-sol volcanique, po-

reùx, très fissuré et qui laisse passer avec les eaux
la terre et l'humus végétal accumulés. Les premières
récoltes, faites sur un lit de détritus de tant de milliers
d'années, ont été magnifiques, mais cela n'a pas
duré, et la plaine des Cafres n'a pas tardé à donner
de nombreuses déceptions à ceux qui avaient espéré
y créer un grenier d'abondance pour la colonie. L'a-
voine, le blé, la pomme de terre, les fourrages y
viennent bien ; des troupeaux y trouvent une pâture
assez abondante ; mais tout cela est fort restreint,
et après de nombreux et coûteux essais les grandes
exploitations commencées ou projetées ont fini dans
le marasme et l'abandon.

La plaine des Palmistes, la première cultivée,
n'offre guère plus qu'un aspect désolé, et la première
végétation volcanique a repris ses anciens droits
en attendant le retour séculaire des forêts.

La plaine des Cafres, beaucoup plus considérable,
est plus cultivée et donne à un ou deux propriétaires
quelques résultats. Mais tout y est changé : cette
atmosphère toujours brumeuse, humide, où la pous-
sière était inconnue, grâce à la grande route et au
déboisement, commence à ressentir les effets de la
sécheresse. Le creux des rochers qui était le réservoir
d'eau où s'abreuvaient hommes et animaux, est des-
séché, et des travaux d'art sont nécessaires pour recueillir le seul filet d'eau qui s'échappe du piton de
Viller.

Ces deux plaines, auxquelles on est arrivé par des
routes de construction difficile et coûteuse, n'ont pas
réalisé les beaux rêves qu'elles avaient fait naître.
Leur aspect n'est plus ce qu'il était il y a trente ans.

Ce magnifique coup d'œil de la plaine des Palmistes, vue de la grande montée, sur le sommet Est de la plaine des Cafres, a perdu son caractère sauvage primitif et grandiose. La forêt immense de nombreux palmistes qui s'en dégageaient comme des colonnes gracieuses avec leurs panaches de feuillages ont disparu en grande partie.

Les rivières, qui ne sont guère que des torrents plus ou moins impétueux, qui toutes partent du même centre conique de l'île, sont encaissées par des gorges admirables, grandioses, ombragées jadis par d'épaisses forêts et accidentées par de belles cascades. Ces gorges ont toutes un caractère original et sauvage d'une beauté sans pareille. Pas une ne ressemble à l'autre. Elles ont encore leur magnifique grandeur, mais les voies de communication y ont amené la culture : les îlettes, les plateaux intérieurs ont été saccagés pour quelques récoltes de maïs et de pommes de terre, et il en est résulté les mêmes conséquences.

Du sommet du piton des Neiges on aperçoit les grandes cassures qui donnent naissance à la rivière des Marsouins, du Mât, des Galets, Saint-Etienne, les principaux cours d'eau de l'île. Trois d'entre elles laissent échapper à leur sommet des sources minérales thermales. Salazic, la première en date, a donné naissance à un village, à de nombreuses habitations, à un hôpital militaire. Située à 800 mètres d'altitude environ, l'air y est toujours frais, froid même la nuit, et avant les grands déboisements il y régnait une humidité permanente. C'est là généralement que les malades des deux îles viennent depuis longtemps réparer leurs forces amoindries ou altérées par les chaleurs ou les maladies. — La source qui sort des flancs de rochers trachytiques est alcaline ferrugineuse, et d'une température de 29° à 30° centigrades.

Rien n'est beau comme l'entrée de la rivière du Mât. — Cette gorge qui réunit les sites les plus grandioses, aux aspects les plus gracieux, conduit le voyageur jusqu'au village, à travers un paysage enchanteur, entre des remparts recouverts de lianes et d'arbres verdoyants qu'interrompent de temps à autre de magnifiques cascades qui blanchissent en tombant d'énormes assises de prismes basaltiques. Cette écume blanche, s'étalant sur cette roche d'un noir de jais, est d'un effet saisissant. Le piton d'Anchin se dégage d'abord comme un pain de sucre recouvert de verdure, puis les Salazes et le piton des Neiges dans l'arrière plan. La Suisse n'offre rien de plus beau, de plus original, de plus séduisant.

La rivière Saint-Etienne, dans la partie sous le vent, a un aspect moins riant, mais plus grandiose. Un ravin profond, des remparts d'une grande hauteur, rocheux, au fond desquels on voit blanchir l'eau du torrent, de grandes îlettes, le plateau de la Marre, et enfin la source principale de la rivière au pied du piton des Neiges, et sur la rive droite, les sources thermales de même nature que celles de Salazie, mais plus abondantes et plus chaudes.

Cilaos est très fréquenté par les malades et on y a constaté souvent des cures remarquables. Les bains creusés dans le sol sont alimentés directement par les sources, et sont ainsi renouvelés incessamment. Les bras de la plaine, de palmiste rouge, de benjoin, vont se réunir au bras de Cilaos pour former la rivière de Saint-Etienne, qui va porter ses eaux fécondantes dans les terres de Saint-Louis et de Saint-Pierre.

La *rivière des Galets*, entre la Possession et Saint-Paul, a son caractère propre. Moins grandiose, mais attrayante et originale aussi dans son parcours, elle présente à son sommet une source thermale sulfureuse qui a été découverte il n'y a pas longtemps. Peu abondante, cette source s'échappe d'une fissure basaltique au pied de la *nouvelle*, plateau boisé qui se trouve au-dessus. Les flancs du Bénard bordent la rive gauche de cette rivière. Il y a là des cassures de remparts gigantesques, des blocs énormes de roches variées qui se sont détachés de la montagne. Avant d'arriver à la source de Mafat, on chemine au milieu d'un amoncellement de roches énormes qui rappelle le cahos de Gavarni. Les éboulements y sont nombreux, et on entend de temps en temps, non sans épouvante, le bruit détonant de blocs qui tombent au fond du ravin, et dont l'écho se prolonge et se répète au loin. Cette source de Mafat, par sa nature sulfureuse, rend de grands services dans beaucoup de maladies, et vient compléter d'une façon merveilleuse les richesses d'eaux thermales de ce petit pays privilégié.

Les excursions dans l'intérieur de l'île sont aussi variées et remarquables que possible. La plaine des Salazés, la plaine de Belouve, la plaine des Chicots, immenses forêts vierges que la loi nouvelle des eaux et forêts va sans doute faire respecter ; les grandes surfaces volcaniques du Bénard, dont la tête fait face au piton des Neiges, auquel il était réuni dans la première formation du cône principal.

Le piton des neiges avec ses roches tourmentées, comme si le feu venait de les brûler, avec son sommet du haut duquel on voit presque toute la circonférence de l'île.

Le volcan actuel auquel on arrive par la plaine des cafres, en suivant la succession des cônes volcaniques jusqu'au cratère. Quand on s'arrête au pas de Bellecombe, on a devant soi un vaste cirque de roches noires sans la moindre trace de végétation, au centre duquel le cône volcanique actuel montre sa tête fumante. C'est un spectacle admirable, imposant et qui émeut profondément.

L'ascension du volcan est très pénible, mais la grandeur du spectacle dédommage des grandes fatigues. Des coulées nombreuses sillonnent le cône du sommet à la base ; le sol craque sous les pieds et des vapeurs s'échappent par les nombreuses fissures de la croûte volcanique. Arrivé au sommet, il faut se coucher pour voir le fond composé de bouches rougies par le feu et qui ne présentent pas de lave en fusion. Cette lave, quand le volcan est en ébullition, s'échappe par un des flancs de la montagne à l'Est. C'est par là que la coulée prend son cours pour se diriger vers la mer, cheminant entre deux remparts qu'on appelle les remparts du Bois blanc et du Tremblay. Elle n'arrive que rarement à la mer, mais quand elle y arrive, quel spectacle merveilleux, la nuit surtout ! Cette coulée, noire pendant le jour, s'illumine peu à peu et donne l'aspect d'un vaste incendie. On entend parfois des craquements affreux; c'est la lave brûlante qui passe à travers une forêt et renverse les arbres avec un fracas terrible. Arrivée à la mer, la lave soulève les flots qui reculent devant elle en formant des colonnes de vapeur d'eau. Ce spectacle a quelque chose de féerique, d'infernal.

Parlerai-je des produits de ce petit pays qui sont tous d'une qualité supérieure, renommée. Le café si apprécié partout, ce coton si beau et si soyeux, les fruits délicieux. La banane, les maragues, les letchis, les poissons de mer et de rivière y sont bien supérieurs à ceux de l'île voisine, Le porc, d'une chaire si savoureuse, nourriture presque exclusive et tant vantée des premiers colons, est encore digne de son ancienne réputation ; le tabac y est excellent, parfumé, et deviendrait un produit excellent si des obstacles inconcevables ne rendaient son exportation impossible.

Si la nature primitive vient à reprendre ses droits, ce pays reprendra aussi sa première splendeur naturelle, et les miasmes malfaisants importés disparaîtront sous l'influence de cet air médicinal, comme dit Fouchu de Reinefort, qui guérissait il y a deux siècles toutes les maladies.

Il est aussi curieux de constater que, dans un pays aussi restreint, les produits du sol, comme les hommes, ont leur originalité. La partie du vent a un tout autre aspect que la partie sous le vent ; plus verte, plus humide, plus riante, son sol est très fertile et certains de ses fruits supérieurs. — La partie sous le vent, plus sévère, d'un aspect moins attrayant vue de la mer surtout, offre de plus grandes richesses, et rien n'est comparable aux plaines du Gol et de Saint-Pierre. Les fruits comme les hommes ont leur caractère d'origine, et ceux qui sont du pays savent discerner le lieu d'où ils viennent. Les créoles de Saint-Benoît et du Gol sont renommés pour leur haute stature ; à Saint-Paul, la douceur et le calme du climat donnent à la population un aspect de langueur qui ne manque pas de charme. A Saint-Pierre, Saint-Joseph, le climat sec, battu par les vents de sud-est, rend les organisations actives, énergiques et d'un caractère particulier.

Dans toutes les parties de l'île on a vu, dans la génération qui vient de finir, des hommes d'une énergie et d'une trempe rares qui ont constitué, par leur travail et leur activité intelligente, de grandes fortunes, de grandes positions étonnantes pour avoir été créées dans des pays aussi restreints.

— Le piton des Neiges, le Bénard, toutes les rivières et les plaines, présentent des aspects grandioses ou riants qui demanderaient une description particulière. — Pour ceux qui n'ont pas connu ces belles régions ou qui ne peuvent affronter les fatigues d'excursions pénibles, je renvoie à l'album de la Réunion, où l'on trouve des dessins exacts pouvant donner une idée de nos Alpes de la mer des Indes. On peut consulter les Notes de Maillard sur la Réunion, pour l'ensemble détaillé du pays.

L'île Maurice est aussi remarquable par ses sites intérieurs, mais ils sont moins grandioses que ceux de l'île voisine, et c'est par ses rivages si variés et d'abord si faciles qu'elle a son originalité et un attrait incomparable. — Là aussi existe une société pleine de charme, hospitalière. — Là aussi se sont créées de grandes fortunes, de grandes positions, et la vie y est et y a été surtout grandiose, princière chez beaucoup d'habitants.

Quels magnifiques revenus il a fallu pour créer des résidences aussi splendides que celles de Moka, des plaines Willems, de Labourdonnais, de Flacq. — Hélas ! à Maurice comme à la Réunion la fièvre et la sécheresse ont amené la déchéance de toutes choses.

MADAGASCAR

CHAPITRE PREMIER.

APERÇU SOMMAIRE DE LA COLONISATION FRANÇAISE.

Après avoir passé le cap de Bonne-Espérance, les Européens rencontrèrent Madagascar, île considérable, qui devait être leur première étape vers les Indes Orientales. Les anciens avaient connu sans doute cette grande terre si rapprochée du continent Africain. Pline et Ptolémée l'auraient désignée sous le nom de Cerné et de Taprobane. Il y a beaucoup d'incertitude sur la géographie ancienne de ces régions. Quant aux Arabes, avec leur navigation côtière qui remonte aux temps les plus reculés, ils ont connu Madagascar depuis longtemps, et, vers le vıı^e siècle, ceux de la Mecque se seraient emparés des îles Comores et auraient étendu leur commerce sur toute la côte de la grande île. C'est leur langage, leur civilisation, leur religion qui y a dominé depuis des siècles et qui dominent encore à notre époque dans une grande partie de la population.

Le géographe arabe Edrèsi, qui vivait en 1099 de notre ère, a laissé dans ses écrits la description de Madagascar qu'il nomme Zaledi. Cet auteur fait mention de l'émigration des Chinois ou Malais qui vinrent se fixer à Madagascar. Ces Indo-Chinois et Malais venus à une époque qui n'est pas très précise, mais qui n'est pas ancienne, sont devenus les Hovas qui ont dominé peu à peu toutes les autres peuplades de l'île, et se sont fixés principalement dans le centre élevé appelé Ankova.

Vers la fin du xve siècle, Fernand Suarez visite la côte Orientale, tandis que Tristan de Cunha parcourt la côte Occidentale. A peine la grande terre est-elle connue que les imaginations et les convoitises s'exaltent ; de nombreuses expéditions suivent les premières, et on se figure qu'on a trouvé la terre de l'or, de l'argent, des pierres précieuses.

En 1540 les Portugais s'établirent dans un îlot du Sud-Ouest où les Français trouvèrent longtemps après des ruines de leurs constructions. Ils avaient commencé à y commercer, et firent sans doute quelques excursions dans l'île à la recherche des mines précieuses qu'on disait y exister. Beaucoup d'entre eux furent massacrés, et les débris de leur colonie profitèrent d'un navire de passage pour rentrer en Europe. D'autres tentatives de colonisation n'aboutirent à rien de bien, et les Portugais voyant que cette terre à si grandes promesses ne leur rapportait que ruine et mort, l'abandonnèrent. Les Hollandais leur succédèrent et ne furent pas plus heureux.

Après divers essais d'établissement dans le Sud et dans le Nord à la baie d'Antongil, cette terre appelée par eux le tombeau des Européens fut délaissée, et ils ne s'occupèrent plus que de leurs comptoirs de l'Inde.

La France arrive à son tour. Patronnée par Richelieu, la *Société d'Orient* se forme. Le capitaine Rigault, de La Rochelle, son représentant, obtint le 22 janvier 1642 le privilège et la concession d'envoyer à Madagascar, et autres îles adjacentes, pour ériger colonies et commerce, ainsi qu'ils aviseraient être bon pour leur trafic, et en prendre possession au nom de Sa Majesté très chrétienne (de Flacourt). Cette concession faite par le conseil et le roi réservait à la Société d'Orient le droit exclusif de faire le commerce de Madagascar pendant dix années.

La société étant organisée, nomma deux de ses commis, de Pronis et Foucquembourg, pour être à la tête de l'entreprise. Ils s'embarquèrent à Dieppe sur le *Saint-Louis*, capitaine Coquet, avec douze Français qui devaient former le noyau de la colonie (mars 1642). Ils arrivèrent à Madagascar en septembre, de là partirent pour prendre possession, au nom du roi, de Mascareigne, de Diego-Roys, de Sainte-Marie, de la baie d'Antongil. Ils s'établirent d'abord à Mangafia sur la côte orientale sud que les Européens appelaient Sainte-Luce. — Ce point est un peu plus au nord de la baie de Fort-Dauphin qui devait être bientôt la résidence des Français.

Le *Saint-Louis*, chargé de bois d'ébène, heurta contre un rocher et s'entr'ouvrit. La cargaison fut perdue et le capitaine Coquet en mourut de chagrin.

En 1643. Le *Saint-Laurent*, capitaine Resimont, de Dieppe, amena un renfort de soixante-dix colons. Un mois après leur arrivée, le climat et la fièvre en avaient fait mourir vingt-six. Un chef de la province voisine, Dian-Ramach, avait d'abord manifesté des sentiments d'amitié à la colonie française ; mais il ne tarda pas à agir comme il l'avait fait avec les Portugais, et des massacres eurent lieu : les colons ne pouvaient s'éloigner de leur fort sans courir des dangers. — Trouvant cette station malsaine, de Pronis se transporta un peu plus au sud dans la presqu'île de Talangar et donna le nom de Fort-Dauphin à la nouvelle résidence (fin de 1643).

Cet endroit était mieux choisi ; la rade était belle et l'accès en était facile ; les navires allant dans l'Inde y abordaient plus aisément. Ces considérations décidèrent de Pronis à y fonder un établissement sérieux. Les causes qui avaient troublé son séjour à Sainte-Luce ne tardèrent pas à se reproduire, et les colons, obligés de chercher leur existence dans les provinces voisines, y portaient souvent le trouble; ils étaient sans cesse en guerre ou en opposition avec les naturels. — On accusa l'administration du gouverneur; elle laissait à désirer en effet. Un des vices de sa situation était la différence des croyances. De Pronis était protestant et contrariait l'action des missionnaires catholiques. Les naturels eux-mêmes trouvaient singulières ces croyances opposées et l'animosité qui en résultait. Les vivres manquaient, le pays ne produisait rien et la disette arriva (Mémoire des Lazaristes).

En 1644. Le *Royal*, capitaine l'Ormeil, arriva de

Dieppe avec quatre-vingt-dix colons. — Après un séjour de dix-sept mois sur les côtes de Madagascar, le *Royal* rentre en France, et donne passage à Foucquembourg qui devait rendre compte à la compagnie de l'état de la colonie. En se rendant de Saint-Malo à Paris, son compagnon de voyage l'assassina, croyant trouver sur lui des bijoux et des pierres précieuses; ainsi furent perdus tous ses papiers, comptes, lettres et avis dont les seigneurs de la compagnie furent bien fâchés (de Flacourt). Le mécontement des colons continuait et des troubles survinrent, de Pronis est jeté en prison et un sieur Leroy, qui était à la tête des mécontents, prend le commandement de la colonie. Les choses en étaient là lorsqu'arriva le *Saint-Laurent*, capitaine Le Bourg, apportant quarante-quatre nouveaux colons. Les révoltés lui livrèrent de Pronis pour être ramené en France.

Le Bourg ne jugea pas convenable de continuer l'emprisonnement de de Pronis, et, après s'être entendu avec lui, le replaça à son poste. Il y eut à cette occasion une nouvelle révolte; mais de Pronis agit avec adresse, et pour se débarrasser des principaux chefs de la révolte, leur donna des commandements dans des régions éloignées du Fort. — Leroy revint bientôt avec des idées de révolte plus marquées que jamais, et cette fois se joignit aux naturels pour attaquer de Pronis qui se disposait à résister. — Des pourparlers eurent lieu, une amnistie générale fut promise et la paix fut faite. Mais à peine maître des révoltés, de Pronis, manquant à sa parole, en fit arrêter douze auxquels il fit raser la barbe et « les cheveux, et fit faire amende honorable nu-pieds, en chemise, la torche au poing, et les envoya dans le navire où on leur mit les fers aux pieds, pour les dégrader en l'île de Mascareigne, après leur avoir fait faire leur procès. Ils furent déportés à Mascareigne, dont de Pronis avait déjà pris possession en 1642 (de Flacourt). »

A la même époque, les Anglais avaient tenté de s'établir dans la baie de Saint-Augustin. En 1644, ils voulurent y construire un fort afin d'y avoir une étape sur la route de l'Inde. — La fièvre les décima bientôt et ils quittèrent le pays. — Leur esprit pratique jugea vite qu'il n'y avait que déboires sur cette terre. Les Français, avec une aberration que les malheurs ne purent corriger, continuaient à y séjourner.

Les Portugais, les Hollandais, les Anglais après avoir vu l'Inde n'hésitèrent pas à y porter toutes leurs ressources ; ils y trouvaient un peuple civilisé, commerçant, producteur, et un climat relativement beaucoup plus sain.

De Pronis avait une autorité déjà bien mal assise, quand une circonstance funeste vint compromettre complètement la position des Français. — Les Hollandais s'étaient emparés de l'île Maurice et voulaient la coloniser ; un de leurs navires vint chercher des esclaves au Fort-Dauphin. — De Pronis se refusa d'abord à leur en livrer ; mais le capitaine Le Bourg y voyant un profit, s'entendit avec lui pour livrer les hommes qu'on demandait. — Au jour du marché, les Malgaches venus avec confiance furent saisis en assez grand nombre et conduits à bord du navire

Hollandais. — Cette trahison compromit plus que jamais le pouvoir des Français. — Ces malheureux périrent presque tous dans leur traversée.

De Pronis sans cesse en guerre ou en suspicion avec les naturels et les colons ne pouvait avoir qu'une administration désastreuse. — Le capitaine Le Bourg, de retour en France sur le *Saint-Laurent,* apprit à la compagnie cette triste situation. et fit pressentir la ruine prochaine de la colonie, — si on n'en changeait pas la direction. C'est alors qu'un des associés, de Flacourt, voulut bien accepter de partir pour Madagascar et d'y représenter la compagnie.

Nous entrons dans une nouvelle phase de cette triste colonisation plus durable, mieux dirigée, mais qui devait aboutir cependant aux mêmes résultats. Muni de tous les pouvoirs et instructions nécessaires, de Flacourt partit en avril 1648 : il avait avec lui deux prêtres de la mission que saint Vincent avait accordés à la compagnie. Il arrive en décembre après six mois de navigation au Fort-Dauphin sur le *Saint-Laurent.* De Pronis en venant le recevoir à son bord y apprit que la compagnie lui envoyait un successeur.

Le lendemain de son arrivée de Flacourt descend à terre, et est reçu avec tous les honneurs de son rang. Il trouve la colonie dans une triste situation, les esprits troublés, la disette permanente, un pays désolé et ne produisant rien. Sa prudence, sa modération parvinrent à tout calmer pour le moment. — En janvier 1649, il envoya le capitaine Le Bourg à Sainte-Marie pour y prendre des vivres, de là il avait ordre de se rendre à Mascareigne pour y chercher les douze exilés. Le Bourg devait prendre de nouveau possession de l'île au nom du roi. — De Flacourt, malgré sa modération, ne tarda pas à subir une lutte permanente contre les chefs du pays qui ne pouvaient voir d'un œil satisfait des étrangers s'emparer de leurs terres, y faire des excursions, prendre leurs troupeaux, leur riz, leurs bois. — Les missionnaires agissaient à leur manière et cherchaient à répandre la religion chrétienne, à moraliser les indigènes. On les accusait de trop de zèle, pourtant ils étaient bien accueillis, et les Malgaches acceptaient sans trop d'obstacles des croyances qu'ils ne comprenaient pas bien, mais qui ne blessaient pas leurs idées peu arrêtées ou presque nulles en matière de religion. — L'aigreur et les difficultés ne venaient pas d'eux. Les lettres du père Nacquart publiées par la mission sont très remarquables, et donnent une idée simple et exacte du pays et de tout ce qui manquait pour la réussite. Les Français mettaient plus d'obstacles à la colonisation que les Malgaches. Les plaintes qu'ils suscitent ne cessent pas depuis le début jusqu'à la fin. — Le 19 février 1650, le *Saint-Laurent* retourne en France, et de Flacourt se débarrasse de quarante colons qui troublaient son administration, — de Pronis était du nombre. — Un tel état ne pouvait qu'encourager les naturels à la révolte, et elle est en effet permanente. Les Français sont obligés de se tenir nuit et jour en éveil contre leurs embûches.

Sans vivres, sans provisions, attendant un navire de France qui n'arrivait pas, de Flacourt en est aux expédients. Il se saisit de Dian Ramach sous un prétexte quelconque et ne le rend à la liberté que moyennant une rançon de cent bœufs. — Sainte-Marie est le grenier de Fort-Dauphin et il faut toujours des navires pour y aller chercher du riz ; toute la région du Fort était désolée, aride, ne produisait rien. — L'idée d'y rester se perpétue cependant malgré tant de déboires. — Les choses périclitaient de plus en plus pour la compagnie ; on n'avait pas de nouvelles de France depuis longtemps, quand arrivent deux vaisseaux au duc de la Meilleraye annonçant que le duc, protégé de Mazarin, allait prendre la direction de la colonie et contribuer à fonder une grande entreprise. De Flacourt ne sachant plus trop que penser de ce nouvel incident, sans aucun renseignement de la compagnie, résolut de retourner en France. Quelque temps avant de quitter Madagascar, il avait envoyé à Mascareigne un de ses officiers dont il voulait se débarrasser, dont il tait le nom et que les naturels appellent Dian-Maravaule. Cet homme était accompagné de sept autres qui avaient demandé à y aller cultiver le tabac. Ils avaient pour chef Ant. Thaureau, et furent passagèrement les premiers colons de Mascareigne. — C'est de lui que nous avons la première relation écrite sur cette île appelée à devenir importante. De Flacourt donne dans son ouvrage les renseignements sur ces colons.

De Pronis était revenu sur un des vaisseaux du duc. Pendant son séjour en France, il avait su capter la confiance de la Meilleraie et avait fait ressortir la mauvaise administration de la compagnie d'Orient. La Forêt commandant les deux vaisseaux du duc, était-il chargé de replacer de Pronis dans son ancienne position. C'est probable, de Flacourt reconnaissant son expérience l'engagea lui-même à lui substituer de Pronis après son départ. Il était facile d'accuser à distance, mais quand on se mettait à l'œuvre dans le pays, les difficultés apparaissaient, les accusations perdaient de leur importance. La colonie se trouve donc en présence de deux compétiteurs, la compagnie qui veut perpétuer ses droits et le puissant de la Meilleraie qui veut se substituer à elle dans l'espoir de mieux faire. Il ne sera pas plus heureux dans ses épreuves et les désastres vont continuer. Les prêtres de la mission exercent toujours leur ministère à Madagascar. Les pères Nacquart et Gondré avaient succombé ; il en arrive d'autres pour les remplacer. On trouve dans les lettres de ces missionnaires une peinture intéressante des mœurs du pays. Les Malgaches, grands imitateurs, les édifiaient par la manière dont ils priaient et leur donnaient l'illusion de croyants fervents. L'action de ces pères était douce, nullement pressante et compromettante, comme on l'a dit. Leurs lettres respirent, du reste, la plus grande bonne foi et simplicité. Aux pères Nacquart et Gondré succèdent les pères Bourdaise et Mounier. Ils continuent leur mission avec un grand zèle , baptisent le plus qu'ils peuvent, en somme quelques malheureux, sans que leur influence s'étende bien loin. Leurs lettres constatent un fait permanent ; le pays avoisinant Fort-Dauphin ne produit rien, et pour avoir des bestiaux, du riz, il faut aller dans l'intérieur des terres et surprendre le plus souvent les villages. Les Malgaches, pour éviter le pillage, s'enfuyaient le plus loin possible avec leurs troupeaux, et se vengeaient quand ils pouvaient. Voila la cause permanente de nos désastres et de notre ruine ; ce sont les colons qui donnent l'exemple du désordre et du plus triste spectacle.

De Pronis ne conserva pas longtemps son nouveau commandement. Il tomba malade et mourut bientôt après. Le père Bourdaise raconte cette mort, et cette narration simple et touchante caractérise les deux hommes. De Pronis était énergiquement trempé, et il eut à lutter sans doute contre des difficultés impossibles à conjurer. « Il mourut, ayant fort peu avancé l'œuvre de la colonisation française. Il m'a toujours témoigné beaucoup d'affection, à laquelle je tâchais de correspondre par tous les services qui étaient en mon pouvoir. Sa maladie était une colique néphrétique violente, qui dura vingt et un jours. Il m'envoya quérir à minuit, le jour d'avant sa mort, et en présence de tous les Français, me pria d'écouter ses dernières volontés, d'autant qu'il savait bien qu'il allait mourir. J'écrivis ce qu'il me dicta confusément, et ensuite je lui demandai conseil sur chaque affaire et particulièrement comment il fallait se gouverner avec ceux de la nation.

« Il me recommanda son enfant et me pria d'en prendre soin. Comme il éprouvait une grande difficulté à parler, on le pria de reposer un peu. Je lui jetai quelques mots touchant sa conversion à la foi catholique, comme j'avais déjà fait autrefois, sur quoi, ne m'ayant rien répondu, je crus que c'était à cause de quelques hérétiques qui étaient présents. C'est pourquoi j'offris intérieurement le saint sacri-

fice de la messe que j'allais bientôt célébrer afin que
Dieu l'éclairât et disposât tout selon son bon plaisir.
Le jour étant arrivé, je prends congé de lui, disant que
j'allais prier Dieu pour lui, ce dont il me remercia et
pria tous les Français d'en faire autant. Je célébrai
donc la sainte messe et recommandai son salut à
tous. Après la messe, il m'envoya quérir de nouveau
et me remit sa petite fille entre les mains. Lui ayant
dit adieu, me voyant seul avec lui, et brûlant du désir de son salut, je lui dis : Monsieur, vous savez l'affection que j'ai pour vous, je suis prêt à engager
non seulement ma vie, mais mon salut éternel pour
les vérités de l'Eglise romaine ; ce n'est pas ce que
j'attends de vous qui me fait parler de la sorte, mais
c'est votre bien que je recherche.

« Il pensa un peu et me dit qu'il savait bien ce qu'il
avait à faire et me priait de le laisser mourir en repos. Je lui dis : Monsieur, c'est pour vous mettre
en repos que je prends cette hardiesse de vous parler de l'affaire dont dépend votre éternité de bonheur
ou de malheur pour vous. Il me répliqua : Monsieur,
laissons tout cela, il n'est plus temps. Incontinent il
perdit la parole et trépassa sur les onze heures du
soir, le 23 mai 1656, sans donner aucun signe de
conversion. »

Le duc de la Meilleraie qui disposait de grandes
ressources arma de nouveaux navires pour Madagascar. Le 29 octobre 1655, quatre vaisseaux partent
avec des missionnaires et des colons ; ils n'arrivent,
après des relâches, à Sainte-Marie qu'à la fin de
1656. Le duc pensait à faire de Sainte-Marie le lieu
principal de la colonisation. M. de la Roche, com-

mandant de la flotille, arrivé à Sainte-Marie, informe de sa présence les Français de Fort-Dauphin.

Les missionnaires avec leur vie active et pleine de zèle sont les premiers à succomber. Leur ardeur à moraliser les deux populations éprouvait plus d'obstacles du côté des colons et ils le reconnaissent souvent. Ils en marient à des femmes Malgaches, qu'ils désignent sous le nom d'indiennes et qu'ils disent être souvent pleines de mérite et de bonté pour leurs maris, la plupart ivrognes et crapuleux. Ces pères avaient une charité admirable, douce, naïve ; je ne connais rien de touchant dans sa simplicité comme le testament du père Bourdaise. Je vais en reproduire quelques parties qui serviront à donner une idée du peu de ressources qu'avaient ces malheureux : Il lègue à l'église, à ses serviteurs, tout ce qu'il a, son peu de linge, le peu de farine et de vin qu'il a en provision. « Pour témoigner l'amitié que je porte à M. Duperrier, notre gouverneur, je le supplie d'agréer que je lui laisse un quart de vin d'Espagne, un caleçon et une camisole de chamois neuve, le suppliant de contribuer toujours, autant qu'il pourra, au service de Dieu, etc. » Il pense aux malheureux, aux malades auxquels il donne un peu de vin, son peu de linge.

Comme si la colonisation de Madagascar n'avait pas assez d'obstacles par elle-même pour réussir, il y eut de 1655 à 1658 deux actions différentes et même opposées. La compagnie agit de son côté, envoie ses colons et ses ordres. La Meilleraie aussi a ses navires et ses administrateurs. Cette double compétition rendait impossible la marche des choses. Aussi une en-

tente, au moins apparente, ne tarda pas à se faire
entre les deux compétiteurs. Il fut convenu que la
compagnie aurait un représentant qui s'entendrait
avec le duc. Cazet était ce représentant ; mais le duc
avec son autorité, sa puissance n'en tint aucun compte
et continua à faire des expéditions à ses frais et sans
consulter l'agent de la compagnie. Les résultats
étaient tellement misérables qu'on comprend la pensée venue à un seigneur riche et à grandes idées de
prendre en mains cette grande entreprise. Il y mit
une ardeur et une conviction, une ténacité qui durèrent jusqu'à sa mort. Il fit partir à ses frais le *Saint-
Jacques* avec 162 hommes. En 1660 il expédie d'autres navires sur lesquels se trouvaient le père Etienne
et le frère Patte chirurgien. Ces navires font naufrage
au Cap et les passagers en grande partie sauvés retournent en Europe sur des vaisseaux hollandais.
En 1663, le duc fait une nouvelle expédition et le
père Etienne part de nouveau. Pour arriver à une
grande colonisation qui était son espoir, il n'épargna
rien et il lui a fallu d'immenses ressources pour continuer pendant si longtemps des armements considérables qui n'aboutissaient qu'à des ruines. Malgré
les nombreux envois d'hommes faits à différentes
époques, la population française à Madagascar ne
dépassait pas soixante-dix personnes y compris les
malades. La fièvre, la misère, les massacres les dé-
cimaient sans cesse. Quelques-uns, comme La Caze,
s'étaient établis au milieu des naturels et y avaient
pris une position élevée, c'était une preuve que ceux
qui voulaient agir en protecteurs amis sur ces peuplades y étaient accueillis avec bienveillance. Les

Malgaches reconnaissaient facilement la supériorité des Européens, mais ils ne pouvaient subir sans idées de vengeance et de représailles le pillage et le désordre que la plupart, il faut le reconnaître, amenaient avec eux. Le *Saint-Charles* arriva avec quatre-vingts passagers destinés à la colonisation, sous la direction d'un chef spécial, vingt artisans de différents métiers aux gages du père Etienne, pour l'utilité de la mission. La Meilleraie donne le commandement de Fort-Dauphin à Chamargou. Les idées pratiques commencent à dominer et le duc se préparait à faire de nouveaux essais quand sa mort vint mettre un terme à ses projets et au nouveau système de colonisation qui aurait peut-être pu produire de meilleurs résultats. Les héritiers du duc renonçant à continuer son administration, Madagascar passe en 1664 entre les mains d'une nouvelle compagnie.

Dian-Manangue était un chef Malgache voisin de Fort-Dauphin avec lequel les Français s'étaient liés d'amitié. Chamargou, le père Etienne le voyaient souvent et il avait même promis au père de se faire baptiser et de rester fidèle aux Français.

Ces bons rapports apparents ne durèrent pas longtemps. Il invite un jour le père Etienne, le frère Patte et leurs serviteurs à déjeuner et les empoisonne, ou les fait massacrer dans un bois, selon une autre version. Cette affreuse action est-elle due, comme on l'a dit, au zèle trop ardent du père Etienne? Je ne le crois pas. En lisant Souchu de Rennefort et les manuscrits de l'époque, il ressort surtout que les Français pour vivre étaient obligés d'aller chercher des bœufs et du riz à des distances

éloignées. Tout le pays avoisinant le Fort-Dauphin
était inculte et dépeuplé (1). Les idées de vengeance
du peuple malgache étaient donc la conséquence
forcée d'une situation fausse. Les administrateurs
changeront encore et aboutiront toujours au même
résultat. Dian Manangue trouva naturellement beaucoup d'alliés quand il se révolta ouvertement contre
les Français. L'état de faiblesse de ceux-ci rendait le
moment favorable. Chamargou est assiégé dans
Fort-Dauphin et sans les secours apportés par La
Case qui avait su acquérir un certain ascendant sur
les peuplades malgaches, il était perdu. La Caze y
amena des provisions dont ils avaient grand besoin
et des secours qui permirent à la colonie réduite de
subsister encore quelque temps.

1664-1670.

Malgré tant de ruines et de désastres, la tenacité
et l'énergie de la France augmentent. Aux compagnies qui succombent, on en élève d'autres plus
considérables, plus appuyées par le gouvernement
du roi, pour relever une colonie qu'on ne pouvait
se décider à abandonner. Une nouvelle compagnie
est instituée par Louis XIV sous le nom de Compagnie française pour le commerce des Indes orientales. Les privilèges, les secours sont plus grands
que jamais. — Quelques difficultés survinrent dès le

---

(1) *Nota.* — Commerson dans son voyage à Madagascar,
a compté plus de deux cent villages incendiés pendant les
six ans du gouvernement de M. de Flacourt. Le pillage et
l'incendie étaient permanents.

début entre l'ancienne compagnie, les héritiers, La Meilleraye et la nouvelle compagnie à laquelle on demandait une indemnité. On ne tarda pas à s'arranger à l'amiable.

Il faut lire dans l'histoire de la compagnie des Indes orientales de Charpentier, avec quel enthousiasme se forme la nouvelle compagnie en 1666. Un vaisseau arrivé de Madagascar à Nantes, chargé de peaux et de bois d'ébène, excite une véritable fièvre de colonisation. Le roi, la noblesse, les villes de commerce se stimulent à l'envi pour la formation d'une nouvelle société. Toutes les grandes nations de l'Europe avaient pris des positions importantes en Orient, l'Angleterre, l'Espagne, le Portugal, la Hollande, même la Suède ; la France seule resterait de l'arrière quand elle avait à sa disposition un continent renfermant toutes les richesses possibles. Des ouvriers sont embarqués ainsi que des agriculteurs avec l'outillage nécessaire ; ils devaient être payés moitié par la compagnie, moitié par le produit de leur travail.

Des statuts qni règlent leurs rapports entre eux et avec les naturels semblent garantir tout conflit et assurer les bases d'une société morale et industrieuse. La compagnie prend pour sceau un globe d'azur chargé de fleurs de lys d'or avec ces mots : *florebo quocumque feror*. La maison où s'assemble le conseil de la compagnie portera sur sa façade un marbre noir avec ces mots écrits en gros caractères : Compagnie des Indes Orientales. L'effervescence était à son comble et il y avait de quoi d'après la description qu'on en faisait à la compagnie. Madagascar devenue île Dauphine était un vrai paradis terrestre où tous les fruits de la terre se trouvent en abondance. De plus, et c'est là le grand attrait, elle possède des mines d'or si abondantes que durant les grandes pluies et ravines d'eau, les veines d'or se dessinent d'elles-mêmes le long des coteaux et sur les montagnes.

Louis XIV accorda à la nouvelle compagnie tous les privilèges, lui avança 3,500,000 livres sans intérêts et sans participer aux bénéfices pendant dix ans. Il consentit encore à supporter toutes les pertes éventuelles pendant le même temps. Sa Majesté promet à la compagnie d'établir des ecclésiastiques aux dites îles, en telle quantité et qualité qu'elle voudra. Presque toutes les villes de France s'empressent de souscrire pour favoriser la compagnie. Les armements sont poussés avec activité, des instructions spéciales sont indiquées pour le maintien de l'ordre et des bonnes mœurs.

Un nouveau conseil est nommé et M. de Beausse en est le président. Il part avec quatre vaisseaux pour Madagascar : sur l'un d'eux étaient les colons destinés à l'île Bourbon. M. de Bausse était très âgé et ne tarda pas à succomber, laissant la colonie dans une situation précaire, incertaine.

En 1666, une grande expédition, sous les ordres de M. de Mondevergue, part de la Rochelle. La flotte touche à Bourbon pour y prendre des provisions et y déposer ses malades. Elle trouve à Saint-Paul Renault et ses compagnons qui y avaient été déposés par M. de Beausse. Plus de deux cents malades y restent, quatre cents personnes étaient mortes en

route (Ruelle, Manuscrit du Jardin des Plantes).
Mondevergue se dirige ensuite sur Fort-Dauphin où
il ne trouve que soixante hommes malades et sans
vivres, à peine avaient-ils un peu de riz. Ils n'avaient
plus ni farine, ni vin. Caron qui avait acquis au service de la compagnie hollandaise l'expérience des
affaires fut nommé administrateur par la nouvelle
compagnie, chargé d'organiser le commerce de Madagascar ; il donna un élan momentané à la colonisation, mais il ne tarda pas à éprouver de grandes
désillusions. sur ce pays dont on avait tant exagéré
l'importance. — Ne voyant rien à faire sur cette
terre ingrate, il partit pour Surate. Il donne à la compagnie les renseignements dictés par une triste expérience : « La colonie ne vit que de pillage, le
commerce et la culture sont nuls ; le Fort est sans
eau : on est obligé d'aller en chercher à une lieue
dans un étang à travers des sables. « — M. de Faye
écrit à Colbert dans le même sens : « C'est un pays
dépourvu de tout et il faut chercher à coloniser une
autre partie. » Les catastrophes et les ruines semblaient d'autant plus promptes que les expéditions
étaient plus considérables. — Celle-ci avait été désastreuse au début et nous avons vu que M. de Mondevergue avait perdu quatre cents hommes en route
et avait laissé deux cents malades à Bourbon. Il fut
accusé de tous les malheurs de la colonie et rappelé
par le roi. Mis en prison à son retour, il mourut peu
de temps après.

En 1670, une nouvelle expédition plus considérable que les autres, part pour Madagascar sous les
ordres de M. de la Haye qui remplace de Monde-

vergue avec le titre de vice-roi, et la grande île devient la France orientale. Les ruines, les désastres ne
font que grandir les perspectives de colonisation.
M. de la Haye ne tarda pas à ressentir les mêmes
ennuis et les mêmes obstacles que ses prédécesseurs.
Son administration qui cherchait à améliorer la situation souleva les naturels avec lesquels il eut à
lutter dès le commencement de son gouvernement.
Ce lieu plein de déboires et d'obstacles le dégoûta
promptement, et après un court séjour il se dirigea
sur Bourbon dout il prit solennellement possession et
se dirigea ensuite vers l'Inde. Chamargou était commandant de Fort-Dauphin, La Caze, major de l'île.
Les relations entre les Français et les Malgaches
étaient de plus en plus difficiles. Pour comble d'infortune, Chamargou qui avait déjà l'expérience du
pays, mourut en décembre 1672. Un nouveau commandant lui succéda, ce fut La Bretèche, destiné
dans des circonstances aussi difficiles à être le témoin impuissant du dernier massacre.

La colonie recevait à peine des nouvelles de la
mère patrie ; elle diminuait tous les jours par la
guerre, la misère, les maladies. Il arriva ce qui
était à prévoir : les naturels cherchaient une occasion favorable pour en finir avec les Français. En
août 1674 était arrivé un navire avec des jeunes filles destinées à la colonie de Bourbon. Pendant leur
séjour à Fort-Dauphin, elles avaient fait naître des
désirs d'union au milieu d'hommes privés de femmes européennes depuis longtemps. Des mariages
eurent lieu et furent l'occasion de fêtes qui diminuè-
rent la vigilance des Français. Les Malgaches profi-

tèrent de l'occasion pour en faire un massacre général. Il se trouvait heureusement sur rade un navire, le
Blanc-Pignon, qui put recueillir les débris de la colonie. Ces restes d'une colonisation si malheureuse
se répandirent un peu partout, à Mozambique, dans
l'Inde, en France, à Bourbon. C'en était fait; nous
avions quitté Fort-Dauphin pour n'y plus revenir.

« La France, d'après nos calculs (Lazaristes), avait
envoyé dans cette île à peu près 4,000 hommes, soldats ou colons; les deux tiers étaient morts de maladie, de famine et dans les guerres, l'autre tiers a
rentré en France ou bien a fourni le premier noyau
de la colonie de Bourbon, fille de celle de Madagascar. »

Les documents de cette époque donnent à cet événement des aspects différents. La lettre de Labretèche au ministre et aux directeurs, les lettres des missionnaires sont à peu près les seules sources où l'on
puisse puiser des renseignements. Ce massacre, si
massacre il y a, n'a pas eu une importance aussi
grande qu'on peut le penser dans la détermination
de quitter Fort-Dauphin. Dès 1672 Labretèche eut à
lutter contre l'indiscipline des soldats qui lui res-
taient et les demandes réitérées de départ des colons.
Quelques-uns vont même jusqu'à lui dire que si on
ne veut pas les embarquer pour quitter cet affreux
pays, ils iraient chercher un navire portugais sur la
côte ouest. Il parvient à les calmer et envoie au ministre une supplique des colons demandant au roi
d'avoir pitié d'eux et de les retirer de ce pays. Il apprend qu'un navire anglais a vendu de la poudre à
Dian-Manangue et aux populations de l'ouest. Quant

à lui, à peine s'il en avait et M. de Beauregard arrivé sur la *Dunkerquoise* ne veut pas lui en céder; son autorité était tellement méconnue, que Beauregard ne le reconnaît même pas comme gouverneur et lui refuse tout, même les moindres provisions. Labretèche fait un triste portrait de Beauregard et s'il était vraiment tel qu'il le dépeint les malheureuses jeunes filles venues sous la conduite de Mlle de Laferrière pour Bourbon ont dû faire un bien triste voyage. Le naufrage du navire aurait pu être évité, et malgré les offres de Labretèche et d'autres colons qui voulaient venir au secours de la *Dunkerquoise*, Beauregard ne veut rien entendre et après s'être sauvé dans sa chaloupe avec ses biens personnels donne ordre de couper les cables. Le chevalier de Roche est désigné comme ayant voulu aller au secours du navire. — Lettre de Labretèche au ministre.

Les lettres des pères ne caractérisent pas ainsi Beauregard et se contentent de mentionner le naufrage. Les pères Roguet et Montmasson étaient embarqués sur la *Dunkerquoise* à destination de Bourbon et revinrent comme tous du reste à Fort-Dauphin. Ils font pressentir les tristes résultats de la colonisation dans leurs lettres au directeur de la mission.

Depuis le départ de de la Haye, ils sont dans la plus complète misère et se demandent comment les quelques Français qui restent au Fort, sans armes, sans munitions ont pu résister aux Malgaches. Quant à eux, ils sont à leurs dernières soutanes, à leurs derniers chapeaux; ils n'ont plus ni bas, ni souliers.

Enfin tout nous manque. Lettre de septembre 1671.
Dans une autre lettre du père Roguet 1672 :

« Nous avons vu ici Dian-Manangue qui est
l'homme de la plus sinistre figure que j'aie jamais vu.
J'ai remarqué qu'il souffrait avec peine qu'on parlât
de M. Etienne, et il fit taire son fils qui nous en disait quelque chose en français. »

Ce grand est parti assez content en apparence.
Trente à quarante Français l'accompagnaient dans
une entreprise contre nos ennemis et les siens.
Quelle singulière situation avaient les Français
alliés pour le moment avec leur ennemi avéré et
qui leur avait fait déjà tant de mal. Quel chaos !
et qu'il est difficile de comprendre tout ce qui
se passait exactement à cette époque. Après le massacre sur lequel on n'a pas de détails, Labretèche dit
seulement qu'il s'embarque avec les débris de la co-
nie sur le *Blanc-Pignon* après avoir mis le feu aux
magasins et encloué les canons. Les missionnaires
mentionnent le massacre, mais ne précisent rien.
Quant au voyage du *Blanc-Pignon*, capitaine Baron,
Labretèche dit seulement que partis soixante-trois
de Fort-Dauphin, ils arrivent vingt-deux à Mozambique. Pauvre cadet sans fortune, il ne peut se payer
un passage sur un navire anglais et s'embarque
avec sa famille pour Daman sur un navire portugais.
Il veut emmener avec lui les jeunes filles qui res-
taient ; mais le gouverneur portugais s'y oppose for-
mellement et défend aux navires sur rade de les
prendre, disant qu'il voulait les garder pour les marier à des soldats de la forteresse ; qu'elles seraient
malheureuses dans l'Inde où la France n'avait plus

rien depuis la perte de San-Tomé par M. de la Haye qui, croyait-il, était mort. Cette lettre de Labretèche qu'on peut lire aux Archives de la marine est datée de Daman 22 décembre 1675. Comment expliquer l'arrivée à Bourbon de deux des jeunes filles. Elles y sont venues sans doute par une autre voie, ainsi que beaucoup d'autres colons.

Les essais de colonisation qui reparaissent en projet ou à peine effectués se perpétuent jusqu'à nos jours toujours avec les mêmes résultats ; mais les grandes expéditions sont finies. Dans le courant du xviie siècle les prêtres Monet et Caulier apprennent le malgache et tentent de reprendre une position évangélique à Madagascar; ils y renoncent bientôt et après un court séjour chez les Malgaches retournent à Bourbon et à l'île de France. Ils proposent cependant un nouveau plan de colonisation : se rendre à Foulpointe, s'allier au chef de la contrée et s'appuyer sur Bourbon et l'île de France. Ces projets ne se réalisèrent pas. Ils furent repris par Cossigny, Labourdonnais, de Modave envoyé par le gouverneur de l'île de France, Laserre, Béniowski. Leurs tentatives plus ou moins suivies furent infructueuses. Jusqu'à nos jours les missionnaires ont abouti à semblable résultat; à quelles causes peut-on l'attribuer. Est-ce à leur zèle excessif comme on l'a dit. Evidemment non. — Il faut lire les lettres des premiers missionnaires écrites avec une bonne foi éclatante pour trouver les causes réelles de nos malheurs.

Le pays par lui-même n'avait offert que des déceptions à ceux qui avaient tenté de s'y fixer. Portugais, Hollandais, Anglais ont fui ce rivage où ils n'avaient récolté que la fièvre, la disette et les massacres. Le commerce y était nul et l'agriculture ne pouvait y prospérer faute d'hommes pouvant cultiver. Le Malgache est paresseux, a peu de besoins et ne travaille sérieusement que dans le centre de l'île où les terres sont bonnes, le climat moins débilitant.

Les Européens ensuite ne donnaient que le plus déplorable exemple aux naturels. Le pillage, le meurtre et l'ivrognerie formaient le fond de leur existence et les naturels fuyaient leur voisinage. Les lettres des missionnaires même longtemps après nos désastres et les massacres, M. Monet, Durocher et autres annoncent qu'ils n'éprouvaient aucun obstacle de la part de la population qui acceptait facilement leur instruction religieuse. Ils reconnaissaient que les Français eux-mêmes étaient les principaux auteurs de leurs insuccès et de leurs malheurs.

Ce court résumé de nos tentatives de colonisation à Madagascar suffit pour en donner une idée exacte. Je ne parle pas de notre action toute moderne qui a été éphémère et tout aussi triste. Le caractère n'en a jamais varié : mauvaise situation, pénurie de toutes choses, maladies, misères, pillage et finalement représailles terribles. De toutes ces déceptions malheureuses, il est sorti heureusement la colonisation de deux petites îles qui avoisinent la grande et auxquelles on donnait peu d'importance d'abord. Bourbon et l'île de France sont nées et ont grandi après la ruine de nos établissements de Madagascar.

Bourbon, la première étape, Maurice ensuite abandonnée par les Hollandais, colonisée par Bourbon et devenue île de France sous le pavillon français avec la malheureuse destinée de redevenir Maurice sous le gouvernement anglais.

RELATION DE DE LA HAYE.

Note. — L'anse Dauphine est le premier et principal endroit où les Français ont fait leur habitation depuis quarante années, que M. de la Meilleraye y envoya les premiers navires français et continua d'y envoyer de temps en temps quelques commandements. La compagnie des Indes en prit ensuite possession sur l'espérance des profits qu'en promettait la relation faite par le sieur de Flacourt qui y a demeuré longtemps, pour grossir son livre de quantité de faussetés (*Journal du voyage des grandes Indes*, par de la Haye).

Cette grande île de Madagascar a toujours donné lieu à de grandes exagérations et les officiers envoyés sur la côte nord pour étudier les ports, les baies et le pays reviennent avec de grandes déceptions. Les différentes peuplades annonçaient des mines d'or, de cuivre, de diamants qu'on n'a jamais trouvées. Le journal ajoute : Ce n'est pas cette nation seule qui se repaît de rêveries. Nous entendons tous les jours des Français qui soutiennent chacun en leur particulier, le lieu où il aura fréquenté, être celui où la mine aura été découverte, si bien, qui voudra y ajouter foi, que cette île est la plus grande connue et la plus riche du monde... J'ai ouï et vu et connu par expérience, en d'autres endroits de cette île qu'elle n'est rien moins que ce qu'en dit Flacourt.

Les mêmes erreurs se sont propagées jusqu'à nos jours et périodiquement d'amères déceptions sont venues ruiner des individus et des compagnies.

Ces réflexions tirées de notes recueillies par de la Haye sont parfaitement d'accord avec mes observations. La relation de mon voyage à Madagascar est absolument dans le même sens, et quand je l'ai faite, je n'avais pas lu le livre de de la Haye. Les Malgaches et les Européens à l'époque actuelle diraient ce qu'ils disaient il y a plus de deux siècles : nos richesses sont immenses, variées et encore inconnues ; des mines d'or, de cuivre, de fer, de houille, de pierres précieuses se trouvent dans telles régions : il ne s'agit que de les chercher, d'étudier le sol. Ces sources de richesses si variées sont comme l'ombre que projettent les corps ; à mesure qu'on avance pour les saisir, elles reculent indéfiniment.

CHAPITRE II

L'île Bourbon a été découverte en 1513 par le
navigateur portugais Pedro Mascarenhas, qui lui
donna le nom de Sainte-Apolline parce qu'il y aborda
le 9 février, fête de la vierge martyre d'Alexandrie.
Il découvrit à la même époque les îles Maurice et
Rodrigue et les trois îles furent longtemps appelées
les îles Mascareignes. Maurice fut nommée Cerné,
îles aux cygnes, en raison d'un oiseau qu'on y trouvait en grande quantité sur le rivage et dont les
allures et le plumage rappelaient cet oiseau. Rodrigue
est désignée par le nom de Diego Roys. Le nom de

Mascarein, Mascarègne fut longtemps appliqué à l'île Bourbon même après la prise de possession des Français. Les Hollandais qui s'établirent à l'île de Cerné lui donnèrent le nom de Maurice en l'honneur de leur prince de Nassau.

Des navigateurs portugais, Diego Fernando Pereira, Jean de Lisboa auraient découvert ces îles vers 1507, par conséquent avant Mascarenhas, Maurice aurait eu le nom de Saint-Jean-de-Lisboa dans certaines cartes de cette époque (Codine (1), Mémoire géographique). Mais Mascarenhas est le premier qui ait visité ces îles et y ait laissé des traces de son passage. Elles étaient inhabitées et il y déposa quelques animaux qui peuplèrent promptement avec une grande abondance, des chèvres, des cochons.

Ces mers avaient-elles été parcourues avant la venue des Européens qui avaient doublé le cap de Bonne-Espérance. On n'en est pas certain. Les auteurs arabes mentionnant la grande île de Mada-

---

(1) Dans les cartes manuscrites ou lithographiées que j'ai pu voir à la grande bibliothèque, ces îles ont des désignations variables. L'une d'elles présente *Maurice et Bourbon* avec le titre de *Mascarenæ insulæ*, et un peu au nord, une autre île, Sainte-Appolline ou Maurici. Diégo-Roys plus à l'est, Saint-Jean de Lisboa, une île au sud de celles-ci. Dans la grande carte de Sébastien Cabot, Bourbon est désignée, par Sainte-Apolline de *Mascareigne*, au nord-est Maurice, et Diégo-Roys au nord-est de Maurice.

Une petite carte représente le port nord-ouest de Maurice avec un navire au mouillage. Des hommes sont à terre, les uns prenant avec un bâton un gros oiseau sans ailes, les autres assis sur d'énormes tortues qui les promènent sur le rivage. Cette carte, sans date, sans origine, est probablement du commencement du XVIIe siècle.

gascar, parlent aussi des petites îles qui sont dans son voisinage ; mais je pense qu'ils désignent les îles du canal et du nord de Madagascar ; avec leur navigation côtière, ils n'ont pas dû assez s'éloigner de la côte d'Afrique pour reconnaître les îles Mascareignes. Cela importe peu du reste à notre sujet. Ce qui est certain, c'est qu'à l'époque de leur découverte par les Européens elles n'offraient aucune trace de la présence de l'homme.

Ces îles restent dans l'oubli pendant plus d'un siècle après leur découverte. Cependant les navigateurs allant dans l'Inde ou en revenant ont dû plus d'une fois s'y arrêter ; mais elles étaient de trop peu d'importance en présence du grand continent oriental qui les attirait pour les arrêter.

En 1614. Le capitaine anglais Catleton qui était un pirate touche à Mascareigne à son retour de l'Inde et en fait la description suivante : Remplie d'oiseaux de terre de toutes sortes, pigeons, grands perroquets et un oiseau de la grandeur d'une oie avec ailes courtes qui ne lui permettent pas de voler et qu'on nomme *géant* ; anguilles énormes, lieu admirable pour le rafraîchissement des navigateurs. Il mouille par un fond de sable de dix brasses ; il y trouve une quantité prodigieuse de tortues. Ile très haute, eau très belle et très bonne. Catleton en donne la latitude.

Dans un ouvrage anglais qu'on trouve aux Archives tome V, in-4°. L'île Mascareigne dont les Anglais étaient autrefois en possession et qu'ils nommaient *Forêt* est peuplée aujourd'hui par les Français qui lui ont donné le nom de Bourbon. C'est en 1613 qu'un navire anglais qui y avait relâché lui avait donné ce nom.

En 1618. Guillaume Ebrante, Portugais, relâche à Mascareigne, mouille dans un fond de sable. Ses malades s'y rétablissent très promptement. Il trouve le pays admirable. A peu près vers la même époque, un navire hollandais y touche et rétablit facilement ses nombreux malades. Il y trouve un air excellent, des vivres en abondance, des rivières poissonneuses, du gibier et des tortues de terre et de mer en grande quantité. Un voyageur parlant de ces îles donne le nom de Sainte-Apolline à Rodrigue qui est inhabitée tandis que Mascareigne est occupée par les Français. La stérilité de Maurice l'aurait fait abandonner par les Hollandais qui l'avaient d'abord occupée. On trouve à Mascareigne le géant de même qu'à Maurice et à Rodrigue.

Les Français arrivèrent tardivement dans la mer des Indes. Le premier navire qui aborda à Mascareigne est l'*Alexis*, capitaine Gaubert (1638). Il avait pour mission de visiter Madagascar et l'île Rodrigue appelée par les Portugais Diego-Roys. Il arbora dans cette île les armes de France et de là se rendit à Mascareigne dont il prit aussi possession. Ayant appris que les Hollandais avaient bâti un fort à Maurice, il ne s'y rendit pas.

En 1642. Le *Saint-Louis*, capitaine Coquet, fut envoyé par la compagnie d'Orient pour s'établir à Madagascar et prendre possession des îles adjacentes, De Pronis et Fouquembourg étaient à la tête de l'expédition. Ils touchent à Mascareigne dont de Pronis prend solennellement possession ; ils se dirigent ensuite sur Madagascar. On pense que cette cérémonie eut lieu à l'endroit appelé encore aujourd'hui *possession*. Pronis, d'après quelques uns, aurait été à Madagascar avant de se rendre à Mascareigne. Il n'avait avec lui que douze hommes ; il attendit les renforts qui lui arrivèrent bientôt pour fonder le premier établissement français de la grande île qu'il parcourut avant de se fixer sur la côte Est à Mangafia, Saint-Luce. Le *Saint-Laurent*, le *Royal* lui amenèrent un personnel assez nombreux, environ 200 hommes.

Les Français établis ensuite à Fort-Dauphin y construisirent des moyens de défense, mais trop faibles pour pouvoir résister longtemps. Les naturels profitant des troubles de la colonie voulurent l'attaquer ; un des colons, Le Roy voyant ce danger invita les rebelles à se soumettre. Pronis leur promit une amnistie générale, mais à peine furent-ils arrivés au Fort qu'il fit arrêter *douze des plus mutins* « pour les dégrader dans l'île Mascareigne, après « leur avoir fait faire leur procès » (De Flacourt). Ces douze condamnés furent en effet déportés à Mascareigne dont Pronis avait pris possession en 1642. Ce sont les premiers habitants de l'île ; leur séjour n'y fut pas long, mais il dura assez pour leur permettre d'apprécier le pays, le faire connaître, et leurs descriptions enthousiastes attirent les colons de Madagascar. Ils s'étaient établis près de la rivière Saint-Jean, appelé encore aujourd'hui quartier français, en raison de leur séjour, on le suppose du moins. L'exil de ces hommes dura de 1646 à 1649. Ils voyagèrent souvent autour de l'île, et c'est d'après leurs renseignements que Flacourt fit sa carte qui désigne les lieux parcourus par eux avec les noms encore en usage. A part le linge dont ils étaient privés, ils ne manquaient de rien, et on les trouve gras et bien portants.

Flacourt, un des administrateurs de la compagnie, remplaça Pronis avec le titre de commandant général. Arrivé à Fort-Dauphin le 3 décembre 1648, il s'occupa de relever la colonie et à réparer les injustices de celui qu'il avait remplacé. Il chargea le capitaine Le Bourg d'aller chercher les exilés de Mascareigne, d'en prendre une seconde fois possession de sa part, au nom de sa majesté, et poser les armes du roy, et la nommer Bourbon, ce qu'il a fait et a attaché la prise de possession à un arbre avec les armes du roy. C'est à leur retour que les exilés firent connaître si avantageusement l'île dans laquelle ils avaient passé trois ans. Voici ce qu'en rapporte Flacourt dans son ouvrage qui parle d'après les récits qu'on lui fait.

EXTRAITS DE L'OUVRAGE DE FLACOURT.

« L'île Mascareigne, autrement dite Bourbon, est longue de 25 lieues et large de 14 à 21 degrés latitude sud de la ligne équinoxiale et par 82° de longitude du méridien des Açores et de variation 19° nord-ouest. Elle n'a aucun port assuré, mais des rades. — Il y a la meilleure qui est située à l'ouest nord-ouest qui est bonne, bon ancrage et fond de sable et bon abord pour les bateaux. C'est là où est le grand étang. L'autre rade est au sud de l'île et l'autre au nord. L'on dit qu'au sud il y a une baie qui est toute close de rochers et où il y a passage pour un navire. C'est là où est le pays brûlé ; il y a toujours du feu sur la montagne, ainsi qu'en l'île Fuogo du cap Vert. Le reste de l'île est le meilleur pays du monde, arrosé de rivières et fontaines de tous côtés, rempli de beaux bois de toutes sortes, comme lataniers, palmistes et autres ; fourmillant de cochons, de tortues de mer et de terre extrêmement grosses, pleine de ramiers, de tourterelles, de perroquets les plus beaux du monde et d'autres oiseaux de diverses façons. Les coteaux couverts de beaux cabris dont la viande est très savoureuse, mais celle du cochon surpasse toute sorte de nourriture en délicatesse et en bonté.

« Ce qui la rend si bonne est qu'il ne se repaît pour la plupart que de celle des grandes tortues, ainsi que les douze Français qui y ont été relégués trois ans m'ont rapporté, lesquels n'y ont vécu que de chair de porc ou cochon, sans pain, ni biscuit, ni riz, et quoique le gibier ne leur manquât pas, toutefois, ils ont toujours préféré la viande de porc comme la meilleure et la plus saine. — Pendant ces trois années, ils n'ont pas eu le moindre accès de fièvre, douleurs de dents, ni de tête, quoiqu'ils fussent nus, sans habits, chemise ou souliers, y étant portés et laissés avec chacun un méchant caleçon, un bonnet et une chemise de grosse toile, et comme ils croyaient y rester toute leur vie, ils se résolurent d'aller ainsi nus, afin d'épargner ainsi ces caleçons et cette chemise pour s'en servir étant ou malades ou blessés.

— Quelques-uns y allèrent malades qui, incontinent après, recouvrèrent leur santé.

« Les étangs et rivières y fourmillent de poissons. — Il n'y a ni crocodiles dans icelle, ni serpents nuisibles à l'homme, ni insectes fâcheux, ainsi que dans les autres îles, ni puces, ni mouches, ni moustiques piquantes, ni fourmis, ni rats, ni souris. La terre est très fertile et grasse. Le tabac y vient le meilleur qui soit au monde, les melons y sont très savoureux dont la graine a été portée par ces misérables exilés. Ce qui peut supposer que toutes sortes de légumes y viendraient à merveille.

« L'air y est très sain et, quoiqu'il y soit très chaud, il y est tempéré par des vents frais qui viennent le jour de la mer et la nuit de la montagne. Ce serait, avec juste raison, qu'on pourrait appeler cette terre Paradis terrestre. Les eaux y sont pures et très excellentes, lesquelles il fait beau voir tomber le long des rivières, des montagnes, de bassin en bassin en forme de cascades qui sont si admirables à voir qu'il semble que la nature les a ainsi faites afin d'allécher les hommes qui la voient à y demeurer.

« Les bois y sont très beaux, dans lesquels il y a lieu de se promener, n'étant point embarrassés d'épines, de buissons et de rampes. — Il y a du poivre blanc en quantité et du poivre à queue, que les médecins appellent cubèbe. Il y a de l'ébène et beaucoup d'autres bois de diverses couleurs, dont les uns sont propres à bâtir maisons et navires, les autres portant des gommes odoriférantes, ainsi que le benjoin qui s'y trouve en quantité.

« En cette année 1649 j'y ai fait passer quatre gé-

nisses et un taureau afin d'y multiplier et en l'année
1654 j'en ai envoyé autant, lesquels on trouva qu'elles
avaient multiplié jusqu'à plus de trente. »

Quelques cartes portent l'inscription de possession
du roy entre le cap Saint-Bernard et la pointe des
galets, d'autres derrière l'étang où s'établirent les
premiers colons. C'est sans doute là, derrière l'étang
de Saint-Paul qu'on appelait le grand étang, qu'eut
lieu la prise de possession. C'était l'endroit le plus
accessible et le plus agréable à habiter, C'est probablement au même endroit que les exilés finirent par
se fixer. — De retour à Madagascar, ils ne cessaient
de faire l'éloge de Mascareigne et regrettaient la
vie indépendante, facile, qu'ils y avaient menée. C'est
d'après leurs récits que sept des colons de Fort-Dauphin demandent à y aller pour cultiver le tabac et y
chercher ce qu'il y a de bon à envoyer en France.
Flacourt les autorisa à y aller et fit partir avec eux un
de ses officiers dont il tait le nom et qu'il désigne par
un nom malgahce, Dian-Maravole, cet officier avait
comploté contre sa vie. Ces huit Français avaient à
leur tête Antoine Taureau, et ils emmenèrent avec
eux six nègres. Ils s'embarquèrent sur l'*Ours* à M. de
la Meilleraye et débarquèrent sur la côte de l'ouest
dans la baie du meilleur encrage et se fixèrent derrière l'étang où les anciennes cartes ont marqué longtemps le vieux Saint-Paul, avec les cases bâties au
pied de la montagne. L'étang les séparait de la mer.

De Flacourt pensait à coloniser sérieusement Mascareigne, devenu l'île Bourbon, quand il fut obligé de
retourner en France pour exposer à la compagnie
l'état de désordre de la grande île et l'impuissance

dans laquelle il était en présence de la nouvelle prétention du duc de la Meilleraye, qui voulait absorber toute l'administration de la compagnie. A son instigation un sieur Camplen (de Nantes) avait été autorisé à coloniser Mascarenhas, mais ce projet n'eut pas de suite. Lettre de Saint-Vincent au duc de la Meilleraye, 12 janvier 1658. — Malgré ce fâcheux antagonisme, la compagnie ne voulut pas céder devant la haute influence du duc et agit encore par elle-même. Elle envoya la *Vierge* avec deux cents colons destinés à Madagascar et à Mascareigno. Flacourt repartait avec des instructions nouvelles comme commandant général. Il rencontra en pleine mer des barbaresques qui attaquèrent son navire qui prit feu, et l'explosion de la poudrière fit périr presque tout le monde. Flacourt fut au nombre des victimes.

La présence de Flacourt avait été utilisée par les membres de la compagnie pour s'informer des ressources de Bourbon et ce qu'il faudrait pour la coloniser.

Il y avait déjà envoyé quatorze Français et dix à douze nègres; on projetait d'y envoyer des orphelins des deux sexes, pris dans les hôpitaux, pour y fonder un commencement de société et dans le cas où on effectuerait ce projet, on demandait d'adjoindre aux colons deux missionnaires. Antoine Taureau, qui faisait partie de ces premiers colons envoyés par Flacourt, a laissé un récit de son séjour à Bourbon. Les détails qu'on y trouve intéressent d'autant plus que ce sont les premiers essais de culture et d'habitation qui aient été tentés dans le pays. Flacourt le rapporte à la fin de son ouvrage.

« Le 24 août 1656, arrive à Bourbon le *Saint-George*, qui nous apprit que le Fort-Dauphin avait été brûlé par accident. Le capitaine n'avait pas voulu partir avant que premièrement il n'eût été ré-tabli et le sieur Pronis en sûreté dedans. Le sieur de la Forêt était parti ensuite pour s'en aller à Sainte-Marie traiter du riz et pour aller reconnaître les mines d'or, lesquelles ayant été découvertes lui coûtèrent la vie ainsi qu'à quatre Français qui furent massacrés.

« Après que le *Saint-George* fût parti de Bourbon avec bons rafraîchissements et quelque peu de tabac, nous nous mîmes à travailler comme auparavant, si bien que nous fîmes force tabac et aloès ; mais le 1er de l'an 1657, nous eûmes un ouragan si furieux, que nous perdîmes entièrement tout ce que nous avions sur terre. Nos maisons furent abattues et nous en danger d'être tués par les arbres qui se fracassaient, ou d'être emportés par les courants d'eau qui couraient par dessus nos places et habita-tions, de façon qu'ils emportaient des arbres à trois ou quatre brasses que le vent avait déracinés, si bien qu'après, nous nous mîmes à redresser nos cases pour faire un peu de tabac qui vient en si grande confusion et si beau dans les plaines de l'étang, qu'il nous fut facile d'en faire tant que nous pûmes.

« En avril 1658, un autre ouragan pareil à celui du 1er janvier 1657 nous fit perdre tous nos plantages. Notre ressource fut de faire de l'aloès qui est en grande quantité. L'île est fort saine, et on peut dire sans mentir que nous n'y avons eu encore aucun accès de fièvre et aucune maladie, l'espace de trois ans et trois mois sans avoir de nouvelles de Madagascar. Le 28 mars 1658, arriva le capitaine Gosselin, commandant du *Thomas-Guillaume*, sur la côte de ladite île, ne sachant quelle terre c'était. Voyant du feu que nous fîmes, il eut bonne espérance d'y prendre des rafraîchissements.

« Après lui avoir dit le lieu d'où nous étions sortis, il nous dit qu'il n'y avait pas d'espérance d'avoir des nouvelles du Fort et que le vaisseau qui revenait de course de la mer Rouge était demeuré à la merci des gens du pays ; si bien que voyant qu'il y avait deux ans et huit mois que nous n'avions de nouvelles et point d'apparence d'en avoir de longtemps, nous demandâmes au capitaine de prendre de la marchandise en échange d'autres choses. Il nous dit que si nous voulions la donner pour rien il ne nous la prendrait pas, mais que si nous voulions aller aux grandes Indes dans son vaisseau, qu'il nous offrait passage à condition que nous lui fournissions des vivres pour son monde qui en avait bien besoin et nous assura que nous vendrions bien notre tabac.

« Si bien qu'après avoir considéré ce que nous ferions et qu'après avoir laissé échapper si belle occasion nous ne la retrouverions jamais, nous nous résolûmes tous de nous embarquer sur son vaisseau plutôt que de rester dans une île véritablement bonne, sans savoir comment nous en sortirions, et en danger de perdre ce que nous avions fait. Nos nègres nous suivirent ; nous partions de l'île le 5 juin et environ le 1ᵉʳ juillet nous étions à Maderapatam, où nous vîmes tout le contraire de ce que nous avait dit le capitaine Gosselin. » (Flacourt, p. 432 et suiv.)

Ce récit d'Ant. Taureau marque le premier essai de colonisation de Bourbon, éphémère, mais qui indique les produits qui pouvaient servir à des échanges, au commerce.

En 1562, Louis Payen et un autre colon de Fort-Dauphin dont on ignore le nom, accompagnés de sept hommes et trois femmes Malgaches, se rendent à l'île Bourbon, pour aller rejoindre Taureau et leurs compagnons qui en étaient déjà partis. Ils s'établissent dans l'anse Saint-Paul. Nous connaissons par le récit de Souchu de Rennefort quelques épisodes de la vie de ces colons et une description du pays très attrayante.

Voici dans quelles circonstances Souchu est appelé à parler de Bourbon. Une nouvelle expédition a lieu en 1664. Un édit du roi concède à la compagnie des Indes-Orientales, l'île de Madagascar avec les îles circonvoisines. La nouvelle société s'organise sous le patronage de M. de la Meilleraye et le 7 mars 1665 partent de Brest le *Saint-Paul*, le *Taureau*, la *Vierge de Bon-Port* et l'*Aigle-Blanc* portant 520 hommes, équipés moitié en guerre, moitié en marchandises, avec ordre d'aborder d'abord à Mascareigne pour y déposer un commandant et des ouvriers et ensuite d'aller à Fort-Dauphin. Le gouverneur-général M. de Beausse, qui était sur le *Taureau*, se dirigea de suite sur Madagascar et laissa les autres vaisseaux aller à Mascareigne. M. de Beausse arrive à Fort-Dauphin le 10 août et en prend possession au nom de la compagnie des Indes-Orientales. On apprend le 23, que les trois vaisseaux abandonnés de l'amiral n'avaient pas eu le soin de se tenir en flotte ; étant désunis et hors de vue les uns des autres, ils s'accordent néanmoins à reconnaître et occuper Mascareigne. Le *Saint-Paul* et la *Vierge* arrivent à l'ouest lorsque l'*Aigle-Blanc* aborde à l'est. N'étant pas sûrs de l'endroit où ils prenaient terre, six passagers entreprirent de la courir, et parvenus au sommet d'une haute montagne, ils virent les deux autres navires vers lesquels ils cheminèrent jusque sur le rivage de la mer où ils trouvèrent les officiers qui dépêchèrent incontinent une chaloupe avec ordre au capitaine de l'*Aigle-Blanc* de lever incontinent l'ancre et de les venir joindre. Cette île était habitée de deux Français et de dix nègres, sept hommes et trois femmes passés de l'île de Madagascar, rebelles contre les Français et retirés dans les montagnes où ils étaient imprenables et rarement visibles. Ils les accusaient d'avoir tué leur père, et après une conspiration éventée d'exterminer ces deux Français, ils s'étaient mis loin de leur vue et de la portée de leurs fusils. Six soldats furent envoyés les chercher, mais leur peine fut perdue.

Des deux Français, l'un, le principal, nommé Louis Payen, natif de Vitry-le-Français, était homme bien fait, de douce humeur et sociable, quoiqu'il y demeurât depuis plus de trois ans après avoir été sept années à Madagascar, l'autre Français suivait les volontés de celui-ci, et par une conduite bien ménagée, ils avaient devant leur case, bâtie à la chute d'une belle fontaine qui tombe en nappe d'eau au milieu d'un grand rocher, des plantages de tabac à qui ils savaient donner toutes les façons, de racines et d'herbes potagères dont ils avaient apporté les graines, et nourrissaient dans un enclos quantité de cochons, cabris, qui bien qu'ils soient communs sur l'île, cette commodité s'offrant, est plutôt achetée que l'autre n'est atteinte. Ils en avaient expérimenté l'utilité depuis un an qu'un grand navire anglais commandé par le capitaine Isaac Balkeyney y ayant aiguadé, ils en trafiquèrent pour de l'huile, de l'eau-de-vie, du vinaigre et des habits, et à l'abord des Français, cédant aux ordres du roi la souveraineté du pays. Ils ne perdirent pas leur économie et vendirent assez bien leurs soins, après quoi le premier résolut de retourner en France et le second s'engagea aux mains de la compagnie.

L'île de Mascareigne pousse des vapeurs tellement médicinales, que les malades qui y furent descendus des vaisseaux y guérirent en peu de temps, et les bonnes viandes les guérirent parfaitement après. Une aunée longue de 3 pieds pour arme pouvait faire apporter en deux heures de chasse quarante pièces de gibier, tourdes et perroquets. Les oiseaux bien loin de s'épouvanter à la mort d'un de leur espèce et de la vue des chasseurs, venaient les entourer et se laisser choisir. A l'apparence de leur embonpoint, les bœufs, vaches et veaux, comme les cochons, y vivaient de tortues de terre qui y rampaient par milliers et les tortues de mer se promenaient tous les soirs sur les côtes. Presque tous les arbres y pleurent sans cesse le benjoin. Le Français qui avait résolu son retour en avait en provision 1500 livres amassées de ce qui tombait à la porte de sa case, et jugeant par ce qui m'a été rapporté par des gagistes de la compagnie qui ont fait le tour et la revue de cette île, je tiens qu'on en peut tirer 50,000 livres par an. La terre y produit deux fois l'année, les arbres hauts à perte de vue, propres à bâtir des maisons, mais durs et trop lourds pour la construction des vaisseaux. Les eaux y sont très bonnes et ne gardent aucun animal malfaisant. Cette chasse fit perdre un soldat qui faisait le voyage pour la deuxième fois. Ayant tué un canard sur cet étang, il se jeta dedans pour l'aller quérir, et il n'y eut pas nagé trente brasses qu'il se trouva embarrassé dans les joncs couchés sous l'eau qui le retinrent et le noyèrent. Presque la moitié de cette île a été embrasée autrefois. Les navires n'y connaissent aucun bon encrage; les ouragans y sont fréquents et renversent tout.

Le récit de Souchu de Rennefort est fait d'après ce qu'on lui rapporte; secrétaire de M. de Beausse, il alla à Madagascar directement, Regnault et ses compagnons ayant touché à Mascareigne d'abord.

Un témoin oculaire (1), Carpeau du Saussey, nous a laissé une description de l'île Bourbon à cette époque. Elle vient confirmer ce qu'en dit Souchu de Rennefort. Ce récit mérite d'être rapporté en entier, car il coïncide avec l'arrivée de Regnault et de ses compagnons qui sont les premiers colons stables de cette terre et vont commencer l'exploitation de l'île d'une manière définitive.

Carpeau du Saussay, jeune et ayant le goût des

____

(1) *Nouveau voyage de Madagascar*, par M. de V., commissaire provincial d'artillerie de France (Carpeau du Saussay).

voyages, demande à M. de La Meilleraye, alors ministre, d'entreprendre un voyage dans les Indes et de partir avec le premier convoi de la compagnie. Ses parents s'y opposent d'abord et finissent cependant par y consentir. Il s'embarque à Paimbeuf sur le *Saint-Charles*, le jour de la Fête-Dieu, 1663, et arrive à Fort-Dauphin après une longue et pénible traversée. M. de Chamargou, était administrateur à Madagascar pour M. de la Meilleraye. Il est employé plusieurs fois par M. de Chamargou; est mis à la tête d'une expédition contre les Matatanes et les provinces avoisinantes. Au bout de six mois, il revient au Fort-Dauphin avec treize mille huit cents bœufs ou vaches sans avoir perdu aucun homme.

Sur ces entrefaites arrive un navire apprenant la mort de M. de la Meilleraye, et la cession de l'île à la compagnie des Indes Orientales par le duc de Mazarin, gendre de la Meilleraye.

Le roi établissait un conseil souverain à Madagascar dont le président était M. de Beausse, arrivé sur le *SaintPaul*. Trois autres vaisseaux accompagnèrent le nouveau chef de la colonie. C'étaient ceux qui étaient allés directement à Mascareigne. Le nouveau gouverneur, après avoir fait reconnaître ses titres, descendit à terre et fut reconnu par M. de Chamargou et la colonie du Fort. Le gouverneur Chamargou décida d'aller au devant des navires envoyés à Mascareigne et qui tardaient à revenir. Il me fit, dit Carpeau du Saussay, l'honneur de me mener avec lui sur le *Taureau* (Extrait de l'ouvrage de Carpeau) (1).

(1) Les relations entre Madagascar et Bourbon s'établirent

En se dirigeant vers l'île de Mascareigne, devenue île Bourbon, ils font la rencontre d'un navire de guerre anglais qu'ils fuient, et, après avoir évité les poursuites des perturbateurs de leur repos, mouillent devant une partie de l'île qu'il décrit ainsi :

Nous nous campâmes près du bord de la mer, dans un fond le plus agréable du monde, auprès d'un ruisseau dont l'eau faisait envie par sa fraîcheur et sa beauté. Nous avions d'un côté la vue de la mer, de l'autre, celle d'une montagne de rochers à perte de vue; nous étions environnés d'un grand étang en forme de croissant; il y avait une quantité prodigieuse de poissons, entr'autres des anguilles qui ont plus de 7 pieds de long et 1 pied et demi de tour. Une seule est suffisante pour régaler plus de vingt-cinq personnes. J'ai vu deux de nos esclaves qui en avaient enfilé deux dans un bâton pour les porter plus facilement, qui pliaient sous le poids; elles sont infiniment plus grosses à proportion que les nôtres et d'un bien meilleur goût. Après avoir bien soupé de poisson, M. Cuvron, prêtre de la mission, M. le gouverneur, Despivent et moi, nous fîmes bâtir une case pour passer la nuit, les autres ne voulant pas s'en donner la peine, d'autant que le temps était fort beau et le pays fort sain. Dès la pointe du jour nous quittâmes ce paysage enchanté, où nous n'avions eu qu'une incommodité : c'était un grand nombre de tortues de terre qui nous venaient assaillir

alors assez régulièrement. Le *Taureau* y fit plusieurs voyages, un entre autres avec MM. de Chamargou et Carpeau, en 1666.

de tous côtés, et qui même passaient souvent par dessus nous. Nous eûmes bien de la peine à nous en défendre, cela fit que nous ne pûmes dormir.

CHAP. X. — La tortue est un animal fort laid, cependant un très bon manger, entr'autres le foie est excellent; l'huile est aussi admirable à frire toutes sortes de choses, elle a outre cela de merveilleuses propriétés pour les douleurs, nos chirurgiens en ont fait souvent des épreuves très heureuses. Il s'en trouve encore outre celles dont je viens de parler une quantité de tortues de mer; c'est une victuaille fort bonne pour les vaisseaux et fort commode parce qu'elles se conservent en vie sans boire ni manger l'espace de six à sept semaines. Il faut toutefois les arroser de temps en temps d'eau de mer. Je trouve que leur chair approche de celle du veau, elles sont beaucoup meilleures que celles de terre, mais le foie ni l'huile n'ont pas à beaucoup près la même bonté. Les tortues de cette espèce sont d'une grosseur étonnante; j'en ai vu et cela est assez commun qui étaient capables de rassasier cinquante personnes. Celles de terre sont bien moins grandes, elles ont quatre pattes élevées d'un pied de terre, elles marchent par toutes les montagnes; celles de mer sont plates et ont des ailerons qui leur servent de nageoires. Lorsqu'elles veulent faire leur ponte, elles viennent sur le sable dont elles couvrent leurs œufs avec leurs mufles, elles ont jusqu'à trois cents œufs; quand elles les ont enterrés, elles s'en retournent en mer jusqu'à ce qu'ils aient éclos, ce que l'ardeur du soleil cause. Ces tortues savent précisément le temps au bout duquel elles ne manquent jamais de revenir chercher chacun sa ponte qu'elles emmènent après elles en mer ; elles ne viennent que la nuit et c'est le temps qu'on prend pour en faire sa provision ; on les tourne sur le dos et il est impossible qu'elles se relèvent à cause de leur pesanteur.

Nous nous acheminions pour nous rendre à l'habitation des Français dont nous n'étions éloignés que de deux lieues. Nous avions dans le chemin beaucoup de divertissements ; nous n'avions pas besoin d'armes pour aller à la chasse ; sans nous écarter de notre route, nous avions autant de gibier que nous voulions. Les oiseaux y sont en abondance et fort familiers. On y voit surtout une infinité de tourterelles, de ramiers, de perroquets, de poules, des oies, des canards. Il ne fallait que des bâtons et des pierres pour les tuer.

Je serais trop long si je voulais entreprendre de faire la description de tous ces animaux ; il suffit, pour en donner une idée, de dire qu'ils ne sont différents de ceux que nous avons en Europe que par leur grosseur, excepté cependant le flamand : cet oiseau par sa beauté et parce qu'il est moins connu, mérite une place dans ma relation. Il a de hauteur sur jambes six à sept pieds, son plumage est d'une couleur de rose très naturelle, le col est très long et blanc comme de la neige, son bec est rouge et ses pieds aussi, il est fort bon à manger. Il y a aussi un grand nombre de perdrix, elle sont plus petites que les nôtres, mais leur plumage est bien plus beau. La chauve-souris est grosse comme une poule ; elles sont si communes que, quelquefois, j'en ai vu l'air obscurci, son cri est épouvantable. Mais c'est trop longtemps m'arrêter à dépeindre un oiseau qui ferait horreur, si on le voyait. Les cochons sauvages et les cabris nous ont donné trop de plaisir, pour les oublier. Nous en prîmes à la course, sans beaucoup de peine, parce que la graisse les empêche de courir. — Outre la chasse, nous avions l'amusement de la pêche, parce que, chemin faisant, nous côtoyions un grand étang rempli de poissons ; nous les prenions facilement à la main. Nous n'étions pas si sensibles à cet agrément que nous l'avions été dans un autre temps : nos divertissements étaient traversés par les peines que nous souffrions ; le chemin était difficile, le sable extrêmement chaud et les pieds que nous avions nus étaient brûlés. Les cailloux pointus sur lesquels il fallait marcher nous causaient des angoisses terribles. Nous arrivâmes enfin à l'habitation ; c'est un lieu fort divertissant, situé sur le bord du même étang dont je viens de parler, ayant en face une prairie qui récrée la vue par sa verdure ; elle est remplie de toutes sortes de gibier et en si grande quantité qu'il entrait presque dans les maisons. Nous étions accoutumés à voir les oiseaux venir manger sur notre table.

M. Renaud, commandant dans l'île pour la compagnie des Indes orientales, nous reçut parfaitement bien. Il lui fut aisé de nous bien régaler, puisque tout y était pour rien et en abondance. Nous fûmes deux jours dans l'habitation à nous reposer, sans nous occuper d'autre soin que de faire bonne chère.

Au bout de quelque temps, mon inclination pour la chasse me fit quitter cette manière voluptueuse de vivre qui commençait à m'ennuyer. La prise des cochons sauvages et des cabris avait bien d'autre attraits pour moi. Nous faisions des paris à qui en prendrait le plus. Je gageai quatre pistoles avec un de mes camarades, et quoique j'en prisse trente-deux en moins de deux heures, je ne laissai pas que de perdre puisque mon ami en prit trente-huit. Quand nous étions las de cette chasse, le lendemain, nous nous attroupions pour prendre des vaches sauvages. Il n'en était pas de même de cette manière de chasse que des autres : non seulement nous n'avions pas la même facilité, mais encore nous étions en danger d'être blessés, parce que, si elles ne tombent pas du coup que vous leur tirez, ou que vous les manquiez, elles reviennent à la charge sur vous, de sorte qu'il faut absolument des armes. Pendant notre séjour, nous en tuâmes une quantité à coup de fusils et de zagayes ; il y en a une quantité prodigieuse dans le pays. Cette île produit toute sorte d'arbres inconnus en Europe, comme palmiers, lataniers, benjoins et mille autres qui produisent de la gomme aromatique, ce qui rend une merveilleuse odeur et un ombrage agréable. Je n'ai point de nom à donner à l'île de Mascareigne qui lui convienne mieux que celui de paradis terrestre. Son climat est sain, et l'air si salutaire que les malades qu'on y débarque recouvrent la santé aussitôt qu'ils l'ont respiré. Il n'y a aucune bête venimeuse, ni autre qui puisse nuire à l'homme ; elle est fertile en toute sorte de légumes : tout y vient en abondance, comme citrouilles, melons, concombres, choux, etc., et toutes ces choses y sont d'un merveilleux goût. Le tabac qui y est fait est des meilleurs, le riz y croît aussi, mais la grande quantité d'oiseaux le mangent. Ce qui se voyait de ce beau pays fit naître à M. de Cha-margou l'envie de le voir entièrement. Il avait, comme je l'ai déjà dit, beaucoup de bontés pour moi et il crut me faire plaisir en me proposant d'aller avec lui. Je lui témoignai que j'avais un grand mal de tête qui m'empêchait d'accepter l'honneur qu'il m'offrait; que j'irais à la chasse pour le régaler à son retour, et que je me croirais dédommagé de n'avoir pas vu le reste du pays, s'il voulait bien prendre la peine de me faire part de ce qu'il y aurait remarqué. Il s'embarqua donc sans moi dans la chaloupe, le chemin par terre étant trop difficile à cause des montagnes inaccessibles qu'il fallait monter et où il n'y avait point de chemin frayé; mais quand il fut vis-à-vis, il tenta plusieurs fois d'approcher terre pour y pouvoir débarquer, sans en pouvoir venir à bout, à cause des chaînes de rochers contre lesquels la mer se brisait d'une si grande force qu'il était impossible d'approcher qu'au péril de sa vie. Il fut obligé de venir nous rejoindre sans avoir pu satisfaire sa curiosité. Les habitants qui y ont été nous en firent un fidèle rapport, et d'après leur dire, c'est un lieu enchanté, de même que celui que nous avions vu; ils nous dirent encore qu'il y avait un cratère qui brûlait continuellement : c'est une montagne de soufre. Les Français qui en ont fait le tour en dix-huit jours nous ont assuré de cette vérité. C'est à mon avis ce qui rend cette île aussi saine qu'elle l'est. Cette île n'était habitée que de vingt Français, quoiqu'elle fût capable de nourrir plus de 4,000 personnes indépendamment du reste du monde. La seule chose qu'il faudrait y porter, c'est du vin, ce terrain n'en produisant pas. Après avoir resté quinze jours dans cette charmante île, il fallut nous disposer à en sortir. — Nous embarquâmes grand nombre de tortues, tant de mer que de terre ; nous fîmes aussi nos provisions de cochons et de cabris autant qu'il nous plut, et nous utilisâmes aussi les rafraîchissements que cette île nous offrait. Le mouillage y est bon, mais le port n'y vaut rien, ou plutôt il n'y en a point qui mérite ce nom. Il arrive souvent de si furieux coups de vent que les navires s'y perdent quelquefois ; alors on est obligé de gagner la pleine mer de peur d'échouer. Les maisons se renversent, les arbres se déracinent, la mer inonde tout le plat pays, ce qui contraint les habitants de gagner les montagnes ; tant que ces tempêtes durent, ils se mettent la tête contre terre et restent dans cette position 30 à 32 heures qui est l'espace de la durée du mauvais temps. — Ces ouragans arrivent trois ou quatre fois l'an.

On reconnaît facilement à cette description la baie de Saint-Paul avec ses cascades qui tombent encore de ses rochers basaltiques du bord de la mer pour former ses ruisseaux d'eau limpide et excellente, ses étangs, son aspect enchanteur, véritable oasis, encore admirable malgré les déboisements et la transformation des cultures. On reconnaît aussi cette chaîne de montagnes inaccessibles qui va de la Panenian à Saint-Denis. — Quelle différence avec l'état actuel ! Où sont ces légions de tortues, ces anguilles monstrueuses, ce gibier abondant qui s'offrait de lui-même au chasseur ? — Quel paradis terrestre en effet ! et on comprend facilement l'attraction irrésistible d'un tel pays. Nous voyons dans Carpeau que Regnault et ses compagnons s'étaient fixés derrière l'étang, au pied de la montagne. C'est bien là que les cartes marquent le vieux Saint-Paul. C'est là que se fixa Taureau et sans doute aussi tous ceux qui étaient venus dans l'île. Là ils étaient à l'abri de la mer.

Nous allons compléter la description de l'île et l'idée enchanteresse qu'on s'en faisait par le récit de Leguat qui n'est autre que celui de Duquesne qui relâcha à Mascareigne. La carte qui l'accompagne est la même que celle de Flacourt, qui a reproduit celle des Portugais en y ajoutant les détails que lui rapportèrent les premiers qui parcoururent l'île Bourbon.

Extrait de la relation de Leguat. — Voyage et aventures en deux iles désertes des Indes-Orientales, 1688. Amsterdam.

Leguat et quelques compagnons, fuyant les effets de l'édit de Nantes, se réfugient en Hollande où ils s'embarquent sur un navire partant pour les Indes-Orientales, afin d'aller vivre ignorés et paisibles dans l'île d'Eden, Mascareigne dont on vantait les délices. — Le capitaine du navire évite malicieusement l'île désirée qu'ils longent cependant et qu'ils reconnaissent à l'exhalaison des parfums suaves qui en venaient. — Au lieu d'aborder Maurice ou Bourbon, comme il était convenu, on les débarque à l'île Rodrigue où ils

séjournent pendant quelque temps. Ne pouvant reproduire ses impressions personnelles sur une île
qu'il n'a pu voir à son grand regret, il rapporte ce
qu'en dit Duquesne qui ne voulait pas publier son
récit, de peur d'être taxé d'exagération et de fausseté.
Je crois, dit Duquesne, que les Français ont abandonné cette petite île. D'autres, qui y sont descendus
depuis, l'ont trouvée si excellente et si belle qu'ils
l'ont regardée comme un petit paradis terrestre et
qu'ils lui ont donné le beau nom d'Eden, c'est-à-
dire pays de délices.

La relation dont je vous donne un extrait, ajoute
Leguat, dit mal à propos que personne n'a parcouru
cette île. La carte que je donne ici a été faite sur la
description de ceux qui l'ont visitée partout. Quoi
qu'il en soit, ajoute Duquesne, il est certain que l'île
d'Eden est d'une étendue suffisante pour contenir
aisément une longue suite de générations de quelque colonie qui voudrait s'y établir. Il est vrai que
les voyageurs ne nous ont parlé d'aucun pays où
l'air fût plus sain qu'il l'est dans cette île, ce qui est
un article très important. On sait que quantité de
malades y sont descendus et s'y sont parfaitement
rétablis en fort peu de temps. On a le même témoignage de ceux qui y ont fait du séjour, encore que
divers secours et commodités leur aient manqué et
qu'ils aient été trop exposés au soleil et au serein. Le
ciel en est pur et les exhalaisons de la terre, ainsi
que des plantes et des fleurs aromatiques dont elle
est couverte, en parfument l'air, et font respirer un
esprit de baume qui n'est pas moins salutaire qu'il
est agréable.

Cette charmante île, qui est entre le 21° et le 22° degré de latitude méridionale, a cet avantage commun avec les autres îles qui ne sont pas éloignées de la ligne que la chaleur en est tempérée par de certains petits vents frais et réglés, que la Providence, toujours admirable, a disposés pour rendre ces pays commodément habitables. C'est une singularité de cette île que la quantité de fontaines qu'on y trouve. L'eau en est pure et saine et quelques-unes purgatives. De ces sources naissent des ruisseaux et même de petites rivières qui arrosent toutes les plaines et qui sont si poissonneuses que quelques voyageurs ont assuré que la quantité de poissons fait chanceler ceux qui passent la rivière à pied. Il y a plusieurs lacs, et un, entre autres, dont les sources sont si abondantes qu'il en sort sept gros ruisseaux qu'on voit serpenter dans une vaste et riche campagne. Il n'y a aucun animal vénimeux ni dans l'eau ni sur terre. Au lieu que presque tous les pays chauds sont pleins de serpents et d'autres telles sortes de bêtes dont la piqûre et la morsure sont dangereuses et même mortelles. On assure la même chose des plantes et des fruits.

Je ne dirai rien des coquillages admirables dont les bords de la mer sont remplis, ni du corail et de l'ambre gris qu'on y trouve, quoique cela ait son utilité. Mais je dirai que la mer est fort poissonneuse et que les seules tortues qu'elle fournit sont une nourriture abondante et délicieuse. Les tortues de terre sont aussi une des richesses de l'île, car il y en a quantité. Il y a des tortues de mer qui pèsent plus de 500 livres, celles de terre sont moins grosses, mais les grandes portent plus facilement un homme qu'un homme ne les pourrait porter. Cette huile de tortue, car c'est une graisse qui ne se fige jamais, est un remède très bon pour plusieurs sortes de maladies.

Les forêts ne sont pas si épaisses qu'on ne les puisse traverser aisément et l'ombrage n'empêche pas que les fruits n'y mûrissent. Il y a quantité de cèdres, d'ébéniers et d'arbres propres pour la charpente; il y a des palmiers, des orangers, des citroniers, des bananiers et des acajous de différentes sortes. On pourrait nommer vingt autres espèces d'arbres dont les fruits sont bons à manger et dont la variété est toute propre à satisfaire la diversité des goûts : l'aloès, l'esquine, l'indigo, la canne à sucre, les citrouilles, les melons de terre et d'eau, les concombres, etc.

On sait par expérience que tous les grains y viennent bien. Les bœufs, les cochons, les chèvres qui y ont été portés autrefois par les Portugais y ont tellement multiplié qu'on les trouve par bandes dans les forêts. — Puis vient l'énumération de quantité d'oiseaux existant encore ou disparus : la chauve-souris qui a le corps plus gros qu'une poule et dont on mange avec plaisir, quand on peut vaincre cette sorte de répugnance qui est causée par un préjugé. On fait aussi bonne chère des perroquets. Les géants sont de grands oiseaux montés sur des échasses qui fréquentent les rivières et les lacs, et dont la chair est à peu près du goût de celle du butor. Les mâles des moineaux ont la gorge rouge et deviennent tout rouges quand ils font l'amour. Des papillons, des chenilles et des mouches en très grande quantité sont quelquefois embarrassants. Les effroyables tempêtes connues sous le nom d'ouragans sont encore un article fâcheux. On dit qu'ils ne sont pas moins terribles que ceux d'Amérique et qu'après tout, cela ne dure que vingt-quatre heures. On ajoute que, pour un mauvais jour, il y en a 364 qui sont admirablement beaux.

Et effectivement, ces pensées-là sont consolantes. Les gens sages, ceux qui particulièrement ont un peu vécu et un peu voyagé, savent qu'il ne se faut attendre à aucune félicité parfaite en ce monde, ni sous la ligne, ni sous les pôles. Tout a son pour et contre, et le meilleur n'est que le moins mauvais. Ce qu'il y a à faire en cette occasion est de prendre la balance et de peser les choses avant que de se déterminer. Si quelques inconvénients de notre Eden vous faisaient de la peine, disait M. Duquesne, mettez dans un des bassins de votre balance les chenilles, les mouches et les moineaux de cette île avec un ouragan par an, et joignons la santé, la liberté, la sûreté, l'abondance et la tranquillité. Dans l'autre bassin pour contre-peser les trois espèces de petits animaux que nous avons nommés, mettez toutes ces étranges bêtes que notre célèbre Molière appelle harpagons, purgons, grapignons, macrotins, mascarilles, métaphrastes, trissotins et pots en ville. Ajoutez à cela des escobars, des rats de cave et des rats de grenier, l'esclavage, la pauvreté, les alarmes et mille misères, et après cela, levez la balance.

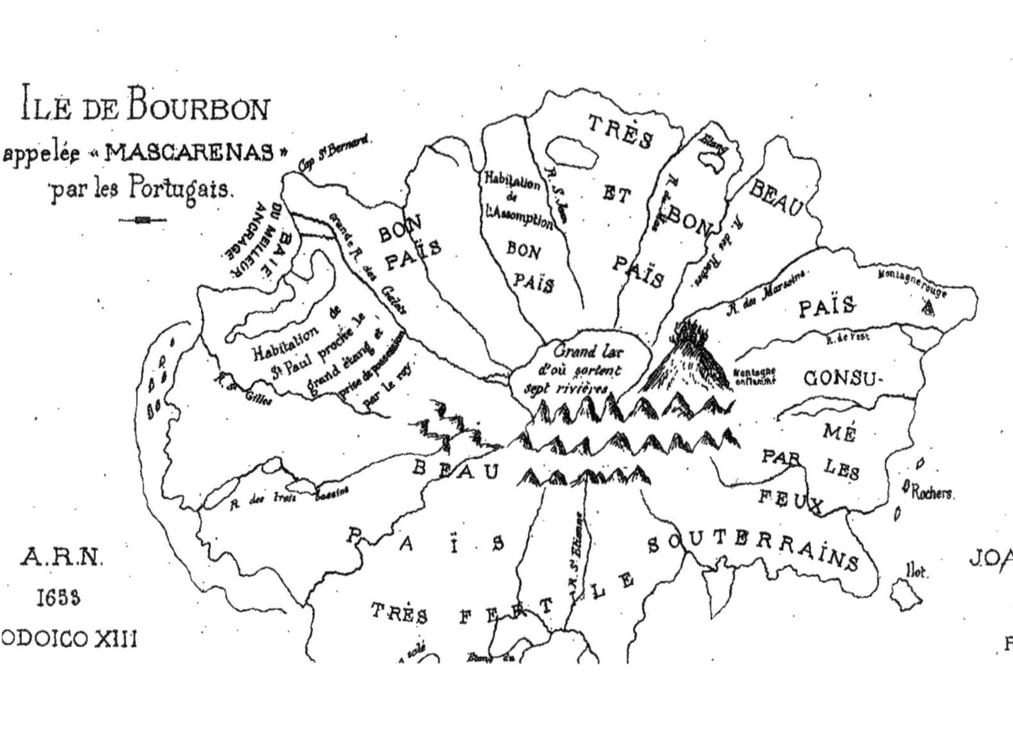
ILE DE BOURBON
appelée « MASCARENAS »
par les Portugais.
Cap St Bernard
DU MEILLEUR
BAIE
ANCRAGE
BON PAÏS
grande R. des Galets
TRÈS
ET
BON
PAÏS
BEAU
Habitation
de
l'Assomption
BON
PAÏS
R. S. Jean
R. de Roche
R. du Mât
Étang
Habitation de
St Paul proche le
grand étang et
prise de possession
par le roy
R. St Gilles
R. des Marsoins
Montagne rouge
PAÏS
R. de l'Est
Grand lac
d'où sortent
sept rivières
Montagne
enflammé
CONSU-
MÉ
R. des Trois Bassins
BEAU
PAR LES
FEUX
D Rochers
PAÏS
R. St Étienne
TRÈS FERTILE SOUTERRAINS
Ilot.
JOAN
A.R.N.
1658
ODOICO XIII
A solé
Étang du
III
RE

CHAPITRE III.

PREMIÈRE COLONISATION RÉGULIÈRE.
REGNAULT, 1665 A 1671.

Regnault et ses compagnons (1). — Mondevergne dépose ses malades.-- Arrivée de La Haye. Prise de possession solennelle à Saint-Denis. — La Hure remplace Regnaült. — Gouvernement d'Henry d'Orgeret, 1674 à 1670.— Florimont, 1678 à 1680. —Mémoires, carte du chevalier de Ricoux, ingénieur. — Gouvernement du père Bernardin, 1680-1686. — Départ pour la France. —Drouillard le remplace, 1686 à 1689.

Nous avons vu que, des quatre vaisseaux de la compagnie partis de Brest, avec M. de Beausse pour chef et amiral, trois seulement touchèrent à Mascareigne. Le *Saint-Paul* portant M. de Beausse alla directement à Madagascar. Il avait avec lui Souchu de Rennefort comme secrétaire général, et Cuveron, prêtre de la mission. La *Vierge-de-Bon-Port*, capitaine des Essarts, avait quatre-vingt-dix passagers parmi lesquels vingt étaient destinés à Bourbon. Etienne Regnault était désigné par le roi pour les commander. Ces vaisseaux trouvèrent dans l'île douze habitants arrivés depuis 1662 : deux blancs, Payen et son camarade, sept noirs et trois négresses

(1) Ce nom est écrit aussi Renaut, mais plus généralement Regnault.

dont nous parle de Rennefort dans son récit. Ils étaient venus de Madagascar dans l'espoir de retrouver les Français venus quelques années avant eux, et ils ignoraient qu'ils fussent partis pour l'Inde sur le *Thomas-Guillaume*. Ils s'étaient établis dans l'anse de Saint-Paul dans le même endroit que leurs prédécesseurs. Leurs cases étaient entourées de tabac et de plantes potagères dont ils avaient apporté les graines avec eux. Ils avaient, dans un enclos, des porcs, des cabris, et nous avons vu, d'après le récit de Souchu de Rennefort, qu'ils en avaient asséz pour faire des échanges avec un navire anglais de passage.

C'est à ces deux blancs que se joignirent Regnault et ses compagnons (1). On a conservé leurs noms qui méritent d'être notés comme étant la souche des premières familles qui colonisèrent l'île Bourbon.

François Riquebourg, Pierre Hibon, Fontaine, Macé, Baillif, Leger, Payet, Robert, Gruchet, Mancel, Cadet, Techer, Mottet, Aubert, Dennemont, Michel Esparon, Belon, Mussard Hoarau, Nativel, Launay, Touchard.

D'après certains documents des archives de la marine, m'a-t-on dit, les vingt commandés par Regnault auraient d'abord été à Madagascar, d'où ils partirent pour Bourbon. On chercha à Fort-Dauphin des hommes voulant aller se fixer à Bourbon; et Riquebourg étant le seul sachant écrire fut nommé secrétaire. Le récit de Rennefort, bien placé

(1) Payen rentre en France et son compagnon seul reste.

pour être renseigné exactement, ne laisse pas de doute sur la venue directe de Regnault et de ses compagnons. Des colons de Fort-Dauphin sont venus sans doute augmenter ou compléter le nombre des premiers habitants. Il y a une telle confusion dans les récits de cette époque que les versions peuvent souvent varier. Ainsi, Cadet ne vint qu'après ou peut-être quitta-t-il Bourbon pour aller à Madagascar et revint ensuite. Ce qu'il y a de positif, c'est qu'il est question de lui plus tard comme arrivant de Fort-Dauphin avec sa famille. Nous verrons dans la suite un document précis à ce sujet. Ces renseignements contradictoires importent peu, du reste, pour l'ensemble. Quelques noms varient dans les documents des archives.

Regnault se mit de suite à l'œuvre et encouragea la culture; il planta de la vigne sur les coteaux du Bernica où, après son départ, on trouva encore des plants en rapport. — La compagnie pensait sérieusement à la nouvelle colonie; elle ordonna à tous les navires allant à Madagascar de visiter Bourbon, et de s'informer de ses besoins. Le *Taureau*, depuis son arrivée à Madagascar, y fit deux voyages en novembre 1665 et en mai 1666, pour y conduire M. de Ghamargon, commandant à Fort-Dauphin, accompagné de M. Cuvron, missionnaire, et de Garpeau du Saussay. C'est le voyage que rapporte Carpeau et que nous avons reproduit en entier comme peinture prise sur place et pleine de détails intéressants.

Le nom de Saint-Paul donné à l'anse où se fixèrent Regnault et ses compagnons aurait eu pour motif le nom du navire amiral qui commandait l'expédition. — Nous sommes à l'origine sérieuse de la colonisation, et les éléments appelés à l'augmenter vont arriver maintenant sans discontinuité. — En 1666, le *Saint-Louis*, commandé par le sieur de La Vigne, mouille à Saint-Paul. — Ce navire apprend que Madagascar avait pris le nom d'île Dauphine, et qu'une expédition nouvelle et considérable allait arriver. — M. de Beausse était mort; le duc de La Meilleraye l'avait suivi de près et n'avait pu voir avant de mourir la réalisation de ses vastes projets. Son fils, le duc de Mazarin, renonça aux privilèges de son père, et une nouvelle compagnie s'établit avec des espérances et des idées nouvelles. — Etienne Regnault parcourut l'île dans tous les sens; il habitait avec ses colons dans un endroit délicieux où tout était à profusion. Il pensa à étendre la colonisation jusque-là fixée dans l'anse de Saint-Paul et engagea quelques habitants à s'installer sur les bords de la rivière Sainte-Suzanne où il avait trouvé une terre fertile et un magnifique pays. — Les cartes du temps désignent cette région sous le nom de très beau et très bon pays. — Il fonda aussi, au pied du cap Bernard, Saint-Denis, nom donné en souvenir du patron de Lutèce, reconnaissant l'importance de cet établissement et en voulant faire le chef-lieu de l'île.

On lit dans un mémoire de Regnault daté de 1667 : « Je fis passer quelques gens sur le bord de la rivière Sainte-Suzanne pour défricher et commencer à travailler cette terre qui est très bonne. »

Puis en 1669 : — « Je quittai Saint-Paul et vins m'établir au nord de l'île sur le bord de la rivière *Saint-Denis*, qui est celle où il est nécessaire de continuer à conserver la première demeure du gouverneur qu'on enverra. » — C'est là en effet que de La Haye en 1671 fit le plan d'une forteresse. — Le mouillage est vis-à-vis. L'ancrage est meilleur qu'à Saint-Paul. — Ce lieu est la clef du beau pays qui a quinze à vingt lieues de long.

Regnault se plaint dans son mémoire de n'avoir eu que des hommes sans métier et sans outils. Il leur donne des concessions à défricher et ne les revoit plus.

Il recommande de n'envoyer que des gens de bonnes mœurs, pour ne pas tomber dans les mêmes désordres, d'y envoyer quelques pauvres filles pour les marier avec les garçons qui y attendent des femmes depuis longtemps. On voit que Regnault avait des idées sérieuses de colonisation, qu'il s'en occupe avec une grande sollicitude et demande des colons plus stables. — Il se trouve en présence de difficultés qui ne feront que croître pour lui et ses successeurs.

L'espace était grand pour si peu d'habitants, la vie était facile, abondante; la pêche, la chasse, une culture facile donnaient tout abondamment. Aussi tous les navires qui touchaient à Bourbon confirmaient le nom d'Eden donné à cette île fortunée par tous les voyageurs et qu'elle méritait si bien.

François Lopès de Mondevergne est nommé gouverneur général pour commander les places et les vaisseaux des Français au delà de la ligne équinoxiale. Cette nomination fut accueillie avec une grande satisfaction. Le roi marque un intérêt de plus en plus grand pour les colonies qu'administrait la compagnie. Le nom d'île Dauphine donné à Madagascar consacre le souvenir du roi encore dauphin, lors de la prise de possession. M. de Mondevergne s'embarque à la Rochelle et part avec une flotte composée de plusieurs vaisseaux. M. de Faye, directeur de la compagnie, et Caron, employé, dont l'expérience acquise au service de la compagnie hollandaise devait être utile à la compagnie française, s'embarquent avec lui.

M. de Mondevergne aborde à Saint-Paul le 14 février 1667. Il félicite Regnault de l'état de la colonie, et y débarque ses malades au nombre de 200. Sa traversée avait été longue et il avait perdu 400 hommes en route. Voilà des éléments nouveaux qui, sans doute, restèrent en partie dans l'île et vinrent augmenter le nombre des colons.

Bourbon est destinée à recevoir les épaves de Madagascar et à rétablir les santés altérées par son climat malsain, ou les fatigues des longues traversées, que son beau et sain climat attire naturellement. Une nouvelle expédition ne tarda pas à venir apporter son contingent de malades. Le gouvernement de M. de Mondevergne n'eut pas une longue durée et se termina malheureusement. Les hommes d'expérience et pratiques, de Faye et Caron, reconnurent bientôt que la grande île ne devait rien rapporter à la compagnie, et ne tardèrent pas à partir pour Surate. La colonie périclite et, malgré de nouveaux secours du roi, la compagnie se vit obligée de lui remettre ses droits.

Espérant toujours faire une colonie puissante de la grande île, Louis XIV envoya M. de La Haye avec

une nouvelle flotte, pour succéder à M. de Mondc-
vergne qui fut rappelé en France, accusé et emprisonné à Saumur, où il mourut. Pendant l'administration de M. de Mondevergne, MM. Jourdié et
Mouneron, missionnaires, s'étaient rendus à Bourbon pour rétablir leur santé. L'élément religieux
paraît pour la première fois dans cette société naissante, mais en passant. Les femmes manquent; on
continue à se plaindre de leur absence.

M. de La Haye est envoyé par le roi avec le titre de
vice-roi dans les Indes. L'île Dauphine devient la
France orientale. Les noms de Madagascar chan-
gent et grandissent en raison de ses ruines accumu-
lées. Après un séjour de quelques mois à Madagascar, de La Haye se rend à Bourbon pour rétablir la
santé de ses équipages. Il mouille à Saint-Denis le
1.ᵉʳ mai 1671, il y trouve le commandant Regnault
qui y avait déjà fait sa résidence, le mouillage étant
plus commode et les terres avoisinantes beaucoup
plus considérables que dans l'anse de Saint-Paul.
Les malades débarqués par les navires en relâche à
Bourbon pour y rétablir leur santé venaient augmenter la population, mais ils furent un embarras
pour Regnault, qui se plaint souvent de leur peu d'aptitude pour les travaux d'une colonisation naissante.

De La Haye fut reçu par Regnault à son débarquement; il prit possession de l'île pour la quatrième
fois, d'une manière plus solennelle; un *Te Deum* est
chanté au bruit du canon; sur une pierre qui existe
encore au gouvernement de Saint-Denis est gravée
une inscription commémorative avec des fleurs de
lys et le nom de La Haye.

Quelques jours après, le vice-roi se rend à Saint-Paul et à Saint-Giles pour y faire des provisions ; il y laisse ses malades et part pour l'Inde. Il parut satisfait de l'état de la colonie, mais il eut la fâcheuse idée de substituer à Regnault qui avait donné des preuves de sa bonne administration un autre commandant, M. de La Hure, ancien officier d'artillerie. M. Jourdié, missionnaire dont le ministère a laissé des traces dans la paroisse de Saint-Paul, partit avec M. de La Haye.

Le 1ᵉʳ août 1671, dans un rapport au roi, M. de La Haye s'exprime ainsi sur Bourbon : Pays très fertile ; nous avons peu d'aussi bonnes terres en France, abondance de cabris, cochons, vaches sauvages. J'en ai fait porter quarante-deux et M. Regnault vingt. Je pense que cela peuplera dans peu. Presque toutes les rades autour de l'île sont bonnes, particulièrement Saint-Denis : on peut y entrer et en sortir, quelque temps qu'il fasse. Les trois mois de janvier, février et mars sont dangereux pour les ouragans, les autres sont sans dangers. Bourbon serait bon pour y rétablir nos malades de toutes les Indes ; cela empêcherait la consommation d'hommes qui se fait partout ailleurs.

Peu après le départ de l'amiral, arriva à Bourbon, le Barbau avec de l'argent et ordre à M. de La Hure de faire le plus de provisions possibles pour son retour qui devait avoir lieu dans quatre mois. Nous connaissons l'appréciation sommaire du pays par l'amiral ; mais son journal rédigé par Caron, directeur général, a été publié et nous en reproduisons la partie qui a trait à Bourbon. La situation du pays est exactement décrite. Les habitants n'étaient que cinquante. *La chasse exagérée détruisait tout le gi-* bier et l'amiral s'occupe d'abord à la défendre ou à la réglementer. C'était déjà et ce sera longtemps un des côtés difficiles de l'administration du pays.

Journal du voyage des grandes Indes, par Jacob de La Haye, recueilli par Caron, directeur général, l'an 1670.

Jacob de La Haye est envoyé par le roi comme lieutenant général et gouverneur dans toute l'étendue de l'île Dauphine, celle de Bourbon et autres terres depuis les détroits de Magellan et Lemaire, et dans toutes les Indes qui sont ou peuvent être ci-après mises en notre obéissance et généralement tout ce qui est compris en notre possession. Son autorité autant militaire qu'administrative s'étend à tout. Colbert lui donne une initiative et un pouvoir illimités, justifiés par la confiance qu'il inspirait et par les nécessités d'une distance aussi grande. Les Anglais et surtout les Hollandais avaient déjà pris des positions importantes dans l'Inde et M. de La Haye va les y trouver déjà puissants, et après des essais de prises de possession de l'île de San-Thomé, nous le voyons obligés de céder la place aux Maures unis aux Hollandais et de se retirer avec tous les honneurs militaires, mais sans ses vaisseaux, et ce sont les Hollandais qui lui donnent, ainsi qu'à tout son monde, passage sur leurs navires pour retourner en Europe. 1674.

Il séjourne à Fort-Dauphin, et le 4 mars 1671

M. l'Admiral et toute sa maison s'embarquent pour Bourbon. M. de Turelle fait travailler aux vaisseaux en diligence pour mettre sur mer. Le 11 avril les navires ont mis à la voile pour aller à Bourbon d'un vent de sud-est. Le 27, l'escadre a mouillé devant l'habitation de Saint-Denis par trente brasses d'eau. La mer est grosse en ce lieu ; aussitôt le sieur Renault, gouverneur pour MM. de la Compagnie au dit lieu de Bourbon envoya à bord son bateau et à une heure après midi M. l'Admiral est descendu à terre avec une partie de sa maison. Les soldats et malades ont été mis à terre pour se rafraîchir, l'air y étant très bon et les vivres en abondance.

Le premier jour de mai, M. l'Admiral et M. de Turelle sont allés en chaloupe à Saint-Paul, à sept lieues d'ici pour visiter les lieux, particulièrement la rade et la rivière de Saint-Gilles.

Le 6 mai, M. l'Admiral a pris pour le roi possession de l'île Bourbon en présence de tous les habitants qui sont cinquante Français qui prêtèrent tous serment de fidélité.

Le 7, vinrent quantité de rafraîchissements, comme cochons, cabris, tortues de terre, etc.

Le 9, M. l'Admiral a fait reconnaître pour gouverneur de l'île le sieur de La Hure, capitaine réformé.

Le 12, a fait défense à toute personne d'aller à la chasse.

Le 13, M. de Turelle et quelques autres officiers de marine ont été à la chasse vers l'habitation du roi. Au soir, M. l'Admiral vint à bord du *Navarre* accompagné de ses gardes et d'une partie des cadets et demanda M. de Turelle. Le sieur Amiel lui dit qu'il croyait qu'il était à bord de l'*Europe* où il fut le trouver avec ce qui l'accompagnait. L'ayant fait embarquer avec lui, il lui reprocha sa désobéissance et la liberté qu'il avait prise de passer un ordre qu'il n'avait donné que du jour d'hier. M. de Turelle eut peu de défense et dit seulement qu'en France il avait permission de chasser partout et qu'il n'avait pas pris cet ordre pour lui. M. l'Admiral retourna à terre et M. de Turelle vint au *Navarre* où il parut extrêmement touché. Tous les jours sont passés à travailler au bois et à l'eau de tous les navires. Quelques chaloupes ont été à Saint-Paul pour quérir de la tortue. M. l'Admiral a été au beau pays, y a passé les fêtes de la Pentecôte et est revenu à Saint-Denis.

Le 27, deux soldats et deux cadets ont été mis en arrêt pour avoir pris quelques fruits dans le jardin du roi. Leur procès a été fait sur le champ et condamnés de tirer au billet. Celui auquel il est échu a été lié et mis en état d'être passé par les armes.

Le 11 juin, M. l'Admiral s'est embarqué sur le *Navarre* avec toute sa maison.

Le 13, M. de Gratteloup s'embarqua avec toutes les troupes. Le lendemain, l'escadre mit à la voile pour aller à Saint-Paul. Les vaisseaux ne pouvant gagner la rade, furent détachées des chaloupes pour aller aux rafraîchissements, qui en revinrent à minuit toutes chargées.

Le 17, on fait servir les voiles et fait route pour Madagascar.

Cette île contient 50 lieues de circonférence, elle est située par 21 degrés 15 minutes de latitude et

76°,6 minutes de longitude. Elle est remplie de montagnes qui font une infinité de ruisseaux et de rivières. Mais on n'en trouve aucune qui forme un havre ni port assuré seulement pour une chaloupe.

Il n'y a aucun havre, ni port où l'on puisse se mettre à couvert des mauvais temps et les navires qui y vont se gardent d'y aborder à la mauvaise saison. Les mois de janvier, février et mars sont toujours les plus à craindre et particulièrement le dernier. Les coups de vents que l'on nomme ici ouragans n'y sont pas toujours de même force. On remarque que tous les trois ans, ils sont à craindre. Au mois de mars 1672, il y eut un coup de vent si furieux que ceux qui étaient résidants dans l'île assurent avoir trouvé des arbres de benjoin de la grosseur de trois et quatre brasses renversés en morceaux par la violence du vent. Le dernier n'est pas si surprenant, à cause de la grande quantité d'eau qui détrempe la terre et dégage facilement les racines qui ont peu de profondeur, ce pays étant beaucoup pierreux particulièrement sur les montagnes. Les habitations que les Français ont faites sont Saint-Paul, Saint-Denis, Sainte-Marie, Sainte-Suzanne, les trois dernières sont le beau pays, qui se prend depuis le cap Saint-Bernard jusqu'à la rivière Sainte-Suzanne à la pointe de l'est. Ce n'est pas qu'il ne passe plus outre, et que son étendue ne soit de 15 lieues de long, et 4 de large, mais cette partie est cultivée en trois habitations, la terre y est très fertile et produit tout ce qu'on y veut cultiver, le blé, le riz et toute sorte de légumes y mûrissent en perfection. La vigne qu'on y a plantée depuis deux ans y vient comme le reste, mais le raisin n'y est pas bon et n'y mûrit point, outre que les oiseaux mangent tout à proportion, dès qu'il commence à quitter le goût de verjus. Les vaisseaux mouillent depuis sept années en ça devant Saint-Denis qui est le seul endroit du beau pays où les chaloupes puissent sûrement aborder, ce qui donne beaucoup de peine aux habitants de Sainte-Marie et Sainte-Suzanne pour le transport de leurs denrées. Cet endroit n'est qu'une rade où on ne peut mouiller qu'avec peu de sûreté, étant obligé de venir tout proche de la terre pour avoir le premier fond qui est de six brasses.

Saint-Paul fut la première habitation qu'eurent les Français, et en l'année 1668, le sieur Renaut, gouverneur de l'île pour la compagnie de France, y faisait sa résidence. L'habitation est au pied d'une montagne, éloignée du bord de la mer de deux lieues. Cet espace fait une plaine très belle, arrosée d'un étang qui fait son ouverture à la mer et qui se débouche quand les pluies viennent; lorsque l'eau y est en quantité et qu'elle nuit aux habitants, on le coupe sur le bord de la mer et on fait facilement évacuer le trop qu'il y a d'eau, et lors qu'il court avec rapidité, le sable poussé par la coupe de mer ne le peut boucher. Alors une chaloupe y peut entrer, mais aussitôt qu'il diminue, la vague le ferme de sable dont la côte Saint-Paul est remplie. Les vaisseaux sont ici plus sûrement qu'en aucun endroit de l'île, d'autant qu'outre que la mer y est moins grande, les deux pointes font comme une anse qui donne quelque abri, notamment de la pointe du galet qui avance de beaucoup en mer. Le vent venant ordinairement par-dessus cette pointe, fait que la mer est moins grosse.

La rivière Saint-Gilles est bornée d'un côté par cette pointe. On tient que cet endroit serait fort propre pour y faire une habitation, si la terre y pouvait être cultivée, mais elle est remplie de galets et d'autres pierres qui la couvrent. En faisant quelques travaux on faciliterait l'entrée de cette rivière qui tire à son embouchure trois brasses d'eau fond de rocher. Cette île est de toutes celles qu'on a découvertes, la plus abondante en chasse. Les bœufs sauvages n'y sont pas encore en quantité, n'y ayant pas plus de trente-cinq ans que M. de La Meilleraye venant de Madagascar y laissa les premiers. Ils sont toutefois si bien multipliés qu'on en voit en grand nombre, mais non pas à l'égal des cochons et cabris qui y sont en confusion, ainsi que les oies, canards, pigeons, tourterelles, et toutes sortes d'autres oiseaux. Cette chasse ne se fait qu'à coups de bâton, n'étant nécessaires d'autres armes. Pour les cochons, bœufs et cabri, il faut avoir des chiens pour éviter la fatigue et lorsque les habitants veulent se divertir, ils les prennent à la course. Chaque espèce a son temps pour être mangée bon dans l'année. Le cochon et le cabris commencent en juin et continuent jusqu'en janvier. Les pigeons commencent à descendre des montagnes au mois de novembre et sont bons jusqu'en mai qu'ils se retirent dans les hauts pays. En mars les perroquets commencent et continuent jusqu'en novembre qu'ils se retirent. Ce n'est pas que tous ces animaux ne soient bons toute l'année, mais au temps qu'ils viennent dans le plat pays,

ils trouvent certaines graines qui les engraissent
beaucoup et les rendent incomparablement plus dé-
licats.

Le poisson est très abondant et excellent, les plus
communs sont les mulets, combevines et anguilles
qui sont prodigieuses. L'étang de Saint-Paul en est
tellement fourni, que le long du bord on les tue à
coups de bâton quand ils quittent la grande eau.

Il y a, outre ça, une si grande quantité de tortues
de terre qu'on ne peut marcher sans en rencontrer.
Le foie fait avec son huile un manger assez délicat,
le reste est commun et n'est pas estimé, à cause de
la quantité d'autres viandes délicates et meilleures.
L'huile en est admirable et assurément plus agréable
que le beurre.

Les tortues de mer terrissent en l'anse de Saint-
Paul; c'est une des meilleures victuailles qui se trouvent ici pour les équipages; le goût n'en est pas bien
délicieux, mais la viande en est saine ; on en peut
embarquer pour quinze jours qui se conservent toujours vives, pourvu qu'on prenne soin de jeter de
l'eau dessus trois ou quatre fois le jour. On peut
aussi les saler, mais il faut prendre garde de n'y
laisser aucun suc qui les fait gâter. On trouve dans
toute l'île pour vivre excepté à la bande de l'est, où on
rencontre le pays qu'on nomme brulé qui contient
douze lieues d'étendue. C'est le plus haut pays de
toute l'île, plein de montagnes arides et dénuées de
toutes choses nécessaires à la vie humaine. Au pied
des montagnes qui sont arrosées de quelques ravines, on y voit des arbres et quelques tortues et oiseaux, mais rarement. Ce pays brûle continuelle-

ment; mais quand le feu anime le fond, il commence
à paraître par intervalle et en peu de temps, qui ferait
bien cinquante jours, la montagne abîme et laisse
voir quantité de fer en cet endroit, et dont partie est
mêlée de cuivre. Personne n'a encore voulu entreprendre de visiter cet endroit bien exactement, à
cause de la difficulté qu'il y a d'y monter ; c'est ce
que nous apprenons de cette île dont tant de personnes parlent. Je crois que celui qui en raisonnera
le plus juste sera le sieur Renaut qui a demeuré
gouverneur au dit lieu pour la compagnie et qui a
fait cinq fois le tour d'icelle avec désir d'en écrire.
Le 27, l'escadre leva l'ancre et vint mouiller à Fort-
Dauphin.

LA HURE, 1671-1674.

L'ordre donné à La Hure de préparer des provisions le contraria, car les ressources du pays étaient
déjà bien restreintes pour le nombre des habitants
qui vivaient un peu au jour le jour. Il appréhendait
que l'amiral pourrait, avec justice, lui en attribuer la
faute, puisqu'il avait fait déserter le monde capable
de cultiver la terre, et avait fait faire des travaux peu
utiles (Dubois, voy. pag. 206 et suiv.). La Hure avait
donné ses ordres avec brutalité, et son rôle était
assez difficile du reste, car il avait à obéir à l'amiral
et à ménager les habitants qui n'aimaient aucun as-
sujettissement. La plupart s'enfuirent dans les bois ;
quelques-uns désertèrent la colonie. Le gouvernement du roi ayant su cela fit écrire à l'amiral de
nommer pour commandant un autre officier que La

Hure, et s'il n'avait pas d'officier capable, d'y replacer Regnault qui y a déjà demeuré quelque temps, et qui a bien réussi, et « comme mon intention, ajoute le roi, est d'y envoyer tous les ans quelques familles pour continuer à la peupler, il est important que vous y laissiez des ordres nécessaires pour faire réussir cet établissement. » (Archives.)

C'est en novembre 1674 que l'amiral débarqua de nouveau à Bourbon, lors de son retour en France. La Hure était emporté, brutal, violent. Il interdit complètement la chasse au lieu de la réglementer et indisposa les habitants qui trouvaient dans la chasse une distraction agréable et utile à leur existence. Il était toujours armé et allait jusqu'à tirer des coups de fusil contre le soleil, en s'écriant : « Voilà un b... qui est bien chaud et qui pique dur. » Outré de tant d'indignités, un garde magasin du nom de Veron se permit un jour de lui adresser quelques observations. Il le fit fusiller et écarteler après sa mort. Les restes de cet infortuné furent cloués comme ceux d'un sanglier farouche dans les quatre quartiers de la colonie. Pour cette raison un de ces quartiers porta longtemps le nom de quartier Veron. (Note de M. Davelu, 1872.) Pour s'éloigner de cet indigne gouverneur, beaucoup s'enfuirent dans les bois et à l'autre extrémité de l'île. La Hure était plus détesté des noirs que des blancs. Il se faisait transporter par des noirs d'un lieu à un autre. Alors ceux-ci complotèrent que la première fois qu'ils le transporteraient de Saint-Denis à Saint-Paul, ils le renverseraient dans une des ravines profondes qu'on rencontre sur la route. Le complot fut découvert et les noirs mis à mort. De là, le nom de ravine à malheur donnée à celle où devait être précipité La Hure. C'est un nom que nous rétrouvons encore aujourd'hui. Louis XIV avait appris cette conduite indigne, et c'est à cause de cela qu'il donna à l'amiral l'ordre de passer par Bourbon en rentrant en France.

Les habitants errant dans les campagnes demandèrent à quitter le pays. Alors Gil Launay fut dépêché par le vice-roi pour les engager de sa part à rentrer dans leurs foyers. L'envoyé sonna de l'encive par toute la côte sud pour appeler les fugitifs qui descendirent à ce signal et apprirent le retour du vice-roi en qui ils avaient confiance. M. de La Haye révoqua immédiatement La Hure et promit de le ramener avec lui en France, d'exposer au roi leurs griefs, de l'intéresser à leur situation et leur promit sa bienveillance en les engageant à reprendre leurs travaux. Mais le désordre et l'esprit de mutinerie durèrent encore longtemps et les successeurs de La Hure eurent à s'en plaindre. Il promulgua en décembre 1674 une ordonnance en vingt-cinq articles et fit promettre aux habitants de s'y conformer. Il leur recommandait d'être bons avec leurs esclaves, de se soutenir entre eux ; leur distribua des étoffes de l'Inde dont ils avaient grand besoin. A son arrivée en France, La Hure fut condamné à être écartelé pour la mort de Veron et l'infâme mutilation qu'il lui avait fait subir. (Archives.)

GOUVERNEMENT D'HENRY D'ORGERET, 1674-1678.

N'ayant plus à sa disposition Regnault qui était retourné en France, de La Haye nomma gouverneur de Bourbon Henri d'Orgeret, gentilhomme du Poitou, qui s'était distingué à la prise de San-Thomé dans l'Inde. Plein de bonne volonté, son gouvernement, du reste court, n'est guère connu que par des calamités publiques. — C'est à cette époque qu'arrivent à Bourbon les débris du massacre de Fort-Dauphin. Le peu qui en restait débarqua en 1675. Le rapport du dernier commandant Labretèche donne le dénombrement de ce qui restait dans la malheureuse colonie de Madagascar quand il fut recueilli à bord du *Blanc-Pignon* avec ceux qui avaient échappé au massacre. Réduits à une soixantaine dont la moitié était malade, ils arrivèrent à Mozambique. Là ils se divisèrent et le peu qui aboutit à Bourbon avait passé par l'Inde. L'accueil fait à ces malheureux fut plein de charité. C'était à qui partagerait avec eux le linge, la maison. Ils furent si heureux d'un pareil accueil que pas un ne demanda de rentrer en France. A cette époque les lieux les plus habités étaient Saint-Paul, le Butor, le Chaudron, la Ravine-des-Chèvres, l'Etang-de-l'Assomption et la Possession. (Archives.)

Les noirs de Bourbon ayant appris la révolte des Malgaches voulurent les imiter et renouveler le massacre. A Sainte-Suzanne, le commis de la compagnie et un autre Français tombèrent frappés par eux. Leur complot fut découvert à temps heureusement et les chefs mis à mort. La plupart s'enfuirent dans les montagnes et y furent traqués pendant long-temps comme des bêtes fauves. Les rats, multipliés à l'infini, dévorèrent les plantations et produisirent la famine. D'Orgeret fut si accablé par tant de calami-tés, qu'il mourut le 17 juin 1678, laissant le gouver-nement à Florimont qui écrit à Colbert en novembre 1678 :

« A l'égard de l'île, Votre Grandeur saura que les gens sont dans une grande disette de toutes com-modités : toile forte, pour faire des habits, de linge, de poteries de fer, de cuivre, pareillement de ferre-ment et outils de toutes sortes, pour travailler le bois et la terre. Quant aux gens nécessaires ici, ce seraient des gens de travail, des familles qui y fe-ront mieux leur compte que non pas les jeunes gens desquels il y en a bien quarante qui sont comme inu-tiles ici et feraient bien mieux au service de Sa Majesté. »

Il demande des ecclésiastiques, n'ayant qu'un ca-pucin fort incommodé, et qui n'attend qu'une occa-sion pour rentrer en France.

Les habitants ajoutent à la lettre de Florimont : « Ce qui nous décourage entièrement du service est le mauvais traitement des commandants qui se sai-sissent de la plus grande part du meilleur et du plus beau des petits secours qu'on y envoie, soit pour eux, ou soit pour leurs valets ; comme aussi nous vous supplions de considérer qu'ils nous empêchent entièrement le commerce que nous pourrions faire avec les navires qui passent dans ces quartiers, ce qui n'arrive que très rarement. Néanmoins, nous aurions quelque consolation si l'on nous permettait d'échanger les fruits que nous cultivons en petites commodités qui nous sont de la dernière nécessité. Monseigneur, espérons que vous aurez quelque charité pour le pauvre peuple de Mascareigne. Vous pouvez aussi espérer que nous contribuerons de notre meilleur à donner toute la satisfaction que peut souhaiter notre bon roi.

« Monseigneur, en passant, nous prendrons la liberté de vous dire qu'il y a quantité de personnes que les navires ont laissées comme malades et qui sont plutôt tous soldats que dans le dessein de s'arrêter dans ces quartiers. Ils maudissent tous les jours le moment qu'ils ont mis pied à terre. Ce serait une grande charité que de les en retirer, comme aussi de nous donner la liberté de nous défaire des Madagascarins (noirs marrons, Malgaches). Ce sont des gens traîtres et turbulents. Car pendant qu'il y en aura, au lieu de cultiver, il faut que nous allions leur faire la guerre pour les éloigner de nos habitations.

« Monseigneur, c'est de rechef la supplique que vous font vos très humbles serviteurs.

« De Saint-Paul, île Bourbon, 16e jour de novembre 1678. Signé : † Mussard. Pierre Hibon. Jaque Fontaine. Pierre Colin. Claude de Chauffour. P. Ricquebourg. Marque † du dit s. Gilles. Launay. † le dits. René Hoaraü. Nicolas Prou. Hervé Dennemont. † du dit s. G. Girard. † Jean Bellon. † Léon Nativel. † François Penhoët, Jacques-Georges Rolland. † François Valdé. † Robert Vigoureux. Jean Ruscin. »

Ceux qui ne savent pas signer mettent une croix.

GOUVERNEMENT DE FLORIMONT.

Juin 1678 à janvier 1680.

Nous venons de voir que les habitants dans leur lettre à Colbert demandaient d'être débarrassés des Malgaches marrons qui leur causaient de grands dégâts. — C'est une des plaies vives de la colonie naissante et nous la verrons longtemps encore un des grands obstacles à son développement et une cause de trouble.

Florimont, aidé des habitants, leur fit une chasse active et, pendant quelque temps, le calme reparut. Le nouveau gouverneur avait un caractère conciliant et paraissait apte à bien administrer. Malheureusement la mort le surprit bientôt. Etant à pêcher dans une ravine, il fit une chute ou eut une apoplexie qui le fit succomber sur place. La ravine où il fut frappé porte encore son nom.

Sa lettre et celle des habitants au ministre éveillèrent son attention. Regnault vivait encore ; Colbert lui demanda quelques renseignements et conseils sur la colonie qu'il avait dirigée quelque temps. Regnault répondit par un mémoire qu'on trouve aux archives du ministère de la marine, plein de sens et qui prouve combien la colonie eût gagné à le conserver comme commandant.

Je le résume : Les habitants qu'il avait placés avantageusement n'ont pu progresser faute d'instruments de travail. Il demande des gens de bonnes mœurs et non des libertins et fainéants qui lui ont causé tant de mal, de même que les gens venus de l'hôpital général. Pour constituer des familles, il réclame l'envoi de filles pauvres pour les marier à des garçons qui les attendent depuis longtemps ; il faut aussi deux bons prêtres, un homme habile à faire le sucre, la canne venant belle et très sucrée. Il faudrait prendre le riz à Aden, le blé à Batavia. Ayant planté plus de deux mille pieds de vigne, qui ont bien venu, on pourrait y récolter du vin. Il indique Saint-Denis comme le lieu le plus convenable pour construire le gouvernement.

L'état de la colonie, par suite des nouveaux colons souvent peu recommandables qui s'y fixaient, et leur privation d'objets nécessaires à l'existence donnent lieu plus d'une fois aux mêmes plaintes motivées et dont on trouve les traces dans les archives du ministère. Les navires qui touchaient à Mascareigne à cette époque étaient en grande partie des pirates ou des corsaires, et on interdisait aux habitants tout commerce avec eux. Cependant, avec ces navires seuls ils pouvaient échanger leurs produits contre des toiles, des outils nécessaires à leur existence. La chasse et la pêche, deux habitudes inhérentes à la vie des créoles, étaient interdites, et leur réglementation resta longtemps une des grandes difficultés de l'administration. Il fallait pourtant mettre un frein à cette coutume qui non seulement entretenait la paresse, mais détruisait d'une manière inintelligente. — A mesure que la population augmente, nous voyons des difficultés de plus d'un genre survenir. — Nous entrons dans une période de désordre et de trouble. La colonie se développait ; à ses premiers colons étaient venus se joindre les éléments les plus variés, souvent peu propres à une société régulière : des aventuriers, des malades débarqués des navires qui passaient et qui, une fois rétablis, ne pensaient qu'à s'en aller, sans idée de se fixer. Il n'y avait aucune culture régulière, ni commerce, ni industrie; c'était la vie sauvage primitive, sans organisation, l'enfantement d'une société et qui offre plus d'un aspect intéressant.

Florimont, dans une lettre datée de Saint-Paul, 20 novembre 1678, se plaint de manquer de linge, d'outils. Des noirs venus de Madagascar, réfugiés dans les bois, commettent des vols et des assassinats, demande des missionnaires pour moraliser la population.

Uné lettre de M. de Seignelay (1686), 17 décembre, promet amnistie aux vagabonds. Tous parlent de l'excellence de l'île et de la misère des habitants. Le gouvernement du roi s'intéresse de plus en plus à cette colonie naissante, mais la distance est grande les relations rares, surtout depuis que Fort-Dauphin a disparu, et nous allons assister à tous les désordres d'une situation difficile dans les circonstances singulières de cette colonie à peine existante, éloignée de toute relation régulière avec le reste du monde.

Le chevalier de Ricoux qui avait visité Bourbon plusieurs fois dans ses voyages aux Indes à écrit plusieurs mémoires intéressants sur la colonie naissante; il la considère comme un poste considérable et bien nécessaire au roi. La raison qui selon lui empêche cette île de progresser, c'est que la plupart des habitants vivent en libertins dans les bois comme des sauvages (mai 1681). Libertins veut dire ici indépendants.

Dans un mémoire écrit de Brest en août et septembre 1681, il demande au ministre des religieux pour les instruire. La terre y est excellente et n'a jamais refusé les produits qu'on lui demandait. Il ne faut faire nul fond sur les habitants actuellement à l'île Bourbon et l'on doit les considérer comme des sauvages plutôt que comme des personnes raisonnables. « Quand j'y passai la dernière fois, la plupart de ces misérables vivaient comme des nègres tout nus dans les bois ; ils avaient abandonné leurs habitations. » Il réclame une compagnie de soldats pour réprimer les désordres.

Répondant à M. de l'Estrille qui avait trouvé tout le pays peu habitable et critiqué le sol, les mœurs, la culture, etc., il répond que la disette dont souffrent souvent les habitants s'explique par l'abandon des propriétés qu'ils trouvaient à leur retour en friche, et sans ressources, après avoir vécu plus ou moins longtemps dans les bois. Le chevalier de Ricoux était un ingénieur de la compagnie qui a laissé une carte de Bourbon manuscrite de 1681. Cette carte est très irrégulière, on y remarque, entre le cap Saint-Bernard et la pointe des galets, trois cases dessinées et en face écrit, *possession du Roy.* Cette carte est au dépôt de la marine, de même que la grande carte de Flacourt qui présente au sommet de l'île un grand lac *d'où sortent les sept rivières.* La baie de Saint-Paul, appelée la baie du meilleur ancrage, l'habitation de Saint-Paul entre la grande rivière des galets et la baie Saint-Giles, quelques cases dessinées avec ces mots : habitation proche du grand étang et *prise de possession* par le roi. Habitation de l'Assomption près de la rivière Saint-Jean, bon pays, quelques cases disséminées ; entre la rivière Saint-Jean et des roches, très beau et bon pays.

A l'étang du Golfe, beau pays, très fertile, non habité.

A. R. M. S.
1853
Ludovico XIII. ô advena!
Lege monita nostra
Cave ab incolis; vale.
F. de Flacourt.

Joanis IIII Dei gratia
Reis Portugale. L. S. ae
N. S.
Ann. Dom. 1545.

Cette carte de Flacourt a été sans doute copiée sur une carte portugaise ancienne, à laquelle il a ajouté ce qu'il avait appris et ce qu'il savait depuis la prise de possession française.

GOUVERNEMENT DU PÈRE BERNARDIN.

Janvier 1680 à novembre 1686.

Le père Bernardin avait déjà exercé son ministère dans la colonie, lorsqu'il fut rappelé dans l'Inde par son supérieur.

François Baron, directeur de la compagnie, ayant dans l'Inde appris la conduite désastreuse de La Hure, envoya le capitaine Auger pour prendre sa place, et comme il savait que le père Bernardin avait déjà vécu à Bourbon, et qu'il avait su mériter l'estime et la confiance des habitants, il le pria d'accompagner M. Auger et d'y faire reconnaître son autorité. Le père Bernardin y consentit. Mais en arrivant à Bourbon, Auger apprit que M. de La Haye avait déjà remplacé La Hure par d'Orgeret. Il repartit pour l'Inde, laissant le père Bernardin à Bourbon.

Après la mort subite de Florimont, la colonie se trouva livrée à elle-même. Tous les yeux se portèrent sur le père Bernardin, et, à l'unanimité, il fut élu gouverneur en janvier 1680.

Malgré sa répugnance, le père accepta le fardeau qu'on lui imposait. Il assembla les habitants dans l'église, leur exposa ses idées, leur réclama leur obéissance filiale à son dévouement paternel. Tous tinrent parole.

Les noirs marrons crurent pouvoir recommencer leurs brigandages ; mais ils furent sévèrement réprimés, et le père Bernardin, tranquille de ce côté, put s'occuper de la culture. Il fit cultiver le coton qu'il avait apporté de l'Inde, et qui était très beau et plus soyeux que celui de l'Inde. Il apprit aux jeunes filles à le filer, et leur dit qu'il n'en marierait aucune qui ne sût coudre et filer. Il demande à Surate des plants de girofle; on ne sait s'ils arrivèrent et s'il put les cultiver.

Le père Bernardin demandait à la compagnie des ouvriers, des familles pauvres, un homme sachant faire le sucre et surtout que les navires allant dans l'Inde passassent par Bourbon au lieu de se diriger

par le canal Mozambique. Il indique la rivière d'a-
bord comme lieu convenable pour la création d'un
port ; il demande à Colbert que les habitants puissent échanger leurs fruits contre les petites commodités qui leur étaient de la dernière nécessité, cette
faveur étant un grand service à rendre à la colonie.
N'obtenant rien de ce qu'il demandait, en France, il
prit la résolution d'y aller lui-même pour exposer la
situation du pays. Il attendit une occasion qui se pré-
senta bientôt. Le capitaine Desorme, commandant
un navire de la compagnie, arrive à Bourbon. Le
père lui demande un entretien particulier et lui
expose ses idées et ses intentions, s'informe s'il n'a
pas à son bord quelqu'un apte à le remplacer. Desorme lui indique un sieur Drouillard qui, pour rétablir sa santé, aurait besoin de rester quelque temps
à Bourbon. Drouillard, à qui le père communique
son projet, accepte, à la condition de quitter son
poste quand bon lui semblerait. Tout étant convenu,
sur les conseils du père, Drouillard est accepté comme
gouverneur et le père prend passage à bord du capitaine qui le conduit en France, 23 novembre 1686.

A son arrivée en France, le père Bernardin fut
mandé au ministère et Colbert, qui avait apprécié sa
conduite et ses vues, lui demande un mémoire sur
la colonie.

En voici un extrait :

« Le peuple de cette île est composé présentement
de différentes nations : En premier lieu, de Français
dont il y a dix familles, qui montent avec leurs enfants à cinquante-trois personnes ; de Français et de
Portugaises des Indes dont il y a douze familles, qui

font soixante-quatre personnes; de Français et de
femmes Malgaches, dont quatorze familles qui font
soixante-dix-huit personnes; enfin, de noirs et négresses de Madagascar, avec leurs enfants, et douze
noirs indiens. On doit même désirer la sortie d'une
grande partie des mulâtres provenant des Français
et des femmes Malgaches. Ils maîtrisent beaucoup
plus qu'il ne convient et pourraient rendre service
ailleurs. Il est à craindre qu'ils ne se joignent aux
noirs pour faire la guerre aux Français...

« J'ai appris depuis ma sortie de Bourbon que,
pour certain, il y était resté vingt-deux Hollandais
sortis d'un navire anglais corsaire qui y avait relâché pour se rafraîchir. Mais il est à remarquer que
cette sorte de gens y est fort préjudiciable tant le
libertinage est grand et comme naturel aux Hollandais qui ont demeuré tant soit peu dans les Indes. »
(Lazaristes.)

Avant de parler du gouvernement de Drouillard,
disons un mot de l'administration du père Bernardin,
qui a été féconde et trop courte malheureusement.
Sa grande et légitime influence, son esprit judicieux
et modéré, étaient appelés à cimenter les éléments
disparates de la nouvelle colonie. Son départ, comme
nous le verrons, fut suivi de trouble, d'agitation, de
révolte. Son mémoire à Colbert offre un grand intérêt; il indique une étape nouvelle de cette société;
les colons augmentent et seront bientôt assez nombreux pour réclamer un gouvernement régulier. Son
administration prouve un fait important, c'est que
cette population si variée, si peu homogène, n'était
pas aussi vicieuse qu'on voulait le dire, mais qu'elle

demandait à être traitée en enfant. Le père Bernardin, avec sa seule autorité paternelle et intelligente,
arrive à établir un certain ordre. Après son départ,
les désordres et le relâchement recommencent, parce
qu'il n'y avait plus aucun frein moral ou matériel.
Le malheur de ces commencements a été que les
rares commandants, qui avaient les aptitudes nécessaires à un tel gouvernement, ne l'ont pas exercé
assez longtemps. Nous avons vu Regnault remplacé
après une très courte administration. Le père Bernardin quitte, lui aussi, pour d'autres motifs, une
colonie qu'il avait su diriger et maintenir, malgré
les mauvaises conditions où elle était.

Nous assistons à la naissance et au développement d'un être collectif, qui représente assez l'enfance avec son indépendance, ses désirs inconscients,
ses besoins, son esprit encore sans culture et sans
expérience, n'aimant aucun joug et croyant à la
justice et à la nécessité de toutes ses velléités. Ce
sont en grande partie des libertins, selon l'expres-
sion de beaucoup d'administrateurs, c'est-à-dire des
hommes aimant la vie libre, sans frein.

GOUVERNEMENT DE DROUILLARD

1686-1689.

L'heureuse influence du père ne dura pas
longtemps. Trois mois après son départ l'orage
éclata après une ordonnance sur la chasse. C'était
une des questions épineuses de la colonie et qui re-

paraissait toujours avec danger. M. de La Haye
avait interdit la chasse comme funeste à la culture.
Il avait limité le nombre des chasseurs et désigné
ceux qui étaient chargés de fournir de gibier les
gens du gouvernement et les habitants. Cette ordonnance depuis longtemps avait cessé d'être exé-
cutée ; elle était en pratique impossible. Le père
Bernardin avec son esprit judicieux et conciliant
l'avait modifiée : chaque famille avait le droit de
chasse une fois par semaine. Son autorité paternelle
avait pu obtenir cette concession et son exécution
régulière. Mais à peine était-il parti que les habitants
voulurent une liberté illimitée. Tous allaient à la
chasse indistinctement et revenaient avec une
charge énorme et facilement obtenue.

Drouillard, voyant le danger pour le pays d'une telle
manière de faire, réglementa de nouveau la chasse.
Il était défendu aux chasseurs de dépasser la ravine
de Saint-Gilles. La fabrication de l'aloès était aussi
réglementée ; il était défendu de détruire les mouches
à miel. Cette ordonnance était très sage, mais le
gouverneur n'avait pas les ressources nécessaires
pour la faire exécuter. On lui opposa une résistance
active et violente.

Un jour, sortant de la messe, Drouillard est abordé
par François Mussard et Jacques Fontaine, qui lui
demandent des explications sur son ordonnance et
la destitution de Royer, chirurgien du roi, qu'ils
savaient être son conseil. Mussard est mis en prison.
Fontaine paraît à la tête des mécontents et parle de
destituer le gouverneur et de tuer Royer ; ils délivrent
Mussard. Drouillard qui n'avait accepté le gouverne-

ment qu'à condition demande à s'en aller. Les habitants, sentant le danger et l'embarras dans lequel ils allaient se trouver, veulent, le retenir et lui promettent obéissance. Il consent à rester en leur faisant promettre d'être plus réservés à l'avenir. Un navire de passage, *l'Oriflamme* avait à son bord un aumônier nommé Georges Camenhen; Drouillard, croyant trouver dans une assistance religieuse un allègement à ses peines, obtient du capitaine de le lui laisser. Ce fut une idée malheureuse, car les difficultés ne firent qu'augmenter.

Le 1er août 1687, un navire portugais *le Saint-François-Xavier*, échouait devant Saint-Denis. Son capitaine Domingo d'Oliveira sollicita l'assistance du gouverneur. Touché de ce malheur, Drouillard quitta Saint-Paul et arriva à Saint-Denis pour organiser le sauvetage du navire et le radouber, s'il y avait moyen. Les Portugais, au lieu de se montrer reconnaissants, disent que cette île découverte par les Portugais leur appartient. Ces paroles indignent et exaltent les esprits et on va jusqu'à accuser Drouillard de trahison, d'entente avec les Portugais, pour se venger de ce qu'on lui avait fait.

Drouillard avait sévérement défendu la chasse. Un Portugais nommé Péreira arrache et déchire l'ordonnance du gouverneur ; recevant des reproches de l'aumônier de son navire pour ce fait, il le soufflette publiquement. Drouillard apprenant cela fait mettre en prison Péreira qui parvient à s'évader, et, rencontrant le gouverneur, le menace d'une barre de fer. Celui-ci tire un pistolet de sa poche et l'étend raide mort. Les partisans du Portugais, pour le venger, mirent le feu à la maison du gouverneur.

Le malheureux Drouillard n'échappait à une difficulté ou à un ennui que pour en rencontrer d'autres. — Camenhen était en opposition avec lui et le procureur du roi. — Il veut même le supplanter; il est mis en prison à Saint-Denis. Ses partisans viennent à son secours. — Deux habitants de Saint-Paul arrivent à Saint-Denis avec des armes pour tuer Drouillard et délivrer Camenhen. — Drouillard conserve assez d'autorité pour les faire mettre en prison; mais il ne peut plus supporter un tel esprit de rebellion; fatigué, désespéré, il profite du passage d'un navire se rendant en France et quitte la colonie le 12 décembre 1689. Les accusations le poursuivent et, arrivé à Brest, il est mis en prison jusqu'à l'arrivée du navire *les Jeux* qui rapportait de Bourbon des explications satisfaisantes sur sa conduite et le disculpait.

Cet infortuné gouverneur avait subi toutes les amertumes d'une administration qu'il n'avait pas recherchée. Aucune police, aucune force effective n'existait alors pour réprimer les désordres et l'insubordination d'une société aussi mêlée, aussi libre. La pêche et la chasse étaient les seules ressources de la vie matérielle et comme elles menaçaient de tout détruire et éloignaient toute pensée de culture, les gouverneurs faisaient des efforts légitimes pour les réglementer; mais ils éprouvèrent une grande opposition.

De La Haye, Florimont, le père Bernadin avaient fait des ordonnances pour les restreindre, et aussi pour mettre un frein au vagabondage qui ne vivait que de pillage. Ils éprouvèrent tous de grands obstacles dans l'exécution. La misère était extrême. Les lettres du chevalier de Ricoux et du père Bernardin en parlent souvent.

Les boissons fermentées, surtout celle faite avec le jus de la canne, étaient très en usage et engendraient toutes les maladies. Le père Bernardin le constate et réclame un chirurgien pour donner des soins aux malades. Il s'inquiète aussi des nouveaux débarqués dans l'île, étrangers qui y fomentent l'insubordination ; il recommande au gouverneur qui viendra de surveiller les Hollandais qui s'y étaient fixés et ceux qu'y avait débarqués un navire anglais. On comprend par ce mélange de nations diverses et le peu de moyens de répression des commandants toutes les difficultés qu'ils devaient éprouver pour maintenir un certain ordre.

Parmi les premiers colons, il y avait de mauvaises têtes. On trouve aux archives de la marine les traces nombreuses des plaintes de Drouillard qui désigne les principaux auteurs de la cabale montée contre lui, Jacques Fontaine, F. Mussard, Gille Launay, Pierre Hibon, Champagne de Cocombre, Jacque Lauret dit Saint Honoré, Julien Dallon dit La Rose. Un chirurgien Hollandais, Herman Vanvergen fait aussi partie de la cabale contre lui. Il aurait fallu une autorité soutenue par une force quelconque pour résister à tant d'éléments de désordre, et Drouillard n'avait ni police, ni soldats. Le père Bernardin, le chevalier de Ricoux réclament une force armée comme une des premières nécessités de la colonie naissante, pour y maintenir l'ordre et l'autorité.

CHAPITRE IV.

La colonie a dès à présent un commencement de
population fixe. Nous allons, avant d'aller plus loin,
récapituler tous ses éléments, afin de pouvoir caractériser cette société à l'état d'enfantement. Le mémoire du père Bernardin nous en indique quelques-
uns, et le nombre des habitants. Les femmes étaient
en petit nombre. La plupart venaient sans doute de
Madagascar ou de l'Inde.

Nous avons vu que Regnault et les vingt hommes
qui étaient sous ses ordres avaient trouvé dans
l'anse de Saint-Paul deux Français et des nègres
malgaches. La compagnie leur adjoignit un nommé
Baudry, marchand chargé de nouer des relations
commerciales. On ne parle plus de lui et on pense
qu'il dut se rendre dans l'Inde ou à Madagascar, ne
trouvant alors aucun commerce à faire à Bourbon.
De La Haye et Mondevergne y déposèrent leurs ma-

lades et quelques employés pour la compagnie. Des pirates y abordaient souvent pour se rafraîchir et faire des provisions. Quand ils virent l'île habitée, quelques-uns s'y fixèrent. Ces pirates, nommés aussi flibustiers, appartenaient à toutes les nations ; ils naviguaient dans toute la mer des Indes, dans la mer Rouge et formaient à cette époque une sorte de corporation commerciale montée en guerre, imitant un peu les grandes compagnies qui envoyaient dans ces mers des navires armés, qui capturaient tout ce qu'ils pouvaient, tout en faisant leur commerce. Les pirates anglais vinrent avec Avery, England, Condon, Paterson qui, après avoir amassé des richesses considérables dans la mer Rouge et sur les côtes d'Arabie et de Perse, quittèrent leur genre de vie, s'établirent dans l'île et obtinrent le pardon du roi de France. Quelques-uns vivaient encore en 1763, et leurs descendants sont nombreux dans l'île. (Lieutenant-colonel Malleson, Darlymps oriental *repertory* vol. 2 Biblioth de la marine.)

Tous ces éléments étrangers, quoi qu'en dise l'auteur anglais, n'y restèrent pas longtemps et en grand nombre; nous ne rencontrons pas beaucoup de noms étrangers dans la suite.

La population de l'île était en grande partie composée d'hommes jeunes et réclamant des femmes pour constituer des familles; Regnault et ceux qui commandèrent avec lui en demandent avec instance. C'est alors que furent envoyées quinze orphelines sous la conduite de Mlle de Laferrière, dite sœur de Saint-Joseph de Paris. Elles s'embarquèrent à la Rochelle sur le navire *la Dunkerquoise*, commandé par le sieur de Beauregard. Après une traversée qui dura dix mois, ce navire mouilla à Fort-Dauphin le 14 janvier 1674. Après une relâche jusqu'au 6 mars, il avait mis à la voile avec ses passagers, plus deux prêtres de la mission pour sa destination; quand survint une tempête et le 7, le bâtiment est jeté à la côte et brisé contre les rochers. Tout le monde fut sauvé, mais cet accident obligea les jeunes filles à séjourner à Fort-Dauphin et en priva Bourbon qui les attendait avec impatience. Le besoin de femmes européennes se faisait aussi sentir à Madagascar et celles-ci furent naturellement recherchées. Labretèche et Beauregard aussi sans doute voulurent s'opposer à ces unions qui les détournaient de leur destination; mais il n'y eut pas moyen de résister longtemps; hommes et femmes voulaient le mariage. Six d'entre elles se marièrent. Il restait à Fort-Dauphin à ce moment cent vingt-sept personnes. La plus grande partie des colons qu'on y avait envoyés à différentes reprises. avait succombé à la fièvre, à la misère, au massacre ou avait fui. Le drame qui devait mettre fin à la colonie se faisait pressentir depuis longtemps et avait eu des precédents. Les Français étaient enveloppés d'une conspiration permanente; Carpeau, Chamargou, à leur retour de Bourbon, firent naufrage sur la côte et là où est Foulpointe aujourd'hui; ils regagnèrent le Fort à pied; ils furent bien accueillis des populations malgaches et à cette époque comme aujourd'hui, les naturels étaient inoffensifs envers ceux qui ne venaient pas chez eux en ennemis. Mais en s'approchant de Fort-Dauphin, dans tous les villages voisins, ils ne tardèrent pas à constater l'état de troubles et de suspicion qui existait entre les Français et les naturels d'Amboule ayant pour chef Dian-Manangue; celui-ci ne tarda pas à montrer sa haine et à exercer sa vengeance.

Nous avons vu dans le précis de la colonisation de Madagascar que le père Etienne et ses compagnons avaient été tués perfidement par ce chef malgache.

Les lettres des pères de la mission rapportent ce triste épisode et font ressortir d'une manière évidente que ce n'est pas au zèle excessif du père qu'il est dû. Depuis sa naissance cette malheureuse colonie, établie dans un pays qui ne produisait rien, qui n'avait même pas d'eau, en était réduite à vivre de pillage. Il se faisait des razzias de bœufs, de riz; les Français incendiaient, massacraient souvent des innocents pour arriver à se procurer des vivres. Il en résultait une haine sourde et des idées de vengeance dans les peuplades malgaches. Les témoins de cette triste situation l'ont plus d'une fois racontée. — Dian-Manangue, en rusé malgache, était l'allié de nos ennemis et savait cependant capter la confiance des Français. Jusqu'au dernier moment il se mêle à la colonie et manifeste plus d'une fois son repentir ou son chagrin, quand on parle devant lui du père Etienne. La mort de ce missionnaire avait exaspéré les Français. — Ne trouvant pas d'alliés sûrs, ils brûlèrent des villages et n'épargnèrent même pas les femmes et les enfants (Lazaristes). Dian-Manangue se prépara à la guerre en conservant toujours les apparences d'un allié, d'un ami. Il achète de la poudre des munitions sur la côte ouest et ne paraît s'armer que pour soutenir les Français; il part même avec quelques-uns d'entre eux pour combattre les ennemis communs. (Lettre du père Rognet 1671, septembre.)

La colonie, après la mort de Chamargou, était tombée dans une misère extrême et manquait de tout. A ce moment tous ceux qui pouvaient quitter le Fort pour aller à Bourbon partaient et c'est sans doute le moment où il en arriva le plus dans la petite île, qu'on commençait à apprécier de toutes manières. Le malheureux Labretèche qui succède à Chamargou n'a pas d'autorité et obtient avec peine des colons qui restent, d'attendre et de modérer leur impatience de quitter le Fort, jusqu'à ce qu'il ait reçu réponse à une requête qu'il fait au roi en leur faveur. C'est dans ces circonstances malheureuses qu'arriva la *Dunkerquoise* commandée par Beauregard avec les jeunes filles à destination de Bourbon.

Labretèche aux abois lui demanda quelques secours, de la poudre, un peu d'eau-de-vie, et ne put en rien obtenir. Beauregard ne voulut même pas reconnaître son autorité, et lui dit qu'il ne relevait que de lui-même. Cet anéantissement de l'autorité du gouverneur français était bien propre à réveiller les haines des Malgaches et à les encourager au meurtre et au pillage. Le mariage des six jeunes filles donna lieu à des fêtes. C'était quelque chose de nouveau au Fort et comme une lueur de bonheur après tant de tristesse. Les Français oublièrent dans leur joie la vigilance ordinaire; les naturels se mêlaient aux fêtes qui étaient données à cette occasion. Dian-Manangue en profita sans doute pour exercer ses vengeances et un nouveau massacre eut lieu le 27 août 1674

Non seulement il arriva avec un grand nombre d'hommes armés, 2.000, dit-on, mais n'ayant à frapper qu'une population réduite et affaiblie par les maladies et les privations de toutes sortes, on se demande comment un seul Français put se sauver. C'est ce qui peut faire penser qu'il n'y eut pas un massacre dans l'acception rigoureuse du mot, mais quelques victimes au milieu du pillage et du désordre. Je n'ai rien trouvé de précis à ce sujet, et on ne peut que supposer. Réduits à la misère la plus extrême, entourés d'ennemis armés et mieux approvisionnés qu'eux, les débris de la colonie profitèrent de la présence du seul navire qui se trouvait sur rade pour partir et fuir définitivement le Fort. Ils s'embarquent sur le *Blanc-Pignon*, capitaine Baron qui partait pour Mozambique. Ils étaient réduits à soixante-trois personnes, arrivent à Mozambique après sept mois de traversée, ayant perdu trente-huit d'entre eux parmi lesquelles se trouvaient deux jeunes filles. Labretèche pauvre cadet sans fortune ne peut, dit-il, prendre passage sur un navire anglais, et part avec sa famille sur un navire portugais qui le conduit à Daman sur la côte Malabar, où il arriva le 9 décembre 1675. Delà, d'après M. Guet, des Archives, deux des jeunes filles destinées à Bourbon et qui auraient suivi Labretèche parvinrent à leur destination avec quelques autres colons échappés au massacre.

Labretèche, dans son rapport daté de Daman, non seulement n'en fait pas mention, mais dit qu'il ne lui fut pas permis d'emmener les orphelines. Elles y arrivèrent sans doute par une autre voie, car le *Rubis*, capitaine de Lestrille, plus tard partit de Daman avec un débris de colons et les transporta à Bourbon en 1686. D'autres auraient été jusque dans l'Indoustan où ils prirent passage sur le navire *Saint-Robert*, capitaine Auger, chargé aussi de conduire le père Bernardin qui devait être d'un si grand secours pour la colonie.

Ainsi donc des quinze orphelines destinées à Bourbon, deux seulement arrivent après une lamentable odyssée, dont les détails ne sont pas bien connus, mais qu'on peut facilement se figurer. Une d'elles était Françoise Châtelain, qui devait être la souche maternelle de beaucoup de familles (mariée et veuve à Fort-Dauphin (Guet), l'autre Mlle Coulon: Quelques-unes restèrent à Mozambique et s'y marièrent sans doute. Labretèche dit dans sa lettre que le gouverneur portugais les destinait aux soldats de sa garnison.

Il est difficile de préciser comment les deux orphelines purent arriver dans l'Inde, à une époque où les documents sont si incomplets. Après le massacre ou quelque temps avant, il est probable que, désespérés de leur misère et avec l'idée arrêtée de quitter Fort-Dauphin, beaucoup s'embarquèrent pour des destinations diverses. Ainsi nous voyons dans la relation du naufrage de la *Dunkerquoise*, un chevalier de Forges qui s'offre pour aller secourir le navire en détresse. Ce de Forges reparaît à Bourbon dans la suite.

Depuis le départ de La Haye et l'abandon de nos possessions de Madagascar auxquelles on n'envoyait plus rien, beaucoup de colons avaient dû profiter des occasions qui se présentaient pour se rendre à Bour-

7

bon, dans l'Inde. Nous verrons dans la suite un Cadet qui s'y rend avec sa famille. Il y avait à Fort-Dauphin quelques familles européennes, attirées par les grandes espérances qu'on avait fondées sur cette colonie. Labretèche nous apprend qu'il était avec les siens, lui cadet de bonne maison, mais sans fortune Mondevergue, de La Haye et leur suite, y avaient laissé des représentants. A mesure que les désillusions augmentaient du côté de Madagascar, l'île Bourbon devait attirer davantage par le développement de la colonie, et la réputation si bien établie de son climat.

D'après les lettres des missionnaires, des quatre mille colons environ envoyés à Madagascar. un tiers se réfugia à Bourbon et dans l'Inde. Ce mouvement ou ce déplacement a dû nécessairement se faire peu à peu, et ceux qui vinrent après le massacre ne formaient qu'une faible minorité. Il est probable que le peu de sécurité qu'ils avaient à Fort-Dauphin depuis longtemps, décida beaucoup de colons à chercher un refuge et une stabilité d'existence qu'ils étaient sûrs d'y trouver, n'ayant plus à lutter contre une population étrangère et ennemie.

Nos établissements de l'Inde n'avaient pas prospéré après la perte de San-Tomé et de la flotte de La Haye. Beaucoup qui devaient y séjourner durent quitter forcément l'Inde, et comme les navires en revenant en Europe s'arrêtaient à Bourbon, ils y laissèrent une partie de leurs passagers.

Après 1674, il n'y a plus de relation régulière avec Madagascar, et c'est de l'Inde et d'Europe que viennent les nouveaux colons. Nous voyons à peu près quelle variété d'éléments pouvait avoir cette population; elle va se condenser et prendre bientôt une forme qui va se caractériser de plus en plus depuis que la compagnie et le gouvernement du roi n'ont plus à s'occuper de Madagascar et pensent sérieusement à faire de Bourbon une colonie importante. Le courant européen régulier s'établit et les premiers colons d'origine variée venus avec les corsaires ou les passagers de hasard font place à une population plus stable et appartenant à la société régulière. Des cadets de famille attirés par l'espoir de la fortune, l'amour des aventures et de l'inconnu viennent comme représentant la compagnie ou le gouvernement du roi. Cette nouvelle couche sociale s'accentue de plus en plus à mesure que les deux colonies se développent. Nous en verrons des traces dans les documents qui suivent.

GOUVERNEMENT D'HABERT DE VAUBOULON.

12 *décembre* 1689. — 26 *novembre* 1691.

Ce mélange incohérent de population n'avait aucun lien assuré et était soumis à toutes les fluctuations des passions et du hasard. Nous avons vu que le père Bernardin appelé à Paris avait été chargé de faire un mémoire sur le pays qu'il avait gouverné avec succès. Il fut reçu par le roi qui, en nommant Habert de Vauboulon gouverneur de Bourbon, voulut qu'il l'accompagnât pour l'aider de ses conseils et de son expérience. On peut lire aux Archives une lettre de Louis XIV, toute paternelle et pleine du désir de voir la nouvelle colonie prospérer et donner refuge à des familles pauvres qui désirent y trouver une existence heureuse. Le roi promet aux colons toute sa sollicitude, toute sa protection.

Le gouvernement de Vauboulon fut court et se termina brusquement par un drame qui est un des épisodes les plus curieux de la colonie. Vauboulon quitte Lorient en mai 1689. Il était accompagné du père Bernardin, du père Hyacinthe et du frère Lannion. Le père Bernardin malheureusement meurt en route, dans une relâche à Rio-de Janeiro.

Le caractère du nouveau gouverneur se dessine fâcheusement pendant le voyage. A peine arrivé et installé dans son gouvernement, il commet des actes qui indisposent contre lui. C'était un homme cruel, avare, impérieux qui commettait de fréquentes exactions et s'emparait arbitrairement de l'argent des habitants (Factum pour le père Hyacinthe). A peine arrivé, il éloigne les gens sages qui auraient pu l'éclairer et s'attache à la coterie qui avait fait tant de mal à son prédécesseur, les Fontaine, les Mussard. Le père Hyacinthe dit qu'il fit tous ses efforts pour le remettre dans la bonne voie, mais en vain (Factum). Il rendit une ordonnance à l'effet de rendre obligatoire la taxe de six livres par tête en faveur des deux prêtres qui se trouvaient dans la colonie, voulant que les fonds fussent déposés entre ses mains.

Il veut obliger les pères à envoyer leurs enfants à l'école et à l'église, condamne tout colon n'allant pas à la messe à trois sous d'amende. Il revient sur les anciennes concessions, les conteste, et oblige ceux qui en jouissent à payer une redevance annuelle. Jacques Fontaine même, son confident, n'obtient la confirmation de ses droits sur sa vieille habitation de Saint-Paul qu'en payant vingt livres de riz et six coqs d'Inde. Cet homme trafiquait de tout et vendait tout. Un Hollandais, nommé Brocas, mis en prison pour crime, fut élargi moyennant trente livres d'argent, huit dindons, six cochons, deux cents livres de riz et le chapelet en cristal de sa femme évalué six livres. Humiliant, indisposant tout le monde, allant à l'église se mêler des sacrements et se moquant du père. Le sieur Firlin était garde-magasin pour la compagnie ; le gouverneur entrait souvent brusquement dans ses magasins, changeait l'ordre établi, poussant du pied les caisses et les ballots de marchandises en disant qu'ils n'étaient pas à leur place. Le navire les Jeux, capitaine de la Houssaye, touche à Saint-Denis, revenant des Indes. De Chauvigny, représentant la compagnie, lui demande la permission de s'ouvrir à lui et lui dépeint le gouverneur sous les couleurs les plus tristes, fourbe, fantasque, brouillon. Il demande et obtient passage à bord de son navire pour aller en France éclairer la compagnie sur l'état fâcheux d'un pareil gouvernement. Peu de temps après son départ, d'un commun accord, la population, guidée par Firlin et le père Hyacinthe, s'empare du gouverneur à la sortie de la messe et on le met en prison. C'était le 20 décembre 1690. Il y reste dix-huit mois, d'autres disent huit mois, et il y meurt de mort naturelle ou empoisonné.

Le factum du père publié à l'époque du procès, quelques années après, les écrits conservés des habitants du pays rapportent ce drame à peu près de la même manière. Le père, après l'emprisonnement du gouverneur, se rendit à Saint-Paul où il séjourna ; il assure que la mort du gouverneur a été naturelle. Firlin devait épouser la fille du sieur Royer, capitaine à Sainte-Suzanne et qui faisait partie du complot. Dans le récit de Pierre Cadet, c'est Royer qui prépara le breuvage *mortifère*, avec lequel on fit mourir de Vauboulon. (Archives de France.)

Le gouvernement passa tout naturellement entre les mains du père Hyacinthe et de Firlin. Ils le conservèrent du 26 novembre 1691 jusqu'à août 1696. Pendant ces six ans il ne passa aucun navire de France. La colonie était livrée à elle-même et on peut se figurer à peu près la vie indépendante et sans entraves qui avait dû succéder à un gouvernement régulier quoique faible. Le père Hyacinthe était à Saint-Paul où il apprend la mort de Vauboulon. Par une contradiction singulière, il lui rend les honneurs dus à son rang, il lui fait un service solennel avec décharge de mousqueterie. La chasse fut reprise librement, c'était ce que désiraient les habitants. Firlin ne pouvant protéger son autorité est réduit à fuir dans les montagnes. Il est permis aux forbans de se ravitailler dans la colonie et aux habitants de leur vendre leurs produits et de commercer avec eux ; ils peuvent même radouber leurs navires et se fixer dans l'île.

Le grand grief des habitants contre le gouverneur paraît être toujours le même : ils voulaient avoir une liberté complète d'action, chasser à volonté et commercer avec les forbans qui seuls leur portaient assez régulièrement les choses nécessaires à la vie, qu'un pays sans industrie ne produisait pas. Vauboulon, que nous ne connaissons guère que par ce qu'en rapportent ses ennemis, devait être moins cruel et méchant qu'on ne l'a dit. Les grands griefs qu'on lui reproche se perpétuent longtemps après lui sous d'autres gouverneurs et par les mêmes motifs. Madagascar n'existant plus pour la grande compagnie, les expéditions avaient cessé et Bourbon reste isolée et sans relation avec la mère-patrie. C'est ce qui explique la durée d'un état de choses aussi anormal et la venue tardive de la justice du roi.

Le 2 juillet 1696 arrive enfin une flottille de quatre vaisseaux commandée par le comte de Cerquigny qui avait pour mission de s'informer de ce qui s'était passé dans l'île depuis l'arrivée de M. de Vauboulon.

Le factum du père Hyacinthe et le récit de Pierre Cadet, que nous produirons à la fin du chapitre, donnent des détails sur toute cette affaire. L'enquête de M. de Cerquigny fait connaître aussi ce qui s'était passé et la situation du pays.

BASTIDE, GOUVERNEUR.

1669-1699

Bastide fut installé comme gouverneur. On n'a pas de grands renseignements sur son administration. Une lettre de lui au ministre, datée de 1697,

indique une nouvelle institution qui a duré longtemps avec certains privilèges et qui subsiste encore
aujourd'hui avec une importance bien effacée. Ne
pouvant se transporter facilement d'un quartier à
un autre et ayant besoin d'y avoir un représentant
de son autorité, il nomme des commandants de
quartiers auxquels il délègue certains pouvoirs.
C'est un fait qui a son importance et qui indique la
nécessité qu'on sentait d'un commencement d'organisation administrative. Les habitants se répandaient
au loin et le gouverneur n'avait pas les moyens de
les surveiller et de maintenir l'ordre. Les commandants le représentent et le suppléent autant que
possible.

M. de Cerquigny fit une enquête sur ce qui s'était
passé depuis l'arrivée de Vauboulon et en envoya le
récit au ministre. M. Le Mayeur en fut chargé. De
Vauboulon avait été emprisonné par les habitants
qui l'avaient laissé mourir dans un cachot. Le père
Hyacinthe faisait les fonctions de pasteur dans l'île
et s'est trouvé assez embarrassé par l'emprisonnement du gouverneur. On le remplace par M. d'Etche-
mandy, aumônier de la Zélande, qui voulait bien
rester dans l'île comme pasteur. Le Mayeur parvint
à s'emparer de ceux désignés comme ayant porté les
mains sur M. de Vauboulon, Marc Dallon de Gênes,
Rabert du Halle de Saint-Malo, Julien Robert, dit
Laroche de Saintonge, Jacques du Rocher de Li-
moges. M. de Cerquigny devra les faire passer en
France sur ses vaisseaux. Cette enquête est datée de
Saint-Paul, le 16 août 1696.

On trouve dans le récit de M. de Cerquigny des

détails intéressants sur le pays : « Nous avons trouvé dans l'île soixante-dix flibustiers qu'un navire anglais avait amenés et laissés, et qui y bâtissaient une frégate de quatre-vingts tonneaux ; il n'y avait plus qu'à la border. Nous jugeâmes à propos de la brûler, ce qui fut exécuté le 25 août 1696. Parmi les flibustiers, il y en avait bien vingt-cinq de Français que les Anglais avaient pris par force et tout le reste Anglais ou Danois. Une partie de ces flibustiers se sont embarqués sur nos vaisseaux et quelques-uns se sont mariés et établis dans l'île. » — Les accusés Firlin et le père Hyacinthe furent jugés en Bretagne et condamnés à mort. Le père ne fut pas exécuté, mais envoyé les fers aux pieds à son supérieur à Paris où il mourut longtemps après. On verra les détails de toute cette affaire dans le factum et le récit de Cadet. — Pendant le procès, les accusés se chargèrent mutuellement. Le père Hyacinthe voulait épargner de Vauboulon et c'est à lui qu'il doit de n'avoir pas été emprisonné plus tôt. C'est Firlin qui lui mit les fers. Firlin accuse le père d'être le grand instigateur de toute cette affaire.

Le nombre des habitants était augmenté et le factum nous donne un aperçu de la population intéressant, quoique un peu partial, sans doute pour se disculper. L'île est divisée en trois cantons, Saint-Denis, Saint-Paul, Sainte-Suzanne. On y compte quarante-cinq à cinquante familles qui composent environ cinq cents personnes, toutes d'humeur féroce et fort penchantes à la sédition. Depuis trente ans, des gouverneurs, des prêtres, des religieux ont été obligés de quitter l'île avec peu de satisfaction ou ont malheureusement péri.

Nous rentrons maintenant dans les gouvernements réguliers. A Bastide succède

JOSEPH DE LACOUR DE LA SAULAYE.

1699-1701

On ne sait pas grand'chose de cette époque. Le gouverneur est homme de plaisir et se livre aux danses et aux fêtes. Il avait avec lui son épouse. Le récit de Pierre Cadet n'en parle que de cette manière. (Arch. de France.)

GOUVERNEMENT DE J.-B. DE VILLER.

1701-1709

L'organisation du pays commençait à se dessiner et à offrir des rouages réguliers et importants. Le gouverneur avait jusqu'ici toute autorité, sans contrôle immédiat, et il fallait souvent attendre des années,pour avoir justice. Le gouvernement comprit qu'il était temps d'établir les bases nécessaires à toute société. Les colonies de l'Inde s'organisaient aussi et on rattacha Bourbon à celle de Surate et Pondichéry. Des conseils furent créés, celui de Bourbon relevait de Pondichéry. La distance était bien grande et on ne tarda pas à sentir tous les inconvénients de cette situation.

M. de Viller reprit les ordonnances de La Haye. Les habitants furent obligés d'aller à la messe, de cacher leurs armes pendant leur absence pour que les noirs n'en fissent pas un mauvais usage ; ils ne devaient pas s'absenter sans permission ; la chasse est réglementée. Ils ne peuvent jurer le nom de Dieu sans payer l'amende. On voit par là l'état primitif et barbare de cette population, l'enfance de cette société.

La compagnie permet aux habitants de faire entre eux tout le commerce de leur crû ; mais défend de délivrer et débiter leurs produits aux forbans. C'était toujours le grand obstacle, les forbans étant presque seuls à porter les marchandises de l'Inde.

En 1708, on construit à Saint-Paul une église plus grande, la chapelle ne suffisant pas à la population. Le gouverneur posa solennellement la première pierre ; de Viller gouverneur, Antoine Boucher procureur fiscal, Pierre Marquès curé, Jacques Aubert capitaine de quartier signent l'acte de cette nouvelle édification.

M. de Viller laissa à son départ de la colonie de vifs regrets. Il avait parcouru l'île pour se rendre compte des lieux et des choses. Il alla jusqu'à la plaine des Cafres et son nom est resté attaché à un des pitons de la plaine qu'on remarque le plus.

GOUVERNEMENT DE CHARANVILLE

Août 1709. — juillet 1710.

Ce gouverneur resta peu de temps en fonction. C'était un homme rusé et de beaucoup d'esprit, d'après le récit de Pierre Cadet, qui rapporte un procès-verbal existant au greffe de Saint-Denis au sujet d'une affaire qui fut suscitée par M. de La Motte, soi-disant prêtre des missions étrangères. Le père de La Motte était un missionnaire de Chine qui ne fit que passer à Bourbon. Il se disposait à dire la messe le 10 novembre 1709 à la place du père Sevet, curé de Saint-Paul, malade. Après les premières cérémonies, il se serait tourné vers le peuple et aurait dit qu'il fallait que tous les habitants se joignissent à lui pour demander pardon à Dieu et se reconcilier avec lui au sujet d'un petit bâtiment venant de Madagascar, avec lequel on a fait la traite contre laquelle il se récria fort, reprochant qu'on avait vendu des armes à des voleurs, qu'il fallait faire amende honorable. Il se mit une corde au cou et fît jurer aux habitants qu'ils ne feraient plus le commerce avec les voleurs, et s'adressant à M. de Charanville : « Vous qui êtes le gouverneur, répondez pour tout le peuple. » M. de Charanville dit qu'il n'avait rien fait de pareil et demanda au peuple s'il connaissait un ordre émanant de lui à ce sujet. — La messe fut dite alors, d'après la relation des Lazaristes. — D'après celle de Pierre Cadet, le gouverneur se serait fâché et aurait entrainé tout le peuple avec lui en disant : « Il n'y a pas de messe pour nous aujourd'hui. » Ce fut sous le gouvernement de M. de Charanville que touchèrent à Bourbon de La Merveille et de Champlor et commandant les deux navires qui avaient été chercher du café en Arabie, pour le compte de négociants de Saint-Mâlo. La relation de ce voyage avec relâche à Maurice et Mascareigne a été faite par Laroque sur les cartes et récits du capitaine qui avait commandé l'expédition.

Ce récit vaut la peine d'être reproduit tout entier ; car il donne une idée exacte et une peinture prise sur la place de Maurice et de Bourbon à cet époque. (Voir à la fin du chapitre.)

Les navires allant dans l'Inde passaient dans le canal de Mozambique. Ils prenaient même cette route à leur retour. Bourbon et Maurice restèrent longtemps délaissées par suite de cet itinéraire. Ce n'est que plus tard que les navigateurs vers les Indes-Orientales modifièrent leur route et gagnèrent vers l'est. Cela explique pourquoi Bourbon restait quelquefois des années sans voir un navire venant de France ou y retournant. Dans leur voyage d'Arabie, les deux navires passèrent par le canal pour aller, et revinrent par l'est. De cette façon ils touchèrent à Maurice et Bourbon et c'est à cela que nous devons le récit de Laroque (1).

(1) De La Haye recommande à ceux qui passent le cap devant ou après la Mounon d'aller directement à Ceylan. Je marque cela, dit-il, pour faire voir comme la nature a travaillé favorablement à notre navigation faisant voir l'utilité de Bourbon peu estimée par d'autres nations, mais à présent bien précieuse aux Français.

Ici finit la première période de la colonisation et nous allons entrer dans une phase plus régulière. Le pays s'organise et les institutions nécessaires à toute société apparaissent ; un conseil qui représente le tribunal, une milice, un clergé régulier, et, enfin, une culture qui va donner au pays une grande importance. Sa population s'est déjà beaucoup accrue. Elle est très mélangée, mais il arrive d'Europe déjà des hommes de famille qui viennent se fixer dans ces pays attrayants pour y chercher fortune. Nous allons voir bientôt paraître des noms qui sont restés et ont formé souche dans la colonie et dans la mère-patrie. Vers 1701, le capitaine de la *Toison-d'or*, arrivant des Indes et ayant touché à Bourbon, répond ainsi aux questions qu'on lui fait sur le pays.

Il y a plus de cent familles de gens mariés. Le gouverneur est logé dans une maison couverte en paille, ayant devant une terrasse sur laquelle on a établi une batterie de dix canons de quatre. Il n'y a pas de troupes ; l'île est défendue par les habitants. Les meilleures terres sont du côté de Saint-Paul. Les habitants n'en cultivent que pour leurs besoins. Il s'y est établi douze flibustiers qui ont pris femmes, mais ce sont sorte de gens qui, quand ils ont été trois mois à faire un métier, le laisseraient volontiers pour retourner en flibuste. (*Archives de France.*)

On trouve aux archives du ministère de la marine un mémoire de Feuilly (avril 1705), avec description de l'île Bourbon, plans de la rivière des Marsouins, Saint-Gilles et rivière d'abord.

Saint-Denis. — Depuis la rivière Saint-Denis jusqu'à une habitation nommée de Lamarre, on compte douze chefs de famille cultivant le plat pays, terre médiocre. Trois rivières coulent constamment : la rivière Saint-Denis, du Butor, des Pluies, les autres ne coulent que dans les avalaisons.

Sainte-Suzanne, là meilleure terre de l'île. Saint-Paul a cinquante-deux habitants autour de l'étang. De Saint-Paul aux Trois-Bassins, passant par Saint-Gilles, le terrain est rocheux, sec.

L'oiseau solitaire ayant la grosseur d'un moyen coq d'Inde habite le sommet des montagnes. La chasse à outrance avait beaucoup diminué cet oiseau, et le peu qui restait avait fui sur le sommet des montagnes.

Les esclaves viennent de l'Inde et de Madagascar, ceux de l'Inde beaucoup plus doux, mais les habitants disent qu'il faut deux Indiens pour faire le travail d'un Malgache.

En 1702, arrivent deux petits vaisseaux de la nouvelle compagnie écossaise qui, venant de Madagascar à l'effet de chercher l'île de Sainte-Apolline, abordent à Bourbon. Ils avaient des nègres à bord et les habitants en achètent seize, les forts à raison de 100 écus, les faibles à proportion.

La rivière d'abord est sans eau ; on y trouve un bassin avec une passe. Le pays n'est pas habité, quoique la terre soit la meilleure de l'île ; mais les habitants y feraient trop de dégâts à cause de la quantité de tortues, cabris et cochons qui s'y trouvent.

Les habitants de Saint-Paul se plaignant que la rivière des Galets ayant été dérivée dans les habitations de Saint-Paul, l'ouverture s'est tellement creusée que l'étang se comble des sables de la rivière des

Galets. Cette note est très intéressante. A cette époque on avait donc eu déjà l'idée de cette dérivation, sans doute pour irriguer les terres supérieures qui sont très sèches. Il y avait à Saint-Paul beaucoup de cocotiers qui avaient été importés depuis huit ou neuf ans. Le sieur Carré, dans un voyage aux Indes, imprimé en 1699, parle de Bourbon et de Saint-Paul comme d'un paradis terrestre. Cette baie magnifique où mouillaient les navires de passage, s'était embellie d'une forêt de cocotiers qui ont fait et font encore le principal ornement utile de l'étang de Saint-Paul.

Les prêtres qui desservaient les paroisses étaient pris au passage et ne satisfaisaient pas beaucoup. On s'en plaint et on en demande de plus dignes On demande aussi un conseil de justice où domineront les prêtres qui forment la partie éclairée de la population. On réclame aussi un chirurgien, et, en attendant, l'autorisation au sieur Joseph de Guigné qui sait la chirurgie, de l'exercer. (Archives.)

On trouve au Dépôt de la marine une carte sans nom d'auteur, avec délimitation en rouge des régions habitées; c'est sans doute une carte de Feuilly, qui accompagne son mémoire : 1708.

En voici quelques détails :

Etang du Gaule, plaine de trois lieues et demie, avec un troupeau appartenant à la compagnie.

Saint-Paul, pays à Froment.

Entre la rivière d'abord et la pointe du grand bois, un bassin où l'eau tombe de la montagne, à l'endroit où est la ravine des Cafres aujourd'hui.

Saint-Denis, terre à froment.

Sainte-Suzanne, terre à tabac, indigo, riz.

Il y a encore peu de terres en culture. Les concessions avaient été faites primitivement aux compagnons de Regnault et n'étaient pas rigoureusement
délimitées. Ce sera l'occasion de nombreux conflits
et nous verrons bientôt la nécessité d'un tribunal
terrier pour réglementer la propriété territoriale.

On trouve aux Archives du ministère de la marine
des traces des premières concessions. Nous allons
en donner quelques modèles. Un des mieux partagés
et toujours avide de demandes est Pierre Hibon, à
qui on avait concédé en 1690 le Bouillon à l'étang
de Saint-Paul. En 1693, Firlin, gouverneur après la
mort de Vauboulon, lui concède un terrain à Saint-
Gilles sans en préciser les bornes.

En 1793, P. Hibon se plaint de n'avoir pas assez
de terre pour faire subsister sa famille et on lui concède le boucan Laleu, pour y élever des bestiaux. Cette
concession est confirmée en 1709 par M. de Viller.

En 1709, nouvelle concession. — Par-devant
nous, juge, de Lacour, écuyer, seigneur de la Saulaye, gouverneur pour le roi de l'île Bourbon, après
les remontrances à nous faites par Pierre Hibon,
disant que, depuis qu'il est dans l'île, il n'a pu avoir
une concession de terre pour élever des bestiaux et
pour favoriser le sieur Hibon, lui avons accordé ledit
morceau de terre situé derrière chez lui, borné d'un
côté par la ravine d'Athanase, de l'autre de la ravine dite Hibon et du grand bras du sommet de la
montagne, etc.

Signé de Lacour de la Saulaye.

Ces quelques extraits et le récit de Laroque qu'on
peut lire à la suite donneront une idée assez exacte

du pays à cette époque, de cette existence simple,
naïve, d'une société en formation, dont les besoins
matériels trouvaient une satisfaction facile dans les
richesses naturelles du sol. On n'en connaît pas encore les revenus, mais il y en avait évidemment pour
permettre aux habitants des échanges avec les navires venant d'Europe ou de l'Inde. Ils avaient acquis déjà quelques esclaves qui seuls à peu près faisaient les travaux d'agriculture. Quelques-uns venaient de l'Inde, mais la plupart étaient tirés de
Madagascar ou de la côte d'Afrique.

Je donne ici un résumé du factum pour le père
Hyacinthe ; ce sont les parties les plus importantes
du mémoire. Le récit de Pierre Cadet est aussi rapporté presque en entier et raconte les faits à peu
près comme les autres. Ces deux écrits, l'un imprimé, l'autre manuscrit, sont aux Archives de France
et offrent un assez grand intérêt pour être reproduits.

ARCHIVES DE FRANCE.

Notes sur l'histoire de Bourbon, apprises de Pierre Cadet
dont le récit se trouve conforme aux récits des autres habitants plus anciens que lui. — Arch. MM. 530 à 533,
manuscrit.

M. de La Hure, deuxième commandant de l'île
placé à ce poste par le vice-roi de La Haye, était un
de ces scélérats impies qui ne craignent ni Dieu
ni les hommes. Il ne marchait qu'avec un mousque-
ton ; ses sujets, en petit nombre, n'avaient pas
d'armes à feu encore. Aussi redoutable aux nègres
qu'aux blancs, ses nègres complotèrent de le préci-
piter du haut d'un cap, quand ils le porteraient de

Saint-Denis à Saint-Paul. Il découvrit la conspiration et en fit mourir les auteurs. On donna à la ravine qui borde le cap le nom de Ravine-à-Malheur. Il tirait même contre le ciel et le soleil, quand il en sentait les ardeurs, en disant ces paroles : « Voilà un b... qui est bien chaud. » Ses cruautés allèrent si loin que plusieurs habitants s'enfuirent dans le sud de l'île, dans le quartier appelé aujourd'hui Saint-Pierre et des grands bois, d'où ils ne revinrent qu'au retour du vice-roi des Indes. Le bonhomme Gille Launay fut dépêché vers un pays désert pour les inviter de la part de M. de La Haye à revenir à Saint-Paul. Cet envoyé sonna de l'encive par toute la côte sud pour appeler les fugitifs ; ils vinrent à lui et se déterminèrent au retour. M. de La Haye proposa aux habitants de conserver La Hure, promettant qu'il se conduirait mieux. Ils ne l'acceptèrent pas et alors M. de La Haye jeta les yeux sur un nommé Florimont qui lui avait rendu des services. Ce dernier demanda qu'on ne le laissât pas sur ces rochers déserts. Il accepta avec la promesse qu'on le retirerait avant longtemps. — Arrivé en France, il envoya en effet pour le relever Orgeret, le quatrième commandant de l'île. Mais Florimont était déjà mort dans une ravine, où il était à la pêche et à la chasse avec ses sujets. Cette ravine porte son nom. M. de La Hure, ramené en France par le vice-roi, fut écartelé à la Rochelle. Il avait cela de bon qu'il ne souffrait pas les flatteurs, mais les punissait à grands coups de canne, lorsqu'il les surprenait dans de faux rapports. Le sieur Orgeret ne se plut pas dans son gouvernement et prit bientôt le parti d'évacuer l'île.

AFFAIRE DE VAUBOULON. RÉCIT DE PIERRE CADET.

Ce fut le sieur Antoine Royer, chirurgien, qui composa le bouillon mortifère. M. de Lacour arrivait et mettant pied à terre demanda sur le champ où est Royer? On lui répondit : Il est mort depuis trois ou quatre ans. J'en félicite sa veuve, dit le gouverneur, car si je l'avais trouvé en vie, je le faisais pendre à cet arbre que voilà.

Firlin que le père Hyacinthe avait mis comme gouverneur et qui était un des principaux conjurés fut pendu à Rennes. Marc Vidat et quelques autres que M. Cerquigny avait attrapés et menés en France y furent condamnés aux galères. Le Pantho, commis, mourut de maladie à Saint-Denis. Le père Hyacinthe se sauva de l'escadre de M. de Cerquigny et passa dans les terres de l'Inde, d'où il se rendit par la caravane en son couvent où il est mort plus qu'octogénaire. Peu avant sa mort, il écrivit une lettre à un de ses amis de Bourbon. Il est mort en 1740. M. de Lacour ne fit guère que cet acte de fermeté. Il s'adonna bientôt aux passe-temps, ne s'occupant qu'à donner des danses et des fêtes; il avait son épouse avec lui. Il fut remplacé par M. de Viller et relevé par M. de Charanville homme rusé et de beaucoup d'esprit. Il existe au greffe de Saint-Denis un procès-verbal au sujet d'une affaire qui lui fut suscitée par M. de La Motte soi-disant prêtre des missions étrangères. C'était un jésuite revenant de Chine et des Indes.

A. Bourbon, ce jésuite trouva le père Sevet seul pasteur de l'île, malade de poitrine et ne pouvant faire ses fonctions. Le père La Motte fut invité à y suppléer durant sa relâche. Un jour de dimanche, il prit l'aube et l'étole et fit l'exposition du Saint-Sacrement, puis s'étant passé une corde au col, il propose au sieur de Charanville et au peuple de faire amende honorable à Jésus-Christ pour les secours qu'il prétendait avoir été donnés aux flibustiers par les habitants et leurs clubs, ajoutant qu'il ne pouvait célébrer la messe sans cette condition. Le gouverneur à cette sommation lui réplique qu'il n'avait aucun reproche à se faire sur cet article, que, si quelques-uns étaient tombés dans cette faute, c'était à son insu. Le prêtre et le gouverneur achevèrent leur débat en latin et après bien des contestations, M. de Charanville dit à ses esclaves : « sortons d'ici et allons-nous en, car il n'y a point de messe aujourd'hui pour nous. » Les habitants défilèrent chez le gouverneur.

Le père Sevet était un grand prédicateur et, quoique malade, avait une voix de tonnerre. M. Marquès avait aussi une voix des plus robustes, parlant bien et aimant tellement le lard qu'il le suçait avec délices. M. Aufray, prêtre des missions étrangères, fut envoyé pour le relever et dut partir de l'île à la demande de MM. Roulleau et Calvalin qui installèrent M. Marquès à son retour de l'Inde. C'est pendant son pastorat que l'île fut secouée par un violent tremblement de terre qui fit croire à bien des colons que c'était la fin du monde.

M. Marquès et les paroissiens de Saint-Paul se réfugièrent à l'église pour apaiser la colère de Dieu.

Il fit une procession de l'église au banc des roches,
de là à la caverne, et de la caverne à l'église (1).
M. Saint-Germain Rabin qui pour lors était curé de
Saint-Denis, plaisante sur cette procession extraordinaire. Le curé de Saint-Denis regardait de plus
près aux piastres et aux morceaux de vieux or pourri
qu'à tout ce qui concernait le saint ministère.
M. George Camenhen passait pour faire des miracles.
Des moineaux ravageaient les récoltes, il proposa
aux habitants, s'ils voulaient, de les changer en rats.
Ils l'acceptèrent et il le fit. Oncque on ne vit de moineaux depuis, mais des rats noirs dont l'espèce
existe encore.

M. de Charanville qui ne tenait ce gouvernement
de Bourbon qu'en attendant le retour du sieur Parat
de l'Inde, se plaisait si bien à ce poste, qu'il voulut
engager la colonie à déclarer au commissaire qui
devait ramener le sieur Parat, qu'ils ne voulaient
pas d'autre chef que le sieur Charanville. Les colons
ne le voulurent pas et le sieur Parat reprit le
gouvernement de l'île. Ils eurent bientôt à s'en repentir, car Parat les traitait avec hauteur et sévérité.
Charanville avait cela d'attrayant qu'il ne voulait
pas qu'on allât gîter ailleurs que chez lui ; quand on
venait chez lui, au lieu de sa résidence, il empruntait
des matelas et la salle était l'hospice banal.

(1) On lit ailleurs que le curé Marquès à cette occasion alla
jusqu'à la ravine qui porte son nom, Ravine-à-Marquès.

ARCHIVES DE FRANCE. — *FACTUM IMPRIMÉ.*

Le père Hyacinthe, de Quimper, défendeur et accusé.

Factum du père Hyacinthe, religieux capucin et missionnaire, accusé d'avoir été complice de l'empoisonnement et mort de M. de Vauboulon, gouverneur de l'île Bourbon, autrefois Mascarin, en 1690. Cette affaire fut jugée en Bretagne, dans l'année 1697. Le sieur Firlin condamné à être pendu fut exécuté, le père Hyacinthe fut condamné aux galères et fut mené à Paris pour le mettre à la chaîne, mais le roi le fit mettre entre les mains de ses supérieurs, pour être puni selon l'énormité de son crime, etc. Les autres coupables furent déchargés. Ce factum renferme des détails intéressants et précieux sur l'île Bourbon à cette époque.

Le gouvernement du roi fit attendre son action, car, à cette époque, les relations étaient rares entre l'Europe et l'Inde et les voyages très longs. L'enquête n'eut lieu que six ans après, et les accusés furent condamnés en Bretagne.

Cette île, qui sert aujourd'hui de magasin au commerce des Indes, n'était, avant sa réduction, habitée que par des nègres qui se sont retirés dans les montagnes de l'île, ayant laissé le plat pays aux Français et à plusieurs autres nationaux dont la plupart ne s'y rendirent que pour éviter la punition des crimes qu'ils avaient commis dans leur pays.

L'île a cinquante lieues de circuit et dix-huit à vingt de long. Elle est divisée en trois cantons : Saint-

Denis, Sainte-Suzanne, Saint-Paul. On y compte à peine quarante à cinquante familles qui composaient environ cinq cents personnes, toutes d'humeur féroce et fort penchantes à la sédition.

Depuis trente ans, il y a eu successivement des commandants pour Sa Majesté et des prêtres ou religieux pour l'exercice de la religion et pour l'édification du peuple, tous lesquels ont été obligés de quitter l'île avec peu de satisfaction ou y ont malheureusement péri.

Le père Bernardin, de Quimper, a passé onze ans dans cette île où il a procuré de très grands avantages au roi et aux habitants. Mais enfin, se voyant peu satisfait d'un peuple indocile, il retourna en France où il ne fut pas plutôt arrivé, qu'il fut mandé en cour et commandé de la part du roi de retourner dans l'île. On lui donna pour aide le père Hyacinthe, l'accusé, et le frère de Lannion. En même temps, le roi envoya pour gouverneur le sieur Henry Habert de Vauboulon, avec lequel s'embarquèrent aussi plusieurs personnes. Le père Bernardin mourut dans la route, ce qui jeta une grande consternation dans le cœur du père Hyacinthe. Ils abordèrent dans l'île en décembre 1869. Le sieur de Vauboulon fut reconnu gouverneur. Il était cruel, avare, impérieux, et commit des exactions nombreuses, s'emparant arbitrairement de l'argent des habitants. Tout le monde était mécontent.

Le factum raconte à quelle occasion eut lieu son emprisonnement. Un sieur Firlin était garde-magasin pour la compagnie. M. de Vauboulon entrait avec insolence dans les magasins et voulait donner des ordres. Le sieur Firlin arrangeait ses ballots et ses caisses à sa manière ; le gouverneur voulait que ce fût à la sienne. Un jour même, il se transporta dans le magasin et bouleversa du pied plusieurs marchandises. Firlin était furieux, et, de concert avec le sieur Royer, capitaine à Sainte-Suzanne, et dont il devait épouser la fille, il fit de vifs reproches au gouverneur. Le père Hyacinthe employa tous les moyens de conciliation et ne réussit pas. Alors, un dimanche, après la sortie de la messe, il fut convenu qu'on s'emparerait de M. de Vauboulon et qu'on le mettrait en prison. Il y eut un parfait accord entre les habitants et ils n'éprouvèrent aucun obstacle. Le père Hyacinthe, appelé à Saint-Paul, quitte Sainte-Suzanne. Il assure qu'aucun poison n'a été donné au gouverneur qui mourut dix-huit mois après de mort naturelle. C'est la version de l'accusé.

RELATION DU VOYAGE DE LAROQUE.

Ce voyage offre un intérêt tout particulier pour l'histoire de Maurice et de Bourbon. — Nous y voyons l'état d'abandon de la colonie hollandaise qui ne servait que comme point de relâche. Découverte en 1505 par Mascarenhas, en même temps que l'île voisine, ce voyageur lui donna le nom d'Isola de Cirné, îles des Cygnes, en raison d'un oiseau qu'on y trouve en quantité et appelé Dronte Dodo, cygne à capuchon. — Une carte hollandaise les représente sur le rivage, pris sans effort par les matelots qui les abattent à coups de bâton. Mascarenhas avait laissé dans les deux îles des animaux qui peuplèrent abondamment et furent une grande ressource pour les navigateurs. C'est en 1598 que les Hollandais en prirent possession et lui donnèrent le nom de leur souverain, Maurice de Nassau ; leur essai de colonisation qui date de 1640 ne fut jamais sérieux. Ils y introduisirent des cerfs venus du cap de Bonne-Espérance, et ces animaux s'y étaient tellement développés que des hommes étaient employés particulièrement à leur chasse. Nous voyons dans ce même récit que le port nord-ouest était pratiqué et qu'il portait le nom de Peterbothed, nom conservé à la montagne qui est derrière le Port (1). Malgré tant de richesses matérielles, l'île de Mauritius fut pourtant abandonnée et c'est sans doute le récit de ces voyageurs qui donna au gouverneur de Bourbon l'idée d'en prendre possession. Les deux navires quittent Maurice et vont à Bourbon. Ils vont de Saint-Denis à Saint-Paul par la montagne. Le pays, les habitants sont décrits sur place. Pour compléter ce récit, les voyageurs rapportent un mémoire de M. de Viller, gouverneur. Ce sont des renseignements du plus grand intérêt et qui donnent une idée exacte de la colonie à cette époque. Il est à remarquer dans cette relation que les deux navires touchant à la côte ouest de Madagascar, y séjournent quelque temps et n'ont qu'à se louer du chef malgache qui les accueille. Le souvenir de la dénomination française a disparu ;

(1) On trouvait aussi sur ses rivages beaucoup d'ambre gris, excrétion d'un cachalot qui fréquentait beaucoup ces parages et que la présence de l'homme a éloigné. Physatès macrocephalus, Encycl. un., Didot.

on ne leur en parle pas. Le récit qui suit n'est qu'un extrait de l'ouvrage de Laroque ; mais nous relatons les parties les plus importantes qui ont trait aux deux îles.

Les deux vaisseaux sont commandés par MM. de La Merveille et de Champloret. Ils avaient pour chirurgien La Lombardière qui a été très apprécié à Moka et a rendu de grands services à l'expédition.

VOYAGE DE L'ARABIE HEUREUSE

Par l'Océan oriental et le détroit de la mer Rouge fait pour la première fois par les Français en 1708, 1709, 1710 avec la relation particulière d'un voyage fait du Fort de Moka à la cour du roi d'Iemen 1711, 1712, 1712.

Relation faite par Laroque sur les notes et récits des capitaines qui avaient commandé l'expédition, 1715.

Le *Curieux* et le *Diligent*, deux vaisseaux armés pour la course et le commerce, de cinquante pièces de canon chacun, sortent de Brest le 6 janvier 1708, armement fait par des négociants de Saint-Malo pour aller chercher du café dans l'Arabie, touchent à Massali sur la côte de Madagascar, puis à Moëli, Anjouan-Mayote, Soco Tora ; arrivés en décembre, mouillent à Aden qu'ils quittent le 17 décembre 1708. Mouillé à Moka le 3 janvier 1709, — quitté Moka le 20 août 1709 — voient Maurice et mouillent dans le port réputé le meilleur de l'île, Peterbothed.

Lettre 5. — « Nos gens bien armés descendirent à terre et ayant trouvé un troupeau de bœufs sauvages, ils en tuèrent deux et les portèrent à bord de M. de Champloret qui nous en fit part. Les matelots avaient cependant pris de fort beaux poissons qui se trouvent excellents, ce qui nous fit bien augurer du pays en général pour y faire notre relâche. Nous tirâmes trois coups de canon de notre navire pour appeler les habitants, mais personne ne parut. »

Le lendemain on renvoya les chaloupes à terre pour tâcher de retrouver des bœufs, ou d'autres animaux ; ce fut inutilement, mais on fit une meilleure découverte, car nos gens trouvèrent un chasseur hollandais avec une meute de chiens ; on l'amena à bord, ses chiens firent un terrible bruit sur le rivage où ils l'attendirent deux jours entiers en criant toujours après lui. Cependant on apprit des Hollandais que lui, et un autre chasseur que nos gens n'avaient pas vu, demeuraient à une habitation proche de la maison blanche, que nous avions prise pour une chapelle ; qu'ils appartenaient au gouverneur hollandais de l'île, lequel leur donnait une piastre pour chaque douzaine de peaux de cerfs qu'ils rapportaient ; qu'ils avaient pour toutes armes un beau couteau, dont ils se servaient après que les chiens avaient forcé le cerf, leur donnant la chair à manger pour ne garder que la peau, laquelle était ensuite passée en chamois. Ils étaient partis au lever du soleil pour chasser et n'avaient pas entendu notre canon.

— Envoi d'hommes conduits par les Hollandais au gouverneur. — Le second chasseur arriva le soir et nous apprit que les Hollandais ne faisaient presque plus de cas de l'île Maurice, depuis qu'il ne s'y trou-

vait plus d'ambre gris et que le bois d'ébène se vendait si mal en Hollande ; que d'ailleurs les récoltes de
riz manquent depuis longtemps par l'extrême sécheresse, ajoutant qu'une multitude infinie de singes et
de rats détruisait tout. Il nous dit aussi que, du côté
où nous étions mouillés, il y avait beaucoup de cerfs
et de cabris, et que, de l'autre côté de l'île, au delà des
montagnes, se trouvent force sangliers qui faisaient
un tel dégât, qu'on avait ordonné depuis peu une
chasse générale pour les détruire, et que, les habitants
s'étant assemblés, on en tua en un jour plus de quinze
cents. Cet homme nous dit enfin qu'il ne restait plus
dans cette île que quatre-vingts Hollandais et qu'un
navire de la compagnie qui était passé, il y a deux
ans, avait apporté au gouverneur un ordre de les
transporter avec leurs familles à Batavia, et qu'on
attendait à tout moment le bâtiment qui devait les y
emmener. — Ce jour là, nous entrâmes avec deux de
nos vaisseaux dans le port de Peterbothed après avoir
fait sonder. Le jour d'après, notre chasseur arriva
avec une lettre du gouverneur et des fruits du pays,
oranges, citrons, patates etc, — il nous promit des
cerfs et cabris, et légumes. Bœufs plus difficiles à
atteindre et éloignés. Le gouverneur demeurait à
sept lieues de l'endroit où nous étions mouillés.

Le gouverneur les régala et leur donna à boire de
la bière et du punch, boisson composée d'eau-de-vie
et de citron. Il leur envoie quatre ou cinq cerfs par
jour. Ils y chassent des ramiers et un grand nombre
de chauves-souris très bonnes à manger: Ils carènent
leurs vaisseaux à Maurice et se promenant dans l'île,
vont jusqu'à l'habitation du Hollandais qui est assez

agréable. On y fait avec la canne pressée sous un pressoir la frangorine, boisson peu agréable quand on n'y est pas habitué. Leurs malades rétablis et leurs vaisseaux réparés, ils vont à Bourbon ou Mascarin.

Quittent Peterbothe le 16 décembre 1709. Mouillés à Saint-Denis le 19, rade peu sûre. Reçus chez M. de Charanville, gouverneur, qui nous reçut fort obligeamment, prîmes quelques bœufs d'un embarquement difficile. Nos autres vaisseaux allèrent mouiller à Saint-Paul; gros temps qui nous fait prendre la résolution de nous rendre à Saint-Paul par terre au travers des montagnes. Nous passâmes encore une nui chez le gouverneur qui, manquant de vin, nous fit boire d'un certain vin de miel que nous trouvâmes bon et qui, lorsqu'il est bien épuré, a un goût aussi délicat que celui des meilleurs vins de Malaga. Des signaux compris de nos vaisseaux leur dirent de venir joindre à Saint-Paul. — Nous gravîmes une grande montagne, puis, après un chemin pierreux descendîmes pendant une lieue et demie sans pouvoir aller autrement qu'à pied, appuyés sur de longs bâtons. Nous arrivâmes ainsi à un lieu nommé la Barque qui est justement la moitié du chemin. On se mit sous des arbres pour manger et se reposer, mais il ne s'y trouve point d'eau. La route se continue sur 'e bord de la mer tout rempli de gros galets comme à la rade de Saint-Denis; n'y ayant point d'autre passage, celui-ci était encore rendu impraticable par les vagues de la mer qui venaient se briser contre les rochers et s'étendaient jusqu'au pied de la montagne qui borde cette côte. En quittant les bords de la mer, il faut se résoudre à monter une dernière montagne fort droite appelée la Couronne en se tenant des mains autant que des pieds.

Nous arrivâmes au sommet de cette montagne, sans avoir pu trouver une goutte d'eau ; notre soif était extrême, mais il fallut prendre courage, n'ayant plus qu'une demi-lieue pour arriver au lieu où nous devions coucher. — La nuit nous prit avant que d'arriver au village où il fallait passer la nuit, auquel on a donné le nom de Bien-Venu. Nous y trouvâmes assez bien à souper, et nous bûmes du frangorin ou vin de cannes. Le lendemain, nous eûmes des chevaux pour nous porter à Saint-Paul, habitation des Français, éloigné d'une bonne lieue de ce village ; une lieue de ce pays en vaut deux grandes de France.

Description de l'étang. — Tout est bon dans ce quartier-là et singulièrement la volaille ; mais on la vend chèrement, ainsi que les cochons dont l'espèce est fort petite. Les tortues de terre et de mer y sont fort communes, enfin le poisson y abonde.

Le jour de Noël, nous assistâmes à une grand'messe où il y avait assez de peuple, et nous y vîmes des femmes aussi blanches et d'un teint aussi frais qu'en France. Elles portent de petits corps et des jupes légères, coiffées à la française. Les plus riches ont de la dentelle et la plupart vont pieds nus. — Les hommes et les femmes sont tout-à-fait gracieux et obligeants, jusqu'à vous arrêter quand on passe devant leurs maisons pour vous inviter d'y entrer et de vous rafraîchir.

Nos officiers trouvaient ces manières fort à leur gré ; mais pour y répondre, il fallait présenter de la *ponche*, liqueur assez chère en ce pays, puisque l'eau-de-vie s'y vend souvent une piastre et demie la bouteille.

Les maisons ou les habitations de cette rade ne sont pas bâties en file et ne composent pas des rues, bâties en bois, isolées et n'ayant qu'un seul étage à cause des ouragans assez fréquents. Tout le travail de la campagne se fait par des esclaves, les habitants travaillent rarement. — Le gouverneur m'a dit qu'il y avait tout au plus deux mille âmes dans toute l'île ; qu'elle est bonne et fort saine pour la vie, en sorte que c'est avec quelques raison qu'on l'appelle paradis terrestre ; mais elle est presque sans aucun commerce que celui du passage des navires français qui vont aux Indes.

Comme nous ne demeurâmes pas longtemps à Mascarin, je ne pus pas apprendre tout ce qu'il y a de remarquable. Mais après mon retour, un ami me mit entre les mains la relation que je vais joindre à ce que j'ai dit de cette île. On ne peut en être mieux informé, puisque celui de qui je la tiens l'a faite sur les récits et sur le rapport de M. de Viller qui a été gouverneur du pays pour la compagnie des Indes Orientales pendant huit ou neuf ans, et a parcouru toute l'île avec soin.

RÉCIT DE M. DE VILLER.

Ce récit de M. de Viller a été heureusement conservé dans cet ouvrage et nous lui devons la connaissance des régions élevées que ce gouverneur a eu le courage d'atteindre.

L'île Bourbon est dans l'Océan éthiopien ou Indien presque sous le tropique méridional, à l'est de Madagascar dont elle est éloignée d'environ quatre-vingts lieues. Il ne paraît pas que les anciens l'aient connue ; aussi n'y trouva-t-on pas d'habitants, lorsque les Portugais, après avoir doublé le cap de Bonne-Espérance, la découvrirent. Ils lui donnèrent le nom de Mascareigne, à cause que leur chef se nommait ainsi et le vulgaire appelle encore Mascarins ses habitants. Elle n'a proprement commencé d'être habitée qu'en 1654, lorsque M. de Flacourt, gentilhomme français et gouverneur de ce qu'on possédait à Madagascar, étant informé que celle de Mascareigne, était d'un excellent terrain et d'un air merveilleusement sain, y envoya sept ou huit de ses gens qui ne pouvaient guérir des maladies qu'ils avaient contractées à Madagascar. — Comme ils guérirent facilement et en peu de temps, ils firent naître l'envie à d'autres d'y passer. — Depuis ce temps-là, on l'a nommée île Bourbon, mais il ne s'y est fait d'établissement considérable que lorsque la compagnie royale d'Orient s'en est enfin emparée en l'an 1680, et l'a peuplée particulièrement de Français sous la domination du royaume. Aussi on n'y parle que le français, et on n'y pratique que la religion catholique avec des prêtres séculiers qui en ont soin.

Le plat pays est divisé en trois quartiers : Saint-Denis, Saint-Paul, Sainte-Suzanne dans lesquels les habitants ont bâti leurs cases et établi leurs habitations qui ne forment point encore de ville ni de

bourg. Il y a déjà considérablement de terres défri-
chées et cultivées, on y cueille du blé, du riz, du blé
d'Espagne, du mil et beaucoup de légumes.

La terre, dans ce qui est plat pays, n'a de profondeur jusqu'au roc qu'environ deux pieds, ce qui fait
qu'elle est bientôt lasse et qu'il faut la laisser reposer. On trouve davantage profondeur de bonne
terre dans la montagne, chose extraordinaire. Ceux
qui ont assez de moyens et de courage pour défricher
y trouvent leur compte. En 1708, il y avait environ
neuf cents habitants dans l'île, tant en chefs de famille, qu'enfants et esclaves, nègres. Il y a un gouverneur, un greffier et un garde-magasin pour la
compagnie d'Orient. Tout leur commerce, outre celui qui peut être entre les habitants, consiste à envoyer tous les ans une barque à Ponticherie (*sic*) sur
la côte de Coromandel et à recevoir les navires qui
passent pour l'Orient et qui en reviennent, auxquels
on fournit ce qui leur est nécessaire et sur quoi le
vendeur fait un grand profit.

L'air de cette île est admirable pour la santé ; les
créoles néanmoins, qui sont ceux qui naissent sur les
lieux, ne vivent pas vieux ordinairement ; mais les
autres vont souvent jusqu'à cent ans. Les maladies
extraordinaires du pays sont la colique et un accident qu'ils appellent *mal de chien*, qu'on guérit en
brûlant le talon du malade jusqu'au vif avec un fer
rouge. On ne voit point de bête venimeuse dans le
pays. Vers l'orient il y a un furieux volcan, montagne qui vomit du feu et fait de grands ravages, tantôt d'un côté, tantôt d'un autre. Ce pays (du volcan)
est désert, et ne vaut rien du tout. Les terres du haut

des montagnes sont meilleures que celles d'en bas.
Il y fait froid et on n'y manque pas de glace, chose à
remarquer, car c'est sous le tropique.

Entre ces plaines qui sont sur les montagnes, la
plus remarquable, et dont personne n'a rien écrit, est
celle qu'on a nommé la *plaine des Cafres*, à cause
qu'une troupe d'esclaves cafres des habitants de l'île
s'y étaient allés cacher, après avoir quitté leurs maîtres. Du bord de la mer on monte assez doucement
pendant sept lieues pour arriver à cette plaine ; pas
une seule route le long de la rivière Saint-Etienne.
On peut même faire ce chemin à cheval. Le terrain
est bas et uni jusqu'à une lieue et demie en deça de
la plaine, garni de beaux et grands arbres dont les
feuilles qui en tombent servent de nourriture aux
tortues que l'on trouve en grand nombre. On peut
estimer les hauteurs de cette plaine à deux lieues au-
dessus de l'horizon ; aussi parait-elle d'en bas toute
perdue dans les nues. Elle peut avoir quatre ou cinq
lieues de circonférence ; le froid y est insupportable
et un brouillard continuel, qui mouille autant que la
pluie, empêche qu'on ne s'y voie de dix pas loin ;
comme il touche la nuit, on n'y voit plus clair que
pendant le jour ; mais alors il y gèle terriblement et
le matin avant le lever du soleil, on découvre la plaine
toute glacée. Mais ce qui s'y voit de plus extraordinaire, ce sont certaines élévations de terres taillées
presque comme des colonnes rondes et prodigieu-
sement hautes, car elles n'en doivent guère aux tours
Notre-Dame de Paris. Elles sont plantées comme un
jeu de quilles et si semblables qu'on se trompe facilement à les compter. On les appelle des pitons. Si

l'on veut s'arrêter auprès de quelqu'un de ces pitons,
il ne faut pas que ceux qui veulent se reposer et aller ailleurs, s'écartent réellement de deux cents pas ;
ils courent le risque de ne plus retrouver le lieu qu'ils
auraient quitté, tant ces pitons sont en grand nombre, tous pareils et tellement disposés de la même manière que les créoles, gens nés dans le pays, s'y trom-
pent eux-mêmes. C'est pour cela que, pour éviter cet
inconvénient, quand une troupe de voyageurs s'arrête au pied d'un de ces pitons et que quelques personnes veulent s'écarter, on y laisse quelqu'un qui fait du
feu ou de la fumée qui servira à guider et à ramener
les autres, et si la brune était si épaisse, comme il
arrive souvent, qu'elle empêche de voir le feu ou la
fumée, on se munit de certains gros coquillages dont
on laisse un à celui qui reste auprès du piton ; ceux
qui veulent s'écarter portent l'autre et quand on veut
revenir, on souffle avec violence dans cette coquille,
comme dans une trompette, qui rend un son très
aigu et s'entend de loin, de manière que se répondant les uns aux autres, on ne se perd point et on se
retrouve facilement ; sans cette précaution, on y serait attrapé.

Il y a beaucoup de trembles dans cette plaine, qui
sont toujours verts ; les autres arbres ont une mousse
qui a une brasse de long qui couvre leurs troncs et
leurs grosses branches. Ils sont nus, sans feuillage
et si trempés d'eau qu'on n'en peut faire de feu. Si
après bien de la peine, on en a allumé quelques bran-
chages, ce n'est qu'un feu noir, sans flammes,
avec une fumée qui enfume la viande au lieu de la
cuire. On a peine à trouver dans cette plaine un lieu

pour faire du feu, à moins que de chercher une élévation autour de ces pitons, car la terre de la plaine est si humide que l'eau en sort de partout, et on y est toujours dans la boue et mouillé jusqu'à mi-jambe. On y voit grand nombre d'oiseaux bleus qui se nichent dans les herbes et dans les fougères aquatiques.

Cette plaine était inconnue avant la fuite des Cafres. Pour en descendre, il faut reprendre le chemin par où on est monté, à moins qu'on ne veuille se risquer, par un autre qui est trop rude et trop dangereux.

On voit, de la plaine des Cafres, la montagne des Trois Salazes, ainsi nommée à cause des trois pointes de ce rocher, le plus haut de l'île Bourbon. Toutes ses rivières en sortent, et il est si escarpé de tous côtés qu'on n'y peut monter. Il y a encore dans cette île une autre plaine, appelée de Cilaos, plus haute que celle des Cafres et qui ne vaut pas mieux. On ne peut y monter que très difficilement.

L'île Bourbon est fort bien boisée, mais d'autres arbres que ceux d'Europe. Il y en a d'une hauteur et d'une grosseur étonnantes. On y trouve l'ébène qui n'est que le cœur de l'arbre, et qui n'a jamais plus d'un demi-pied de diamètre de sa grosseur. Il y croît aussi certains arbres, dont on peut faire de fort bonnes futailles. On y recueille beaucoup d'aloès, et, sans le grand soin que demandent les gommes, on y en recueillerait beaucoup d'excellentes que l'on néglige. L'arbre tacamaka et celui du benjoin, y viennent fort haut, aussi bien qu'un autre appelé natte. On y trouve des oiseaux nommés flamants, qui excèdent la hauteur d'un homme grand.

Cette île à un grand défaut; elle n'a aucun port ni de lieu pour en faire. Deux rades faites l'une à Saint-Paul, l'autre à Saint-Denis, sont le seul ancrage où les navires qui passent peuvent s'arrêter et se rafraîchir, mais pour la saison et la rencontre des ouragans, ces horribles tempêtes qui désolent ces mers en certains temps. On voit dans cette île une rivière fort remarquable, en cela, que son fond est réellement couvert et pavé, pour ainsi dire, de longues et très grasses anguilles, qu'on lui en donne le nom. Aprés avoir séjourné à Saint-Paul, ils s'embarquent au milieu d'une tempête. Rentrent à Saint-Malo le 7 mai 1710.

Cette relation de Laroque a été publiée dans le *journal de Trévoux*, par M. de La Merveille. C'est de là que Laroque tire son récit. On trouve aussi dans l'ouvrage de Laroque, le traité historique de l'origine du café du père Labat, Paris 1716.

CHAPITRE V.

Juillet 1710. — Novembre 1718.

Découverte du café. — Desforges, Boucher, Dumas, 1718-1735. — Conseil supérieur, tribunal, routes. — Arrivée des missionnaires. — Cures nouvelles. — 1712. Prise de possession de Maurice, île de France.

Ce gouvernement marque une date importante dans l'histoire de la colonie. La culture du café, la prise de possession de Maurice et la création d'un conseil provincial annoncent une ère nouvelle et un commencement d'organisation complète. Le conseil provincial qui fut constitué était composé de cinq membres pour les causes civiles et de sept pour les criminelles. Le directeur pour la compagnie, s'il y en avait un, le gouverneur, un prêtre ou un curé de l'île, des marchands pour la compagnie, ainsi que des hommes choisis parmi les plus capables, formaient ce conseil. C'était la première fois qu'un tribunal régulier fonctionnait, et il ne tarda pas à voir affluer les affaires litigieuses, surtout pour les constatations de propriétés. Les concessions avaient été faites en général en termes vagues, et comme l'espace était grand pour le petit nombre de colons, on n'avait pas délimité d'une manière exacte les propriétés. Des mesurages furent faits et on adopta comme mesure de superficie la gaulette de quinze pieds. Cette mesure devint la mesure légale et elle est restée longtemps en usage dans le pays. On commençait à s'occuper de l'introduction du café de Moka. Nous avons vu la relation du voyage de deux navires partis de Saint-Malo et qui, en revenant chargés de la précieuse fève, avaient relâché à Bourbon. Ces deux navires y déposèrent sans doute des graines ou peut-être des plants ; ils éveillèrent du moins les idées sur cette culture, sur ce produit si riche et appelé à une si grande consommation. On découvrit le café du pays, assez abondant dans les forêts, d'une espèce particulière, et qui pouvait faire espérer un développement considérable. Le pays fut tellement ému de cette découverte, qu'il pria le gouverneur Parat de partir pour France, afin de faire connaître à la compagnie ce fait important. Parat partit en effet, laissant Justamont pour le remplacer en son absence. Les résultats ne tardèrent pas à se faire sentir et la nouvelle culture préoccupa vivement l'administration. Desforges-Boucher, lieutenant du roi, planta les graines venues de Moka en 1718. On en récolta environ quinze livres en 1720. Cette même année, 7,500 grains furent mis en terre. C'est à Saint-Paul qu'eurent lieu les premières plantations. En 1726, la colonie commençait à exporter. Dix ans après, elle en fournissait quinze à dix-huit mille livres.

Parat, avant de quitter la colonie, adressa à Monseigneur de Pontchartrain un mémoire sur les familles qui étaient dans la colonie en 1714. Il y avait à cette époque cent sept chefs de familles formant six cent quarante-trois personnes, sans compter les esclaves. Sur cent sept chefs de famille, vingt-huit flibustiers qui ne sont pas plus aisés que les autres. La population ne produisant rien ou à peu près est généralement très pauvre. Ce mémoire est accompagné d'une carte où l'étang de Saint-Paul présente une large embouchure comme l'entrée d'un port.

En 1715, le capitaine Dufresne, de Saint-Malo, trouvant l'île Maurice abandonnée par les Hollandais, en prend possession. En 1721, le capitaine Garnier du Fougeray, de Saint-Malo, en prend une seconde fois possession et fait dresser sur le rivage un mât avec cette inscription : *Vivat Ludovicus XV, rex Gall. et Navarræ, in æternum vivat !* Le gouverneur de Bourbon envoie à la nouvelle possession française, devenue Ile-de-France, le commandant de Nyon et quelques colons. De Nyon y resta de 1722 à 1727, époque à laquelle le roi en fit cession à la compagnie des Indes (1). On s'occupa de suite à organiser la nouvelle colonie dont le port devait attirer bientôt de nombreux étrangers. On ne tarda pas à sentir le besoin d'une force protectrice immédiate ; deux cent dix Suisses furent envoyés de France pour protéger le pays. Un conseil fut formé et composé du gouverneur, de l'ingénieur, du commandant pour le roi, de deux Pères Lazaristes et du chirurgien. Le gouverneur avait 4,000 livres tour-

(1) De Nyon envoyé sur la *Diane* a ordre de mouiller dans le port de Harbourg, au port Nord-Ouest : en attendant qu'il plaise au roi de former un conseil provisoire dans la colonie, il sera tenu un conseil particulier composé du sieur de Nyon, gouverneur, Duval de Chanville, lieutenant du roi, Comminge, major, de Mouhy, ingénieur en second, Guasc d'Hauterive, aide-major, Didier Martin, garde-magasin, greffier. De Nyon était un ingénieur.

nois d'appointements par an, le chirurgien gagnait
17 sous par jour et le frater 6 sous. La prédominance
de Bourbon sur l'Ile-de-France fit transformer le
conseil provincial qui s'y trouvait en conseil supérieur
et celui de l'Ile de-France devint le provincial, rele-
vant de celui de Bourbon, qui rendait la justice civile
et criminelle en dernier ressort. Le conseil provincial était composé de trois juges au civil et de cinq
au criminel ; les jugements civils, exécutés par provision, sauf appel au conseil supérieur à Bourbon.
Les jugements criminels, en dernier ressort seulement contre les esclaves ; la voie d'appel ouverte
aux autres justiciables. — Ordonnance du roi, novembre 1723, Versailles. (Magon St Elier.)

Les habitants des deux îles eurent à souffrir à
cette époque de violents ouragans qui dévastèrent
fréquemment le pays. La plus grande partie des
terres était couverte de forêts difficilement accessibles et qui donnaient refuge aux noirs marrons,
qui seront longtemps une plaie et un danger pour la
société coloniale. A l'Ile-de-France, ces marrons
allèrent jusqu'à s'emparer de vive force du quartier de la savane à peine défendu par quelques soldats abrutis par l'ivrognerie. La misère et la famine
régnaient presque constamment à l'Ile de-France ; il
n'y existait encore aucune culture et les grains
nourriciers venaient de Bourbon. En 1726, le gouverneur de Bourbon, Benoît Dumas, y envoya Dioré,
ancien capitaine de cavalerie, lieutenant du roi à
Bourbon, en remplacement de de Nyon.

Les deux gouverneurs partageaient leur temps
entre les deux îles. Ce changement continuel fut

reconnu bientôt préjudiciable. Dumas résida définitivement à Bourbon, laissant de Maupin, qui avait remplacé Dioré, à l'île de France.

Ce fut en 1727 que Benoît Dumas fut confirmé par un édit du roi comme directeur général des deux îles de France et de Bourbon et président du conseil supérieur. Desforge Boucher était mort sous M. de Beauvolliers en 1725; il laissait un fils qui devait rester dans la colonie ; il était venu dans la colonie en 1712 comme simple commis et fut nommé directeur du commerce, avec l'espoir d'être nommé prochainement gouverneur. Dumas resta en fonction jusqu'en 1735 et malgré son zèle qui paraît actif et intelligent, il eut à lutter contre de nombreuses cabales. En 1732, il porta plainte contre les nommés Marion, Gennemont. du Ménil. Dumas et Maupin font un triste tableau de l'île de France. La famine y est permanente, la population livrée à la paresse et aux vices les plus désordonnés. Les deux îles se peuplaient de gens avides d'argent, souvent sans grande moralité et cherchant avant tout fortune et indépendance. Tout administrateur qui voulait mettre un frein au désordre et à la rapacité ne manquait pas d'être décrié, déchiré dans des rapports occultes ou dans des pamphlets publics. (Saint-Elme-le-Duc, manuscrit de la bibliothèque.) A Bourbon la lutte est permanente, à l'île de France la même opposition existe entre l'administration et les colons. On y va même jusqu'à accuser Maupin de vouloir détruire la colonie, et des plaintes amères sont portées contre lui.

Malgré tout, les deux pays progressent et les produits arrivent. La plantation du café est obligatoire et tout esclave convaincu d'avoir détruit un plant de café est puni de mort.

Des concessions nouvelles sont faites dans les quartiers sous le vent. On en trouve des traces dans les cartes et plans de la marine, malheureusement incomplètes. Les plaines du Gol, la paroisse de Saint-Pierre commencent à se peupler. De la ravine des Cafres à l'anse, concessions faites à Desheaulme et Lagrenée. La concession de la baronne de Travers Sainte-Catherine date du 26 décembre 1727. Elle comprend le tampon actuel et une partie de la ravine des cabris. La plupart des concessions de Saint-Pierre datent de 1727 à 1731. Celle d'Henry Lepinay et Pierre Desheaulme vont jusqu'à Manapany, de Gasanova dans les régions élevées de la ravine blanche et des cabris. A Saint-Louis, les concessions de Payet, de Cadet, de Hoareau fils, de Réné Hoareau et de Pierre Cadet. — Dans une carte manuscrite sans date, mais de cette époque, les noms des propriétaires sont inscrits avec quelques cases disséminées à côté. Vieux Saint Pol derrière l'étang contre la montagne. Le nouveau Saint-Pol plus près de la mer, au fond de la baie.

A Saint-Denis : le gouvernement près du rivage, un peu au dessus, la maison du prêtre et l'église, puis des cases à Pierre Martin, Manuel, Huet Pierre. — Rivière du Butor : Grondin, du Ménil, Buisson, Villemain. Rivière des pluies : Garnier, du Ménil.

Entre rivière du Mât et Saint-Jean : Patrik de Romer, Jean Delâtre, George d'Amour, Pierre Robert. Entre rivière des Roches et du Mât : Vve François

Garnier, Sanson Lebeau. Boucan du canot : Jacques Aubert, Gilles Dennemont, François Boucher, Athanas. Hermitage : Pierre Parni, Beda, Leger.

Le gouvernement de Dumas fut affligé par des ouragans d'une force exceptionnelle et une épidémie de variole qui enleva beaucoup de monde en 1729. En 1730, un ouragan terrible et un complot contre les blancs qu'on put heureusement faire avorter.

Sicre de Fonbrune écrit de Sainte-Suzanne le 25 décembre 1729 au ministre : « L'île Bourbon a été à deux doigts de sa perte ; depuis le mois d'avril jusqu'en septembre, il a régné une si cruelle maladie qu'elle a emporté huit à neuf cents personnes dans le quartier de Saint-Paul et Saint-Étienne et sans la sage prudence de M. Dumas, tous les quartiers s'en seraient ressentis, mais il a empêché la communication. Depuis trois ans, les sauterelles dévastent tous nos plantages. La lèpre qu'on craignait a cessé par la mort de ceux qui en étaient attaqués. »

Dans une lettre de 1730, le sieur Lhermitte capitaine du vaisseau *la Méduse*, a pris à l'île de Madagascar le fameux forban nommé Olivier le Vaneur, dit la Buze natif de Calais, ci-devant capitaine du vaisseau *le Victorieux*, qui a fait, entre autres prises à l'île Bourbon, le grand vaisseau Portugais sur lequel était le comte d'Ericeira, vice-roi de Goa. Le procès a été fait au forban par la commission supérieure de l'île qui l'a condamné à être pendu. L'exécution a eu lieu le 11 juillet 1730. Ledit capitaine Lhermitte est reparti de l'île Bourbon avec 316,600 livres de café du crû de l'île. Des corvées de noirs sont demandés aux habitants pour faire la route de Saint-Denis à Saint-

Paul. (Voir à la fin du chapitre l'épisode du corsaire.)

A mesure que la colonie prend de l'importance, la situation réciproque de la compagnie et des habitants devient de plus en plus difficile. Malgré la défense du gouverneur, des assemblées ont lieu, les colons s'imposent de vingt-deux livres de café par tête d'esclave pour arriver à former une somme de 10,000 piastre et envoyer en France trois représentants qui sont chargés de demander le dégrèvement de leurs impôts et une règle plus équitable entre les gens de la compagnie et les habitants, surtout la fixation moins arbitraire de la valeur de la piastre et des marchandises. La délibération de l'assemblée coloniale est lue à Saint-Paul à la sortie de la messe par Du Trevou, soldat sans aveu, dit le rapport du gouverneur.

Du Trevou est mis en prison. Juppin se transporte à Saint-Paul et à Saint-Louis pour y faire approuver son intrigue. Cette conduite contraire aux lois et ordonnances du royaume et n'étant revêtus d'aucune autorité, ni caractère, Juppin et Du Trevou sont arrêtés par ordre du procureur général.—Lettre de Dumas au ministre. (Archives du ministère.)

Le gouverneur finit cependant par céder aux désirs de l'assemblée coloniale et trois députés sont nommés par elle pour porter les plaintes au ministre. Sicre de Fonbrune, ancien capitaine retiré du service, Pierre Cadet et de Guigné partent pour France. Dumas, nommé gouverneur de l'Inde, part, heureux de quitter une colonie qui l'avait abreuvé de tant d'amertume.

Cette situation fâcheuse dépendait non des hommes mais de la mauvaise organisation de la compagnie qui se modifiait souvent, entassant ruines sur ruines. Ses diverses transformations, la réunion de la compagnie d'Orient à la compagnie d'Occident, n'aboutirent à rien de bien. Les colons n'étaient que des fermiers n'ayant même pas le droit de cultiver comme ils l'auraient voulu. Les directeurs en Europe ne se rendaient pas un compte exact de ce qui se passait si loin ; les administrateurs envoyés par eux étaient souvent incapables ou ne pensaient qu'à leur fortune personnelle. Le privilège de la compagnie lui donnait tout pouvoir et les colons ne pouvaient que cultiver par son ordre et ne pouvaient vendre qu'à elle, recevant en échange de l'argent ou des marchandises d'Europe ou de l'Inde. Le colon dégoûté ne s'enrichissait pas et la compagnie ne faisait pas de bonnes affaires. Son privilège se prolongera encore longtemps. Les plaintes des habitants, les accusations réciproques et incessantes n'aboutirent à rien : Cependant nous assistons à la naissance d'une agriculture qui devait bientôt se développer et créer des fortunes considérables. Le blé, le maïs, le coton, le café, le girofle, les épices variées, se cultivaient avec succès. Le peu de revenus qu'on faisait n'était pas grevé par des frais considérables. C'est un avantage que l'industrie amoindrira plus tard.

ARRIVÉE DES MISSIONNAIRES A BOURBON 1711-1721.

L'ordre de Saint-Lazare avait fourni des prêtres à Madagascar et dans l'Inde. La colonisation de Bourbon devenue importante et préoccupant de plus en plus la compagnie et le gouvernement, le ministre en demanda au supérieur. En décembre 1712, M. Bonnet, alors supérieur de Saint-Lazare, publia des lettres patentes stipulant le traité fait entre la compagnie des Indes et l'ordre. Un vicaire apostolique fut nommé, trois cures desservies : Saint-Paul, Saint-Denis, Sainte-Suzane. Ces prêtres doivent être transportés aux frais de la compagnie et entretenus par elle. On alloue 300 livres d'appointeme re par an, un esclave et un certain nombre d'arpents de terre non encore concédés autour de la cure. Daniel Renon est nommé supérieur, Criais, Abat, Hambert curés; ils ont avec eux le frère Montardier.

Cette population mêlée, sans instruction, sans frein presque, jusqu'à présent, avait besoin de moralisateurs. Les prêtres se mettent à l'œuvre et arrivent à acquérir autour d'eux une grande et légitime influence. — Ils s'opposent au commerce des habitants avec les forbans qui avaient leur quartier général à Sainte-Marie de Madagascar. Ils parvinrent à diminuer ces échanges, mais comme tous, avant et après eux, ils ne peuvent supprimer d'une manière absolue des relations qui étaient indispensables à l'existence générale. — Du reste ces forbans qui appartenaient à toutes les classes de la société, s'amendent peu à peu

au contact d'un pays qui s'organise et quelques-uns
s'y marient et s'y fixent protégés par le pardon du
roi. — En 1717 la compagnie formée par la réunion
de la compagnie d'occident et d'orient renouvelle les
mêmes statuts avec Saint-Lazare. Les églises étaient
délabrées et la compagnie n'avait guère de ressources pour les réédifier. M. Renon s'en plaint au supérieur général et aussi de leur misère ; on les paie en
monnaie de France qui perd moitié de sa valeur à
Bourbon ; ils sont réduits à un dénuement presque
complet, n'ont même plus de linge. — Il demande
qu'on augmente leurs appointements, 300 livres ne
suffisant pas à un homme pour vivre dans ce pays.
— Le point de vue religieux n'empêche pas les pères
de s'occuper de l'importance coloniale et le supérieur
recommande de s'occuper activement de l'Ile de
France, comme d'un point important qui pourra être
d'une grande utilité à la France.

L'influence d'un clergé, relativement supérieur
sous tous les rapports, tendait à s'accroître. Le curé
dans la nouvelle organisation devait avoir une place
dans le conseil, mais il y eut bientôt des conflits à ce
sujet ; M. Renon pensait que la seconde place après
le gouverneur lui appartenait, M. Desforges, nommé
lieutenant du roi auprès du gouverneur, prétendait
qu'elle lui était due. Il y eut débat entre eux et le supérieur céda tout en protestant.

Le dimanche de l'octave de Pâques 1721, deux
vaisseaux pirates se présentent sur la rade de Saint-
Denis et s'emparent d'un vaisseau d'Ostende et d'un
vaisseau portugais portant le vice-roi et l'archevêque
de Goa. Ce dernier avait une riche cargaison et, dit-

on, 300,000 livres de diamants appartenant au roi de
Portugal. Le vice-roi et l'archevêque recueillis par
le gouverneur, s'embarquèrent sur un vaisseau de la
compagnie allant à Mozambique. Les pirates, partant avec leur riche proie, annoncent qu'ils revien-
dront bientôt habiter dans l'île comme beaucoup de
leurs camarades. Cette version a des variantes, nous
en donnons une dans la note à la fin du chapitre.

Le père de Sainte-Suzane, dans une lettre au supérieur général, dit que les habitants de Saint-Paul et
Saint-Denis accueillent les forbans à bras ouverts,
leur vendent fort cher ce dont ils ont besoin M. Renon penche pour l'avis du gouverneur qui permet
de fournir aux forbans ce qu'ils demandent pour éviter de grands dangers. Il eût été facile en effet à ces
forbans bien armés de prendre d'autorité ce qu'on
leur aurait refusé. En juin 1722 meurent le père
Hambert et le frère Montardier.

L'autorité du gouveneur, à mesure que les localités éloignées se développent, était trop lente à se
faire sentir et la compagnie demande au roi de nommer un lieutenant à Saint-Denis. En 1721 M. Renon
remet ses pouvoirs à M. Criais qui fut constitué vice-
préfet apostolique. M. Teste fut envoyé plus tard
pour remplacer M. Renon. Les plaintes des missionnaires sont incessantes, la compagnie ne remplissant
pas ses engagements. M. Desforges, qui reçoit immédiatement ces plaintes, donne naturellement raison à la compagnie. Il arrivait que des habitants ou
des navires de passage faisaient des legs aux missionnaires. Leur importance sociale pouvant en être
augmentée, un arrêté du conseil assemblé à Saint-

Paul signifie aux missionnaires de Saint-Lazare d'avoir à refuser dorénavant tout legs d'argent ou de meubles.

Signé : Desforges Boucher, sicre de Fonbrune, Baudet d'Hervilliers, Arthus, Charade, de Garmouville, J. Aubert, J.-B. de Laval, de Saint-Lambert, Labergry, Antoine Maunier, P. Parny, Etienne Hoareau, Augustin Panon.

Pour le conseil,
P. AUBERT.

Voilà des noms nouveaux et qui indiquent des éléments d'un ordre plus élevé dans la population. La lutte entre le gouvernement et les missionnaires continue. On les exclut du conseil supérieur. Une somme avait été déposée entre leurs mains par des forbans pour être employée à des œuvres pieuses, le gouverneur la leur réclame et les missionnaires ne veulent pas s'en dessaisir, malgré des instances pressantes.

En 1729, M. Abat meurt des fatigues causées par l'épidémie de variole qui fit tant de victimes. A cette occasion le cimetière de Saint-Denis près de l'église devenant insuffisant, on le transporta sur la rive gauche de la rivière près du cap Bernard.

De nouvelles cures se fondent à mesure que la colonisation s'étend autour de l'île. Un corsaire mouillé par le travers de Sainte-Marie est poursuivi la nuit par un navire venant de Madagascar; il veut fuir, aborde contre un rocher et se jette à la côte. Tout le monde fut sauvé. A cette occasion les marins firent un vœu à la Vierge Marie et érigèrent une chapelle qui devait être un lieu de pèlerinage et plus tard le quartier Sainte-Marie. Cette chapelle, détruite en 1708, fut reconstruite aux frais d'un Portugais, Dominique Péreira, qui habitait ce quartier.

La cure de Saint-Benoit fut érigée en 1732. Dumas gouverneur, Criais, vice-préfet apostolique, Teste, curé de Sainte-Suzane.

En 1730. La cure de Saint-Louis est érigée sur un terrain appartenant à Madame Cadet, qui offre son toit à M. Carré, prêtre, arrivé de l'Inde et de pussage à Bourbon. Le service divin s'y fait pendant quelque temps provisoirement, avec tous les accessoires religieux, costumes, ornements, etc. Le gouverneur et M. Criais se transportèrent sur les lieux, assemblent les habitants et, après les avoir consultés pour l'édification d'une église définitive, arrêtent : Dans l'assemblée générale du quartier Saint-Louis et Saint-Pierre, en présence de M. Dumas, gouverneur, et de M. Criais, préfet apostolique et supérieur de la mission, a été convenu : il est indispensable d'établir deux paroisses, l'une appelée Saint-Pierre sur la rivière d'Abord, l'autre Saint-Louis. Saint-Louis sera renfermé du côté de Saint-Paul par la ravine appelée la Chaloupe qui sert de bornes à la terre du sieur Jacques Auber et du côté de Saint-Pierre par la rivière Saint-Etienne, pour bornes du côté de Saint-Pierre par la rivière d'Abord, la pointe du Grand-Bois et autres paroisses plus éloignées. Chaque habitant est tenu de fournir les journées de travail au prorata du nombre de ses noirs. La compagnie devait fournir les ouvriers maçons, les outils nécessaires et une personne pour conduire les travaux.

En 1732, Notre-Dame-du-Rosaire est fondée, peu de temps après, par Mme Marie-Barbe Payet, veuve d'Etienne Haureau, mère de neuf enfants épargnés par l'épidémie. En 1734, une église en bois équarri est construite sur le bord de la rivière d'Abord à l'instigation de M. Carré.

Les habitants réunis s'engagent à l'édifier et ont signé :

Carré, curé, Choppy des Granges, de Balman, Giraud, Gauron, Jaque Fontaine, de La Tour, Antoine Bellon, Noel Hoareau, Alexis Loret, Hubert, Folio, Louis Payet, Germain Payet, J.-B. Payet, Claude Potin, Mercier, Estève. — M. Carré mourut après avoir administré sa paroisse pendant quatorze ans.

L'instruction se répandait difficilement et le besoin d'un collège régulier se faisait sentir en présence d'une population qui augmentait d'une manière sensible. Le 27 juillet 1735, les lazaristes firent un nouveau traité avec la compagnie. Entre autres stipulations, on leur accorda le droit de fonder un collège à Saint-Denis pour l'instruction des jeunes gens. Ils pourront recevoir des externes et des internes. Nous verrons la réalisation de ce projet un peu plus tard.

Une lettre d'un missionnaire, adressée à un de ses collègues en France et lui parlant des différentes cures de l'île, est intéressante et je vais en donner quelques extraits. — La cure de Sainte-Suzanne est dans un endroit délicieux, entourée de jardins charmants. La route qui conduit de Sainte-Suzanne à Saint-Denis est bordée d'orangers et de citroniers.

— Rien de particulier pour Saint-Denis et Saint-

Paul. Le voyage de Saint-Paul à Saint-Louis est très pénible, et il faut parcourir des sentiers difficiles. Avant d'arriver à l'étang salé, on traverse un pays affreux, sablonneux, aride et où il manque d'eau. Mais quel contraste quand on découvre les plaines du Gol où règne une végétation luxuriante. Tout le pays d'étang salé et avoisinant était occupé par la famille Cadet venue de Madagascar peu avant le dernier massacre. Le père n'existait plus et la vieille mère avait autour d'elle neuf enfants vivant en famille. Cette femme, quoique très âgée, conservait toute son intelligence qui était remarquable ; elle parlait le français, le malgache, l'anglais, l'indien. Sa conversation était très intéressante et le missionnaire en conserva un souvenir précieux. Malheureusement il ne dit rien de ce qu'il en apprend sur Madagascar et sur les premiers colons qui étaient venus peu à peu de la grande Ile à Bourbon.

ÉPISODE DU CORSAIRE SOUS LE GOUVERNEMENT DE DESFORGES BOUCHER.

En 1722, un navire portugais mouilla dans la rade de Saint-Denis, ayant à son bord le vice-roi de Goa qui descendit à terre pour faire visite au gouverneur. Peu de moments après, un vaisseau pirate de cinquante canons entra aussi dans le port et ne laissa pas échapper une aussi belle capture. Le capitaine s'empara du bâtiment portugais, puis se rendit au gouvernement. C'était l'heure du dîner. Le pirate se mit entre le gouverneur et le vice-roi à qui il déclara qu'il était son prisonnier. — Le pirate, après de nombreuses libations, commençait à prendre une physionomie plus sociable. M. Desforges profita du moment : « Capitaine, lui dit-il, quelle rançon exigez-vous du vice-roi. — Il me faut mille piastres répondit-il avec indifférence. — C'est trop peu, dit le gouverneur, pour un brave homme comme vous et un grand seigneur comme lui. Demandez beaucoup ou ne demandez rien. — Eh bien ! qu'il soit libre, dit le pirate. » Le vice-roi ne se le fit pas répéter, regagna son navire et mit à la voile. Ce pirate, nommé Olivier le Tanneur dit La Buze, surnom qu'on lui donna depuis cet acte de générosité, fit plus tard naufrage à Madagascar où il fut arrêté, conduit à Bourbon et pendu. Cet épisode est reproduit par divers avec quelques variantes.

Bernardin de Saint-Pierre lui donne une autre fin. Le pirate se serait fixé dans l'île avec ses compagnons et oublié dans l'amnistie qui fut proclamée quelques années après. Ensuite il aurait été pendu. Saint-Elm-le-Duc le fait pendre à Madagascar. La version de Bernardin est plus probable, car il n'y avait pas à Madagascar à cette époque d'autorité assez régulière qui pût revendiquer cette proie. — Bernardin ajoute : « Cet oubli, qui ne pouvait être qu'une injustice, était indigne, car elle fut commise par un conseiller qui voulut s'approprier sa dépouille ; mais cet autre fripon, à quelque temps de là, fit une fin presque aussi malheureuse, quoique la justice des hommes ne s'en mêlât pas. Il n'y a pas longtemps qu'un de ces anciens écumeurs de mer, appelé Adam, vivait encore. Il est mort à l'âge de 104 ans. » (Voyages.)

Aux archives de la marine, le fait est précis. Le capitaine Lhermitte s'empare du pirate à Madagascar, le conduit au commandant de l'île qui le fait pendre.

MAHÉ DE LABOURDONNAIS

1735 A 1746

Mahé de Labourdonnais succède à M. Dumas, il
est nommé gouverneur général des îles de France
et de Bourbon. — Embarqué à dix ans à Saint-Malo
où il était né, pour la mer des Indes, il reçoit à bord
l'intruction d'un jésuite, voyage comme lieutenant
pour la compagnie, s'associe dans l'Inde avec Lenoir,
gouverneur de Pondichéry, et acquiert une grande
fortune dans le commerce. De retour à Saint-Malo en
1733, il s'y marie.

Il avait déjà fait ses preuves comme marin, comme
militaire, quand la compagnie, à laquelle il avait
rendu des services marqués, pensa à lui donner ce
commandement important. Son habileté, son énergie éprouvées le désignaient pour l'administration
des deux îles. — Il devait de plus commander une
flotte et combattre les Anglais dans la mer des Indes.
Homme de génie, d'une rare énergie, ses facultés
de premier ordre s'étendaient à tout.

On peut dire que c'est de lui que date l'organisation sérieuse de nos deux colonies, surtout de l'île de France qui n'était que depuis peu de temps en notre possession, et que Bourbon primait par son administration déjà formée depuis quelque temps.

Labourdonnais arrive à Bourbon le 4 juin 1735 et se met à l'œuvre immédiatement; il parcourt l'île pour en apprécier les besoins, fait construire des magasins, des moulins à blé, trace des routes. — Après quatre ou cinq mois de séjour dans cette colonie, il s'embarque sur le *Jupiter* pour l'île de France avec des matelots, des soldats, des ouvriers et quelques familles françaises qui devaient former le noyau originaire de l'île. C'est Bourbon qui colonise l'île de France, après avoir reçu elle-même de Madagascar les premiers éléments de sa fondation.

Dans les deux îles, les noirs Malgaches avaient été introduits comme esclaves. La plupart s'étaient enfuis dans les bois et commettaient des vols et des désordres nombreux; ils étaient devenus le danger le plus immédiat pour le pays. Le gouverneur fait une ordonnance par laquelle une récompense est offerte à ceux qui prendront des marrons. — Une milice est créée à cet effet et il s'en fit une véritable chasse qui en diminua beaucoup le nombre. A l'île de France, il met de l'ordre partout et favorise la culture en donnant lui-même l'exemple. — Il prit une concession de terre sur laquelle il planta de l'indigo, des cannes et ce fut lui qui fonda la première sucrerie.

Ayant bien vite reconnu l'importance de cette île qui avait des ports nombreux, il choisit celui qui était le plus avantageux. Le grand port n'étant pas d'un accès aussi facile pour la navigation de ces mers, il fonda Port-Louis, au port nord-ouest, qui est devenu la capitale de l'île et prit du reste un grand développement.

A Saint-Denis, faute de mieux, il fait construire un pont qui devait faciliter l'embarquement et le débarquement. Ce pont qui a duré longtemps a excité l'admiration de tous ceux qui l'ont vu. On trouve aux cartes et plans de la marine le dessin coloré de ce pont qui a un aspect monumental et dépasse de beaucoup tous ceux qui ont été contruits depuis. — La rade de Saint-Denis étant plus accessible que celle de Saint-Paul, il y transporte définitivement le siège du gouvernement en 1738. — Cossigny, envoyé comme ingénieur sous le gouvernement de Dumas, s'occupait de toutes les constructions à faire. Il vivait en bonne harmonie avec Dumas, mais en présence de Labourdonnais dont le caractère entier voulait commander sans contrôle, la lutte ne tarda pas à s'ouvrir. Les plaintes de Cossigny ne tarissent pas dans toutes ses lettres; elles sont très aigres, très injurieuses pour Labourdonnais à qui il reproche son incapacité et ses prétentions en tout genre; il repousse tous les avis et veut se donner la gloire de tout faire, se mêle de choses qui ne sont pas de sa compétence. Labourdonnais, avec sa nature active et dévorante, devait trouver en effet que rien ne marchait assez vite et assez bien; il se plaint de l'ingénieur, du mauvais vouloir des habitants de Bourbon qui a changé d'objet. Ce n'est plus M. Dumas qui les tyrannise, c'est M. Dumont et moi, dit-il, dans une lettre; un autre viendra, ce sera lui, et il en sera toujours de même, si on ne réprime pas l'esprit de cabale et de calomnie qui règne dans cette île par les discours empoisonnés de trois ou quatre mauvaises têtes qui répandent le venin partout, sans même s'embarrasser d'en être *soubçonnés* (sic), pourvu qu'on ne puisse pas le leur prouver juridiquement. » — Mais s'il était possible d'avoir quelque lettre de cachet pour les exiler seulement quelque temps dans l'île de France, cela inspirerait de la crainte aux autres et les retiendrait. — Les principaux sont les sieurs d'Achery, Desile, Verdière et Juppin l'aîné. — Puis des plaintes contre Cossigny avec lequel la lutte est constante.

La compagnie recevait des plaintes, des accusations graves contre le gouverneur; celui-ci y répondait et accusait de son côté. La passion, les rivalités, les intérêts froissés venaient tout envenimer; mais il était dans la destinée de cet homme de lutter avec une ténacité indomptable jusqu'à son dernier jour; d'Achery est envoyé au conseil supérieur pour demander l'annulation des traités de 1732. Il se fait, dans un long mémoire, l'écho des plaintes de tous contre la compagnie, contre Labourdonnais qui donne une valeur arbitraire à la monnaie, aux marchandises, aux produits du pays. Les lettres du gouverneur au directeur sont pleines de netteté, de franchise, d'idées pratiques, personnelles.

On l'accusait de faire le commerce des noirs. — « Beaucoup, dit-il, viennent vendre leurs noirs et on met sur le compte des chefs ce qui appartient à des particuliers. Je sais ces sortes de choses sans pouvoir les prouver, mais cela me donne occasion de vous répéter ici ce que je vous ai dit l'année dernière dans mon mémoire touchant le commerce intérieur des îles : tout le monde y pacotille, tenez-vous le pour dit et pour certain encore qu'il n'est pas en vous de l'empêcher, parce que, quelque peine, quelque rigueur que vous exerciez contre les pacotilleurs, il n'en résultera qu'une différence de plus ou moins.

« On dit que j'ai bien fait mes affaires ; ce qu'il y a de certain, c'est que tout le monde tombe d'accord que j'ai bien fait celles de la compagnie.

« Le plus sûr est de ne jamais dégoûter ceux qui vous servent, mais de les relever en leur donnant le temps de la réflexion ou du dégoût. » Puis il défend avec éloquence ses prédécesseurs, Dumas et Maupin. (Arch. de la marine ; Mémoire à Messieurs de la compagnie.)

On va jusqu'à accuser Labourdonnais d'avoir obéi à un intérêt privé en transportant la capitale à Saint-Denis, parce qu'il y avait des concessions — accusation bien indigne et sans fondement, car, depuis Regnault qui l'avait recommandé, Saint-Denis était par le fait la capitale et nous avons vu la flotte de La Haye y mouiller d'abord et y séjourner avant de se rendre à Saint-Paul.

On voit par ces citations les difficultés qui surgissent autour de son administration et on comprend, dans ce conflit de suspicions et d'accusations, combien les résultats devaient être incomplets et même désastreux. — Après avoir beaucoup fait, mais empêché souvent dans l'exécution de ses projets, Labourdonnais part pour la France en 1744 afin, de donner à la compagnie des renseignements plus précis, et de communiquer ses projets dont l'importance allait bien au delà des deux petites îles qu'il administrait depuis quelques années.

Il est mal reçu à son arrivée, trouve un libelle qui l'accusait de concussion et d'avoir trahi les intérêts de la compagnie. Orry, le contrôleur général, et le cardinal Fleury l'accueillent froidement. Labourdonnais veut donner sa démission qu'on n'accepte pas et il repart pour son commandement avec des instructions nouvelles.

En retournant à son gouvernement, il passa à Rio-Janeiro et y prit des plants de manioc qu'il introduisit à l'île de France et à Bourbon. C'était un bienfait sans égal, destiné à rendre aux deux îles les plus grands services comme plante alimentaire.

— Tout en s'occupant de l'administration intérieure des deux colonies, son activité, dans cette seconde période de son commandement, se porte au dehors. Il s'empare des Seychelles dont l'île principale porte encore le nom de Mahé. Comme à cette époque, on se plaignait déjà du trop plein de la population de Bourbon, il en fait venir des familles qui ont commencé la colonisation de ces îles. L'île de France y envoya aussi quelques colons et encore aujourd'hui la plupart des familles des Seychelles portent des noms que nous retrouvons à Bourbon et Maurice.

En 1743 il organise une milice qui devait servir à la sécurité intérieure et se trouver prête aussi à lutter contre l'ennemi extérieur, s'il se présentait. — Tous les hommes de 15 à 60 ans devaient porter les armes. — Malheureusement, il ne séjournait pas d'une manière stable dans les deux îles ; sa nature active et ses attributions de chef d'escadre le portaient souvent loin de son gouvernement, et il devait en résulter néoessairement des lacunes dans son administration. Des lieutenants le remplaçaient, mais ils n'avaient pas son activité et son autorité. — A Bourbon, Didier Saint-Martin, Azema, Giràrd de Ballade le représentaient dans son gouvernement. — Didier Saint-Martin, qui commandait en 1743, aimàit le théâtre et en fit construire un à Saint-Denis. Les amateurs de la ville y jouaient différentes pièces. — De Ballade qui lui succéda était un des bons acteurs de cette troupe d'amateurs. — On trouva mauvais, dit-on, qu'il se fît voir sur un théâtre et ce fut la cause de sa révocation. — Nous voyons par là que cette population a évidemment reçu des éléments nouveaux d'une éducation et d'une instruction supérieures et de goût plus raffiné. Nous en trouverons bientôt d'autres témoignages.

Labourdonnais, avec sa nature indomptable, ses grandes idées, est un type de ces hommes de Bretagne, énergiques et cherchant la lutte. Il visait surtout à combattre la puissance anglaise et à fonder un grand établissement sur les côtes de l'Inde. En 1745, il part avec sa flotte, rencontre l'ennemi qu'il combat avec succès. — Une tempête fait éprouver de graves avaries à ses vaisseaux; il va les réparer à Madagascar dans la baie d'Atongil, avec une rapidité étonnante ayant à lutter contre tous les obstacles. Le 6 juillet 1746, il rencontre sur les côtes de Coromandel l'escadre de l'amiral Peyton et la combat (1). Après l'avoir mise en fuite, il va à Pondichéry où comman-

(1) Desforges Boucher était ingénieur en chef de la flotte, Sicre de Fonbrune capitaine d'artillerie. — Récit du combat naval par de Rostaing, général d'artillerie. (Revue maritime.)

dait Dupleix. Il y avait à cette époque un tel désordre dans la direction des affaires extérieures et lointaines, une telle incertitude sur les limites des pouvoirs, qu'il devait nécessairement en résulter des conflits et des ruines. — La compagnie donnait des ordres à grande distance, le gouvernement du roi avait des attributions qui se confondaient avec celles de la compagnie ; il en résultait pour les chefs souvent des ordres qui manquaient de précision. Que pouvait-il advenir quand deux hommes de génie, d'un caractère également énergique, allaient se trouver en présence et se disputer le pouvoir et les attributions particulières ? — Dupleix commandait sur terre, Labourdonnais sur mer, mais l'action de la flotte pouvait à la rigueur s'étendre jusqu'aux villes qu'elle prenait par la force de ses canons ou de ses soldats. — Le conflit survint à la prise de Madras. Après s'être emparé de la ville, Labourdonnais réclama une rançon pour la rendre ; un traité fut signé. Dupleix en l'apprenant s'y oppose et ne reconnaît pas au chef d'escadre le droit d'agir sur terre ; il le met en état d'arrestation. Une tempête, sur ces entrefaites, détruit et disperse la flotte française. — Dupleix se rend à Madras, refuse la rançon et fait raser les murs de la ville. Triste résultat expliqué de part et d'autre par des raisons qui accusent plutôt la fausseté des situations que les hommes.

Après tant d'actions glorieuses, Labourdonnais n'a plus que trois vaisseaux maltraités par la tempête et pouvant à peine tenir la mer. Il est réduit à rentrer à l'île de France, la mort dans l'âme. Les accusations augmentent avec son infortune et abreuvé de dégoûts, il part pour France. En route il est fait prisonnier par les Anglais, séjourne quelque temps à Londres, puis arrive à Paris le 1er mars 1748. Enfermé à la Bastille, il y reste trois ans et demi privé de tout, même de pouvoir se justifier et de correspondre avec sa famille. Son esprit aidé de son énergie s'ingénie, et lui fait trouver les moyens d'écrire ses mémoires ; ses mouchoirs, dit-on, lui servent de papier. Mémoires remarquables qui servent à expliquer et justifier les actes de son administration. — En 1751 il sort de prison et meurt peu de temps après à l'âge de 54 ans (1753).

En 1852 le gouverneur Hubert Delisle lui fait élever une statue à Saint-Denis et le gouvernement de Maurice lui en élève une autre à Port-Louis, comme témoignage de sa gloire et de tout ce qu'il a fait pour deux îles dont il est considéré comme le premier organisateur.

A son premier retour en France, Labourdonnais, pendant la traversée, écrivit un mémoire sur les îles de France et de Bourbon. Il fait l'historique des premiers établissements, considère avec raison Regnault et ses compagnons comme les premiers pionniers de l'île Bourbon. Ce mémoire qu'on trouve aux archives de la marine fait voir la netteté de vue de cet esprit supérieur, et les efforts qu'il fit pour donner à ces îles une importance agricole et commerciale si nécessaire au mouvement qui s'accroissait chaque jour davantage dans la mer des Indes.

Labourdonnais fit beaucoup pour Bourbon, mais on peut dire qu'il fut le fondateur de l'île de France. Si Port-Louis est dû surtout à son initiative comme

marin et homme de guerre, c'est lui qui le premier
y fonda une sucrerie qui porte encore son nom. L'importation du manioc a été un bienfait immense, et à
Bourbon surtout c'est encore la nourriture du pauvre et une ressource importante. Quand les ouragans,
les sauterelles, les sécheresses détruisent le blé, le
maïs, le manioc résiste davantage à ces fléaux et, depuis qu'on le cultiva, la misère et la famine dont se
plaignaient souvent les deux îles ont diminué.

Quel malheur que des hommes de la trempe de
Labourdonnais et Dupleix n'aient pu s'entendre
pour fonder dans l'Inde la puissance française d'une
manière durable. Les Anglais, qui ont hérité de toute
notre influence et de notre domination, ont rendu
plus d'une fois justice à ces grands esprits, à ces caractères appelés, dans d'autres circonstances, à être
des fondateurs de puissantes colonies. Les vices de
cette administration étaient trop profonds pour ne
pas aboutir prochainement à un changement. La
compagnie, les gouverneurs, les colons étaient sans
cesse en suspicion et s'accusaient constamment. Le
gouvernement du roi se faisait peu sentir au milieu
de ces conflits et les choses devaient aboutir à une
ruine générale ; la compagnie à bout de ressources
sera bientôt obligée de rétrocéder ses possessions.
Nous allons compléter ce que nous avons à dire du
gouvernement de Labourdonnais en donnant des
extraits de quelques mémoires publiés à cette époque
et qui achèveront de donner une idée exacte de la
situation des deux colonies. Nous avons vu que le
gouverneur général faisait de fréquentes absences
et que des lieutenants administraient pour lui.

M. de Saint-Martin représenta pendant quelques années Labourdonnais à Bourbon. Voici un mémoire envoyé au ministre sur l'état des dépenses annuelles en 1747 :

Le gouverneur Saint-Martin avait 6000 livres par an, deux barriques de vin, une barrique d'eau-de-vie:

Le second lieutenant de l'île avait 3000 livres, une barrique de vin, une barrique d'eau-de-vie.

M. Desforges Boucher, ingénieur en chef, 1800 livres, trois barriques de vin, une d'eau-de-vie.

Le sieur Deheaulme, garde-magasin des cafés à Saint-Paul, 800 livres, une barrique de vin, une demie d'eau-de-vie. Gillot, garde-magasin des cafés à Saint-Denis, et Guy Lesport, à Saint-Pierre, les mêmes choses.

Garnison: 1ʳᵉ compagnie, Sicre de Fonbrune, lieutenant-colonel; Sicre, lieutenant. On ne donne pas le chiffre de leurs appointements.

2ᵉ compagnie : Delaval, capitaine, 800 livres, deux barriques de vin, une d'eau-de-vie; Parny, enseigne, 540 livres, demi-barrique de vin, demi d'eau-de-vie.

Curés : Teste, curé à Saint-Denis; Lébotin, curé à Sainte-Marie; Desbure, Sainte-Suzanne ; Bahicotte, Saint-Benoit; Monet, Saint-Paul ; Carré, Saint-Pierre ; chacun 300 livres, une barrique de vin, demi d'eau-de-vie.

Mlle Trévelan, maîtresse d'école pour l'instruction de la jeunesse, 300 livres.

Ladourdonnais avait pensé à créer un abri pour les navires venant à Bourbon. Dans les relations anglaises, on parle avec admiration du pont de Saint-Denis et aussi d'un projet de port à Sainte-Marie qui offrait les conditions favorables pour en créer un. Labourdonnais anrait demandé à la compagnie un million pour le faire et il ne put obtenir cette somme. L'auteur ajoute : « Le manque de port est la cause de la perte fréquente des navires qui fréquentent ces parages. »

En 1744, un long mémoire est envoyé à la compagnie pour prouver que ses pertes s'expliquent par les richesses amassées par M. de Labourdonnais et autres. On les accusait surtout de faire le commerce des esclaves. Nous avons vu dans une de ses lettres que Labourdonnais se justifie de ces accusations.

« Depuis dix ans, il est entré dans ces colonies de Bourbon et Ile de France, une année portant l'autre, six cents esclaves et plus, vendus aux habitants 250 piastres à 300 piastres pièce.

« Bourbon a fourni depuis 1735, une année dans l'autre, 1600 milliers de café à raison de 5 sous la livre, vendu au plus bas prix en France 13 sous 6 deniers la livre. »

Mémoire pour prouver à la compagnie que les habitants ne retirent qu'un profit presque nul de leurs produits. Ce mémoire de 1746 est très intéressant. Les habitants se plaignent de la baisse du prix du café vendu seulement 3 sous la livre à Bourbon.

RÉCAPITULATION.

Produit des vingt années en café, vivres, etc.
Café à 3 sous la livre.... 2,600,000 piastres
Dépenses et pertes à déduire
  pour ce temps......... 1,799,000
          Restant........ 801,000 piastres

Ce qui donne de revenu net chaque année pour la colonie 40,050 piastres qui, comparé à son capital, forme un intérêt de 1,110 0/0. « Nous ne comprenons pas, Messieurs, dans ce compte la cure des maladies vénériennes, 25 piastres par chaque homme malade, ni les outils nécessaires aux habitations. » On donnait au chirurgien 1 piastre par tête d'esclave pour les maladies ordinaires. Ce mémoire est assez long, j'en donne les traits principaux.

Signé : Dorseuille, Leras, Fondaumière, Guichard, Riquebourg, de Serquelin, Panon Lamarre, Roburen, Lagourgue, Boyé, Deguigué, etc.

Un mémoire de 1738, sans nom d'auteur, du moins je n'en ai pas trouvé, se plaint de concussions exercées par Labourdonnais sur les habitants. — Nous avons déjà parlé de ces plaintes auxquelles répond l'accusé. — A la suite des plaintes d'un autre genre que je ne cite que pour l'intérêt de la filiation des familles qu'on y trouve, l'auteur se plaint d'être victime des premières familles de l'île qui se tiennent toute par la parenté.

Le sieur Europe, dit Panon, âgé de plus de 80 ans,

a épousé anciennement une veuve nommée Françoise Châtelain, native de France, laquelle a eu quatre maris : Jacques Lelièvre, Michel Sparron, dit Latour, Jacque Caré, dit Taloir et ledit sieur Europe.

En premier mariage, elle n'a pas eu d'enfants. Du second elle a eu deux filles, Marie et Suzanne Sparron. Marie a été mariée à Jacque Léger, ancien forban natif de Rouen, qui est venu habiter cette île, il y a environ trente ans, lequel étant retourné en France, sur le *Ducoudray*, chef d'escadre, on ne sait plus depuis vingt ans ce qu'il est devenu. Marie Sparon a eu de ce mariage plusieurs enfants, une fille Geneviève Léger qui a épousé Villarmez, premier conseiller au Conseil supérieur et garde-magasin à Saint-Paul; une autre fille Barbe Léger, laquelle a épousé de Lanux, premier commandant à Saint-Denis; une troisième fille qui a épousé Bernard Parisien, greffier, à présent garde-magasin à Saint-Denis.

Ladite veuve Françoise Châtelain a eu dudit Jacque Carré, son troisième mari, deux filles et un garçon : Françoise Carré, mariée à Joseph de Guigné, ancien forban, ci-devant capitaine de quartier à Saint-Denis, lequel a eu de ladite Françoise Carré deux garçons et deux filles, Pierre et Joseph de Guigné, capitaine a Saint-Denis. . . . . . , ...

La dite veuve a eu de son quatrième mari Europe Panon deux garçons et trois filles : une fille nommée Catherine Panon mariée au sieur Caillaux, chirurgien-major, autre forban et autre insultant; une autre fille Anne Panon qui a épousé un Anglais,

le sieur Graisle ; la troisième qui a épousé Desbla-
tieux, ci-devant officier de la compagnie.

« Vous voyez, Messeigneurs, que le souverain pouvoir de cette île est totalement entre les mains d'une
famille. — Le gouverneur ¦et autres autorités agis-
sent d'un commun accord avec la famille sus-dé-
nommée. M. Europe vit encore, lui qui est un des
meurtriers de M. de Vauboulon. » — Puis des plaintes d'exactions, de droits non respectés, etc. Ce mémoire est long et se ¦trouve aux archives du ministère. — J'en donne seulement la partie historique
des familles. — Cette Françoise Châtelain était une
des jeunes filles arrivées à Madagascar sur la *Dunkerquoise* et son premier mariage avait eu lieu à
Fort-Dauphin à l'époque du massacre. Son premier
mari aurait été tué à l'époque du massacre et elle serait venue veuve à Bourbon. — M. Guet, archiviste,
m'a dit avoir trouvé une note qui prouve ce premier
mariage. Je n'ai rien vu sur l'origine de Françoise
Châtelain.

Finissons par une pensée de l'abbé Raynal qui se
trouve dans son histoire philosophique et politique des établissements, du commerce des Européens dans les Deux-Indes, 2ᵉ volume. Elle est d'une
grande vérité et trouve son application dans l'histoire de cette époque. « Partout, les grands hommes
ont plus fait que les grands corps. Les peuples et les
sociétés ne sont que les instruments des hommes de
génie ; ce sont eux qui ont fondé des Etats, des colonies. L'Espagne, le Portugal, la Hollande, l'Angleterre doivent leurs conquêtes et leurs établissements
dans l'Inde à des navigateurs, des guerriers, des lé-

gislateurs d'une âme supérieure. La France surtout
est plus redevable de sa gloire à quelques heureux
particuliers qu'à son gouvernement. Un de ces rares
sujets venait d'établir la puissance des Français sur
deux îles importantes de l'Afrique, un autre encore
plus extraordinaire l'illustrait en Asie, c'était Dupleix. »

L'abbé Raynal aurait dû ajouter aux noms de Labourdonnais et Dupleix un autre plus modeste, moins
connu du public, mais peut-être plus remarquable
par son origine obscure et le caractère plus calme,
plus pratique de son esprit. Lenoir avait précédé
Dupleix dans le gouvernement de l'Inde. C'est le
fondateur de Pondichéry qu'il eût rendu prospère
et conservé à la France pendant longtemps. Si les
successeurs de Lenoir avaient eu des facultés moins
éclatantes et son esprit juste, son sens pratique,
notre puissance dans l'Inde n'eût sans doute pas
toujours été en périclitant. La vie de cet homme est
assez singulière pour que nous en disions un mot.

Jamais la France n'avait eu à son service des
hommes plus remarquables, et cependant nous
voyons leurs efforts succomber par la faute d'une
administration centrale dont les attributions incer-
taines, l'action irrégulière et lointaine rendaient im-
puissants les gouverneurs les plus capables. Lenoir
qui fonda Pondichéry et notre puissance éphémère
dans l'Inde mourut après vingt ans d'administration. Les Anglais l'ont plus connu et admiré que
nous et c'est dans leurs auteurs que nous trouvons
l'appréciation la plus glorieuse de cet homme.

Parti comme simple commis avec l'expédition de

La Haye, il fut à l'école expérimentée de Caron qui connaissait déjà l'Inde pour avoir servi la Hollande. Il toucha à Bourbon dont il parle dan sses mémoires comme le journal de Caron; c'est dans l'Inde qu'il resta au service de la compagnie à laquelle il fut très utile. Parti d'un rang inférieur, il avait été à Paris un petit marchand des Halles où il faisait à peine de quoi vivre ; son mérite, son zèle le firent remarquer et il arriva peu à peu à être gouverneur de Pondichéry dont il peut être considéré comme le fondateur. Il y mourut après l'avoir gouverné plus de vingt ans. Ne voulant pas quitter le pays auquel il s'était voué, il fit rechercher sa femme et sa fille qu'il avait laissées à Paris dans une position précaire. Sa femme se croyait veuve depuis longtemps et s'était faite marchande à la halle pour gagner sa vie et l'entretien de sa fille. C'est là que les envoyés de la compagnie la trouvèrent et lui annoncèrent que son mari existait encore et l'appelait à venir partager sa position élevée. Grande fut sa surprise, la pauvre femme croyait rêver. La mère et la fille s'embarquèrent sur les vaisseaux de la compagnie pour aller rejoindre celui qu'elles croyaient mort depuis longtemps.

Lenoir a laissé des mémoires manuscrits qu'on trouve aux archives de France et qui sont très remarquables. Ses vues étaient d'une grande portée et il se plaint souvent des obstacles qu'on y met. Les Anglais eux-mêmes reconnaissent que si elles avaient été suivies, l'empire de la France dans les Indes eût été durable. A sa mort, nous l'avons dit, un homme de génie le remplace, mais avec un tout autre esprit et un orgueil qui ne sut pas se modifier devant les exigences toutes particulières. Un esprit comme celui de Lenoir se serait entendu avec Labourdonnais sans doute en prenant la voie des concessions.

La relation de Duquesne, (voy. dans l'Inde) rapporte une longue conversation qu'il eut avec Lenoir au sujet de la domination française dans les Indes. Il le prie d'aller voir le ministre, de lui expliquer ses vues, de les motiver avec son expérience personnelle, de faire ressortir les conséquences fâcheuses de notre manière d'agir. Cet homme si remarquable est resté dans l'ombre, quoique bien apprécié par la compagnie. Dumas lui succède d'abord venant de Bourbon, puis vient Dupleix qui donne au gourvernement général de l'Inde un éclat hélas ! momentané. Je suis étonné que des mémoires aussi remarquables, aussi complets ne soient pas imprimés. Quelques rares les ont lus et ils finiront par se perdre de vétusté.

Extraits des mémoires de François Martin.
Archives nationales.

En l'an 1664, la France commença tout de bon à penser à l'établissement d'un commerce dans les Indes. En 1665, Martin s'embarque à Brest sous M. de Beausse sur un des navires de la flotte où se trouvait Souchu de Rennefort comme secrétaire.

Avant d'aborder à Madagascar, ils touchèrent à Mascareigne, dont ils longèrent la côte et allèrent mouiller à la rivière de Saint-Gilles. Ils trouvèrent à Saint-Gilles deux Français qui étaient venus à Madagascar avec des nègres qui s'étaient révoltés et sauvés dans les montagnes. — L'île abonde en cochons, cabris et autres gibiers. Les rivières et les étangs sont remplis de poissons; tout le rivage est plein de tortues et ou en trouve même dans les montagnes. On y récolte du benjoin, de l'aloès sans culture. Le canton par excellence s'appelle le Beau Pays, l'air y est très sain; avec du travail, on trouverait à Mascareigne tout ce qui est nécessaire à la vie.

En août 1665, il aborde à l'île Sainte-Marie, puis passe près du port avec peine, pour mouiller à Galamboule. Il y trouve M. de Belleville, représentant de la Compagnie, qui s'y était marié et avait des enfants; il visite Ivoundrou.

Il parle du trop de zèle du père Etienne qui excite la révolte des naturels; un massacre s'en suivit.

En 1667, avant d'avoir des renseignements précis, une grande flotte est expédiée précipitamment.

L'ardeur était tellement grande pour les expéditions lointaines et la France tellement désireuse de marcher sur les traces de la Hollande et de l'Angleterre, qu'on fit venir le sieur Caron, Hollandais, qui avait été employé à la compagnie de Batavia. La compagnie française le nomme directeur général de la compagnie générale des Indes-Orientales, et il partit comme tel sur la flotte commandée par M. de La Haye. Ce même Caron, qui avait une grande réputation de capacité, nous a laissé le journal intéressant de l'expédition de La Haye. — De Madagascar, ils se dirigent vers l'Inde, relâchent sur la côte d'Arabie, à Banam. — Martin consacre un paragraphe au dragoneau de Médine, ver très commun dans la population arabe. La compagnie hollandaise avait plusieurs comptoirs sur ces côtes.

En 1669, la mésintelligence règne parmi les agents de la compagnie à Fort-Dauphin comme dans l'Inde. En 1560, ils sont à Mazulipatam. En 1672, l'escadre mouille à San-Tomé, à une petite lieue de Madras, dont M. de La Haye se rend maître. Il visite Ceylan, Candie, en parle avec détail.

Le 9 juillet 1672, les Français, après une défaite, se retirent et laissent l'île aux Hollandais, après une capitulation honorable. En 1690, le fort de Pondichéry fut livré aux Hollandais, qui rapatrièrent sur leurs navires les Français.

Pondichéry n'existait pour ainsi dire pas et c'est après ces événements que Martin y établit une administration française et crée la ville, dont il reste gouverneur pendant vingt ans ; il y meurt, laissant à Dupleix la succession d'une administration qui devait péricliter par des causes nombreuses que l'esprit sage de Lenoir prédit dans ses conversations avec Duquesne.

CHAPITRE VII.

Bouvet remplace en 1752 David comme gouverneur général
des deux îles. — S'occupe beaucoup de Bourbon. — Tournées fréquentes autour de l'île. — Projet de port à la
rivière d'abord. — Routes. Collège.

Labourdonnais avait fait progresser l'île Bourbon,
mais ses efforts et son génie avaient surtout organisé et pour ainsi dire créé l'île de France. Un de
ses successeurs Bouvet-Lozier s'attacha particulièrement à Bourbon et on peut le considérer comme le
gouverneur qui fit le plus pour la colonie à cette
époque.

David succéda à Labourdonnais comme gouverneur général; il résidait à l'île de France, rarement à
Bourbon. L'importance maritime de Port-Louis s'accroît considérablement et motive naturellement le
séjour ordinaire du gouverneur général à l'île de
France. A Bourbon, nous ne voyons plus que des
commandants dont le pouvoir est subordonné à l'autorité qui réside dans l'île voisine. Le premier commandant après Labourdonnais fut Bouvet-Lozier qui
y séjourna longtemps et y laissa des traces marquées
de son administration. Commandant d'abord un des
vaisseaux qui faisait partie de la flotte partie de Lo-

rient, sous les ordres de **M.** de Saint-George, il arrive à l'île de France où le gouverneur général le charge de porter dans l'Inde 450 volontaires des deux îles et des provisions de guerre à Dupleix. Après avoir déposé les volontaires à Madras, il retourna à l'île de France. Cette île servant d'abri aux flottes françaises, portait ombrage aux Anglais; elle était souvent menacée et se trouvait à peu près sans défense sur le rivage. C'est alors que le gouverneur pensa à créer un refuge sur un plateau élevé et fortifié. La création du Réduit date de cette époque et sert aujourd'hui de résidence au gouverneur. La culture de l'indigo et du coton se développe dans les deux îles. Labourdonnais avait créé à l'île de France l'industrie sucrière; la compagnie ne suivit pas son exemple et ne favorisa pas cette industrie qui ne devait se développer que beaucoup plus tard. Après le départ de Labourdonnais, la sucrerie qu'il avait construite fut vendue à Vigoureux. Un autre habitant; de Beaulieu, marcha seul sur les traces de Labourdonnais et créa aussi une sucrerie. A Bourbon on ne s'occupa pas encore de cette culture et de cette industrie. Bouvet rentra en France et s'étant lié avec la famille du gouverneur général, il en épousa la sœur et fut nommé gouverneur particulier de Bourbon en 1750. — Il s'occupa avec activité et intelligence de son gouvernement. Dès son arrivée il parcourt l'île, et ses mémoires au ministre qui se succèdent fréquemment font ressortir tous les besoins de l'île. Dans l'un d'eux, très détaillé, il considère comme très utile et même nécessaire de séparer le gouvernement des deux îles. Tous, du reste, excepté La-

bourdonnais qui n'aimait pas le partage, reconnaissaient depuis longtemps l'avantage qui resulterait
de cette séparation. L'avenir prouvera la justesse de
cette idée et la colonie de Bourbon ne prendra un
développement sérieux qu'avec un gouvernement
ayant une autorité directe et pouvant agir sur place.

A cette époque, *les agents de la compagnie se
préoccupent de plus en plus des deux îles qui com-
mençaient à prendre de l'importance; — des mémoires nombreux sont envoyés au ministre et aux directeurs.*

L'un d'eux demande la suppression de toute liberté
commerciale qui n'a amené que des ruines ; il veut
même qu'on défende aux employés de la compagnie
d'épouser des créoles, et *ipso facto* de les déclarer
démissionnaires.

Dans un autre mémoire sur les moyens divers de
faire prospérer les deux îles, on dit : il est nécessaire
qu'il y ait dans ces colonies et surtout à Bourbon des
petits habitants, et pauvres, afin de tenir les créoles,
gens remuants et méchants, dans l'abaissement et
l'humiliation, si on veut en être le maître. — Cette
*appréciation de quelques agents de la compagnie qui
a pu être motivée par quelques actes de rébellion, est
reconnue fausse dans d'autres rapports où on donne
aux créoles une nature douce et un caractère docile.*
Avant cette époque comme plus tard, l'esprit de la
colonie conserve cependant ce caractère d'indépendance et d'opposition au gouvernement. C'est un des
côtés permanents de la société coloniale.

Bouvet, avec l'esprit et les vues du marin, se préoccupait beaucoup de la question d'un port à Bourbon;

il y pensait sans cesse et cherchait autour de l'île
'endroit le plus favorable pour créer un abri aux
navires. Le grand bassin de Saint-Pierre lui paraissait propre à une création de ce genre. Il le parcourt
plusieurs fois en pirogue, en étudie les abords et
propose de l'abriter par des jetées. Il eut aussi l'idée
qu'on chercha à réaliser plus tard de peupler de
bestiaux la plaine des Cafres. Nous voyons longtemps
après, sous le gouvernement Hubert-Delisle les mêmes idées mises à exécution. Dans un voyage autour
de l'île, il constate une grande misère chez les habitants. Beaucoup lui demandent à passer en France
avec leurs enfants — il améliore la route ou plutôt le
chemin, le sentier, qui conduisait à la plaine des Cafres, fait prolonger la route de Saint-Benoit jusqu'à
Sainte-Rose. Le café, le girofle étaient cultivés avec
succès dans ces régions humides dont ils devaient
faire pendant longtemps la fortune. — Bouvet-Lozier
était d'une grande activité et visitait souvent les différentes parties de l'île. Nous avons vu qu'il avait
mis en communication Saint-Pierre et Saint-Benoit
par la route de la plaine, les quartiers prolongeant
la route du littoral. — Il s'occupa aussi très activement de la destruction des noirs marrons qui formaient des bandes dangereuses et tenaient les habitants dans des craintes permanentes. Il en fit une
chasse active, les fit traquer comme des bêtes fauves.
— La plupart des esclaves importés à l'île de France
et Bourbon venaient de Madagascar; tous voulaient
y retourner et faisaient des efforts pour y réussir. —
Ces marrons vivaient dans les bois, et la nuit venaient
sur les propriétés pour les piller. Une milice avait

été organisée pour leur donner la chasse et en 1753, Bouvet-Lozier annonce dans une lettre au ministre que les noirs marrons sont presque détruits à Bourbon. — Labourdonnais avait déjà organisé à l'île de France cette chasse aux marrons. Mais à Bourbon elle ne commence sérieusement que sous le gouvernement de Bouvet.

— Lettre écrite de l'île de France :

« Depuis le mois d'avril 1752, époque où le nouveau règlement a été mis en vigueur, jusqu'au 17 décembre que je suis parti de Bourbon, il a été pris ou tué 90 noirs grands marrons, 10 à 12 ont pu échapper aux détachements qui les poursuivaient, sont tombés ou se sont précipités dans les remparts ; autant sont revenus d'eux-mêmes chez leurs maîtres et il a été amené 100 *renards*, c'est-à-dire esclaves fugitifs en moins d'un mois. Le ressort qui a mis ainsi en action toute l'agilité des créoles est la récompense d'un noir que la commune donne gratis pour chaque noir grand marron pris vivant ou tué en apportant la main gauche. — Personne n'ignore que les noirs marrons sont un des plus grands fléaux dans toutes les colonies soit françaises soit d'autres nations qui se servent d'esclaves. »

VOYAGE AUTOUR DE L'ILE.

Parti le 13 de Saint-Paul et le 15 de Saint-Louis pour la rivière d'Abord, j'allai voir les habitations du Grand Bois qui sont les dernières de ce quartier et que je n'avais pas vues depuis ma visite précédente.

J'appris qu'un bateau pris subitement d'un coup de vent d'ouest dans le grand bassin avait été jeté sur les récifs de l'Est. Ce nouvel accident arrivé à un de nos patrons qui est très actif est une preuve de la nécessité d'une jetée de chaque côté du grand bassin, comme j'ai eu l'honneur de vous le proposer dans ma lettre du 12 décembre 1751. »

En route pour la plaine, il propose d'élargir la route pour faciliter les communications de Saint-Pierre et de Saint-Benoît. — Extrait d'un mémoire au ministre, 1752. — Toutes ces voies, tous ces projets de Bouvet devaient se réaliser plus tard, et il est curieux de voir dès cette époque cet esprit judicieux et actif reconnaître les améliorations et les grands travaux nécessaires au développement du pays.

Etant à l'île de France en 1752, il apprend par lettre de Bourbon, en date du 25 décembre, qu'il avait été pris et tué deux jours avant vingt-deux grands marrons au nombre desquels leur principal chef qui a été tué. (Ile de France janvier 1752.) Dans une de ses lettres, on trouve le régistre de naissance et sépultures de l'année 1751 :

Baptisés à Bourbon.	115	blancs
Morts —	24	—
Excédent —	81	—
Baptisés à Bourbon	362	noirs.
Morts —	207	—
Excédent —	155	—

Il faut observer qu'il y eu cette année plus de malades et de mortalité qu'à l'ordinaire.

Cette réflexion de Bouvet prouve que la mortalité était généralement beaucoup moindre.

L'instruction publique n'existait pas à Bourbon et à l'île de France. Les prêtres et quelques particuliers enseignaient à quelques-uns un peu de latin, mais il n'y avait pas seulement d'école régulière. Bouvet s'en était d'abord préoccupé et il annonce avec bonheur au ministre l'établissement d'un collège. Les termes de sa lettre prouvent combien son esprit mûri et cultivé était heureux de la réalisation de ses désirs. « L'établissement d'un collège à l'île Bourbon est d'une utilité si évidente, qu'il n'y a eu qu'une voix au conseil lorsque j'en ai fait la proposition. Je n'ai point laissé lieu de douter à la compagnie que c'était moi qui avais promis pour elle et en son nom d'y concourir en fournissant de la chaux et les autres secours qu'elle peut fournir.

« Dans les affaires de cette nature, c'est toujours celui qui a l'honneur de représenter la compagnie qui a le plus de part à la décision. Je ne puis, Messieurs, vous rendre mieux compte des motifs qui m'ont déterminé qu'en rapportant le passage suivant : Que pensez-vous, dit Platon, que devra être le but de ceux qui sont chargés du gouvernement de la République ? peut-il être autre que de rendre les citoyens meilleurs et le plus parfaits possible ? Cependant, on ne cesse de louer ceux qui ont amolli le peuple par les délices et lui ont fourni de quoi satisfaire sa cupidité. On regarde comme auteurs de la grandeur d'Athènes ces anciens chefs qui ont bâti le port, qui l'ont embelli, qui ont construit des vaisseaux et ont joint la ville au port, qui ont augmenté les revenus publics et ont fait plusieurs autres choses aussi frivoles en comparaison de l'amour de la frugalité, de la modération, de la justice qu'ils ont négligé d'inspirer au peuple.

« Présentement que les vices qui sont la suite d'un gouvernement si défectueux se produisent de toutes parts, on s'en prend aux chefs actuels de la république qui n'en sont pas les auteurs, pendant qu'on donne de grands éloges à Thémistocle, à Cimon, à Périclès qui sont la véritable cause de tous ces maux.

« La jeunesse de Bourbon formera un jour des chefs de famille. La force d'un état est sans doute dans le nombre du peuple. Bourbon a ce trésor, mais enfoui ; il faut comme le tirer de la terre. Ses insulaires sont à demi sauvages, c'est au gouvernement à en faire des hommes. La Grèce et l'Afrique, d'où sont sortis les hommes les plus illustres dans toutes les sciences ne produisent plus que le peuple le plus brut et le plus grossier. L'éducation fait ce changement. »

Suit le détail des matériaux fournis par la compagnie, et l'argent donné par la commune, 600 piastres pour l'achat d'un terrain. — Prière au général de Saint-Lazane d'envoyer au plus tôt les deux régents que M. Teste lui a demandés. — De tous les bienfaits dont la compagnie a gratifié l'île Bourbon, l'établissement du collège est sans contredit le plus grand.

Nous voyons par cette lettre combien l'esprit du gouverneur était élevé et éclairé et s'intéressait avec chaleur à toutes les parties de son administration.

Nous trouvons dans les papiers des lazaristes les détails de l'édification de ce collège auquel Bouvet portait tant d'intérêt.

En 1751, M. Teste, préfet apostolique, fonda un collège désiré depuis longtemps sur un terrain contigu au presbytère de Saint-Denis et qui en dépendait. A cette époque un des frères Gonneau, ordonné prêtre et qui avait été élevé par M. Monnet à Saint-Paul fut renvoyé à Bourbon pour faire partie du personnel enseignant; l'autre mourut avant de recevoir les ordres sacrés.

Le collège ne fut achevé qu'en 1759, mais avant cette époque on y recevait de nombreux élèves auxquels on montrait la lecture, l'écriture, l'arithmétique, l'algèbre. la navigation, la géographie et le latin à ceux qui le désiraient. M. Teste voulait avoir aussi une institution pour les jeunes filles et demanda à la compagnie des filles de charité chargées de les instruire. La compagnie refusa, n'ayant pas, dit-elle, les revenus nécessaires et n'étant surtout préoccupée que de ses bénéfices matériels.

M. Teste en 1753 envoie à l'archevêque de Paris un rapport qui montre que la population des deux îles s'était bien accrue. Il évalue à 18,000 âmes la population de Bourbon, dont 5,000 libres, le reste esclaves composés d'Indiens, de Cafres, Malgaches et Maures, engagés à la marine.

L'île de France a 10 à 12,000 âmes, dont 2,500 libres. Cette île est moins une colonie qu'un port de mer, un centre de commerce.

Dans une lettre d'un missionnaire datée de 1753 la population de Bourbon est ainsi évaluée :

Saint-Denis	3,500
Saint-Paul	5,500
Saint-Benoît	3,800
Saint-Pierre	2,940

Saint-André............ 1,750
Saint-Louis............ 1,550
Sainte-Marie.......... 1,600
Sainte-Suzanne........ 1,650

— 8,000 esclaves sont venus de Madagascar ; 5,000 nés dans la colonie ; le reste Cafres, Indiens Hovas, Portugais de Malabar, mulâtres, Chinois. A Saint-Paul on compte 1,800 Malgaches, 500 Cafres, 160 Indiens.

M. Teste s'occupe beaucoup de moraliser cette population si mêlée et fait des efforts pour répandre le plus possible l'influence des missionnaires ; il est sous ce rapport en communion d'idées avec le gouverneur, crée des chapelles, réédifie celles qui n'étaient plus suffisantes. Les lazaristes formaient la partie éclairée de la colonie et l'instruction leur était dévolue naturellement.

A Sainte-Marie, un navire échoué sur le rivage avait donné lieu, il y avait déjà longtemps, à l'édification d'une chapelle qui servait de pèlerinage. L'église agrandie est érigée en paroisse et le terrain nécessaire est donné par les héritiers Terrier.

Noël Terrier est le premier habitant de Sainte-Marie sur le terrain situé entre le Charpentier et la ravine des Chèvres. A sa mort, sa veuve épousa Dominique Pereira, Portugais. Elle partagea ses vastes domaines entre ses enfants du premier lit, et de son mariage avec Noël Terrier, elle avait eu sept enfants, deux garçons et cinq filles. L'aînée des filles épousa Emmanuel Descottes, la seconde Michel Maillot, la troisième M. d'Amour, la quatrième Yves Begue, la cinquième Michel Crusmin. Ce sont les premiers habitants qui aient défriché les forêts de Sainte-Marie.

M. Teste fit aussi reconstruire aux frais des missionnaires les presbytères de Saint-André en 1751 ; de Sainte-Suzanne, 1753 ; de Saint-Paul, 1754. — Papiers des lazaristes.

Les lazaristes ont laissé de nombreuses traces de leurs missions dans les deux îles et des mémoires très intéressants que j'ai pu consulter au siège de leur mission, rue de Sèvres. Voici une description de la sociète blanche faite par un prêtre de la mission ; il indique déjà l'aptitude remarquable de cette population à prendre les allures aristocratiques, l'aspect, le bon ton des pays les plus civilisés. Saint-Denis et Saint-Paul rappellent Versailles au prêtre dé la Mission, comme ajourd'hui on y retrouve les aspects de la société parisienne.

« Pour les blancs, grand a été mon étonnement dans la colonie. Je m'attendais à trouver ici, en arrivant, quelque chose de plus rustique encore que ce que je sortais de voir dans l'île de Gorée. Feu M. Richau, la veille de mon départ, m'avait donné un gros sifflet pour appeler, me disait-il mes sauvages à l'église. Quelle n'a pas été ma surprise de me voir entouré de magistrats, de gros bourgeois, de hautes et puissantes dames tous, par conséquent, montés sur le bon goût et le beau ton, gens de festins et de bals, beaux esprits et splendides jusque dans leur train : chaises à porteurs, palanquins, valets à riche livrées pour monsieur, filles de chambre à triple état de manchettes pour madame, négrillons et négrilles pour le petit monsieur et la petite mademoiselle. On ne voit guère dans la colonie que gens à poil et à plume, gens de bureau et d'épée, finalement gens auxquels des prêtres irlandais disent des messes de midi de sept à huit minutes ; des prêtres qui ne parlent d'aucune réforme morale, et pas de confession et de sacrement qu'à l'heure de la mort. En voyant Saint-Denis, j'ai cru voir un échantillon de Versailles. Il ne faut pas demander si je me suis trouvé sot et benêt, et si mon air tout emprunté et ébahi a prêté à rire à tous ces créoles, de petits maîtres et de précieuses ridicules. Il a donc fallu compâtir à mon air provincial en m'envoyant à la Rivière d'abord, à l'autre extrémité de l'île, où se trouve une race d'Européens et d'Européennes moins fortunée. Je me suis accoutumé peu à peu à ce nouveau spectacle que j'avais sous les yeux. Enfin, je suis revenu à Saint-Denis, et voilà cinq ans que j'y suis. » (Lettre de Caulier, prêtre de la Mission.)

Bouvet Lozier, en 1762, remplaça David comme gouverneur général des deux îles. Bourbon eut pour commandant particulier Brenier, ancien avocat. — Bouvet s'était attaché à Bourbon pendant son séjour comme commandant particulier ; il y revint et y resta de 1757 à 1763. Madame Bouvet mourut à Saint-Denis, pendant son dernier séjour. Bouvet a été le commandant qui a le plus séjourné dans la colonie, et son nom y est resté attaché par des descendants. Ses mémoires sont nombreux et intéressants. Beaucoup, malheureusement, sont égarés ou enfouis dans la grande quantité de cartons qui concernent l'île Bourbon et où l'ordre n'a pas encore pénétré.

Cette époque est du reste riche [en mémoires de plusieurs sources, et on en trouve de nombreuses aux archives du ministère de la marine et des lazaristes. Je vais compléter ce que j'ai pu recueillir de plus intéressant sur cette époque en rapportant quelques extraits.

En 1755 un long mémoire sans nom d'auteur, est adressé à la compagnie pour faire ressortir la différence des deux îles.

« L'île de France a une sucrerie, est peu habitée. Bourbon est plus peuplée. L'intérieur de cette île est inhabitable ; ce n'est que des rochers et des précipices affreux. Au vent de l'île il y a un volcan considérable qui jette des flammes quand le vent est fort, que l'on voit à quinze lieues en mer. Cependant cette île est intéressante soit pour ses productions, soit pour l'île de France où passent les vaisseaux, elle fournit près de deux millions de café par an à la compagnie ; elle fournit à l'île de France du café et des grains de toutes sortes quand elle en manque, et elle fournit des bœufs aux vaisseaux qui y vont, quelques moutons, des oies, des canards, des poules et des légumes ; de manière que tous les vaisseaux qui sortent de l'île de France, soit pour aller dans l'Inde, en Chine ou en Europe, passent à celle-ci pour se ravitailler.

« Cette île est encore plus peuplée que l'île de France ; ses habitants sont grands, robustes et guerriers, ils n'ont pas la même façon de penser que les habitants de l'île de France qui repassent en Europe quand ils ont amassé un peu de biens, au lieu que ceux-ci sont constamment attachés à leur habitation, y ayant des familles qui se sont succédé depuis le principe de la colonie. Aussi leurs habitations sont elles plus agréables. Presque toutes les avenues sont garnies d'orangers de toute espèce; on y récolte la canelle. Enfin, cette île est un séjour délicieux, soit par ses productions, par la bonté de ses habitants qui sont doux, affables, et par la pureté de l'air qui conserve la vie des hommes plus que dans aucune autre région connue, n'y ayant jamais connu aucune maladie contagieuse. »

Des officiers et voyageurs anglais visitent l'île à cette époque et on trouve leurs appréciations dans différents ouvrages. — Dans un volume publié par Grant, vicomte de Vaux, *History of Mauricius*, une compilation de descriptions diverses concernant l'île Bourbon. — Malgré l'exagération évidente de certains détails sur les lieux et les hommes, ils offrent assez d'intérêt pour être lus.

En 1756, l'amiral Kemperfelt après avoir parlé des premiers habitants de Bourbon venus de Madagascar, dit qu'à ceux-là se sont joints les pirates qui infestaient ces mers et formèrent un établissement sous la protection des gouvernements français. Ils étaient composés de sujets anglais, irlandais, écossais, portugais, etc.; s'étant mariés à des femmes de Madagascar qu'ils avaient amenées avec eux, ils en eurent des enfants qui augmentèrent la colonie. — Ces couches premières de la colonie s'étaient singulièrement affaissées, et la société de 1756 est tout autre évidemment.

La maison du gouverneur est grande et agréable; de grands jardins entourent les maisons. Un collège a été construit pour l'éducation de la jeunesse des deux îles et des Indes orientales; mais la plus curieuse chose de cette ville Saint-Denis est le pont situé assez avant dans la mer pour l'embarquement et le débarquement des produits. Quand la mer ne permet pas l'abord de la terre, ce pont est fermé par quatre mâts larges, reliés par des chaînes en fer avec des cordes et des poulies. Ce pont construit du temps de Labourdonnais est formé sur le modèle du pont de l'île de Malte.

Les rats et les sauterelles y font de grands ravages. Le café, le riz, le blé, le manioc y sont récoltés pour ses besoins et ceux de l'île voisine. Beaucoup d'habitants sont riches ou à leur aise. Beaucoup sont peu satisfaits de leur gouvernement et sont anxieux d'aller dans une autre partie du monde où ils pourraient jouir de plus de liberté. Etant en possession des choses nécessaires à la vie que leur fournissent leurs plantations en général agréablement situées, ils vivent avec peu de besoin et dans la paix et la tranquillité. Quelques habitants ont informé la compagnie que le vin serait facilement récolté, mais elle n'encourage pas la culture de la vigne.

Quelques planteurs ont 800 à 1,000 esclaves sur leurs plantations et M. de Forges qui a largement agrandi son domaine en a au moins 500. Ingénieur de la compagnie, il a pu choisir admirablement sa situation. C'est le plus opulent habitant de l'île ; il a construit un château en très belle pierre qui a plutôt l'air d'un palais que de la maison d'un planteur. Il contient des appartements spacieux, est entouré d'un magnifique jardin avec un parc embelli d'arbres et de pièces d'eau pleines de poissons. Il a fait avec de grandes dépenses une route de sa demeure à la ville et est le seul habitant qui ait une voiture.

Le seul endroit où on aurait pu faire un abri pour les vaisseaux est la place appelée Sainte-Marie. M. Labourdonnais avait pensé que là on pourrait faire un petit port, mais son exécution aurait demandé un million de livres à la compagnie qui a perdu plusieurs navires faute de cette accommodation. Les esclaves qui se sont retirés dans les bois désolent les habitants comme à l'île Maurice ; il y en avait un millier, mais grâce aux récompenses données à ceux qui les poursuivent ou les tuent en les prenant, ils sont réduits à 200. La compagnie donne 100 dollars pour un marron pris ou tué, un capitaine de navire en détruisit, il y a quelque temps 400 (1).

Voici un autre récit fait par un officier de la ma-

(1) Je vais rapporter cette partie du récit de l'ouvrage anglais, quoique le fait me paraisse au moins très exagéré. Cependant, à cette époque le noir marron étant considéré comme une bête fauve, malfaisante, quelque chose de semblable a bien pu se passer. Mais il faut toujours en rabattre des récits qu'on fait aux étrangers qui viennent visiter le pays, récits qu'on exagère ou qu'on invente souvent dans le passé comme dans les temps actuels.

Le capitaine d'un navire sachant que les noirs marrons venaient souvent sur certains rivages y fit déposer du biscuit, du fromage et du brandy contenant de l'arsenic. Les matelots feignirent d'y prendre un repas ; les noirs les regardaient du haut des collines voisines. A la vue des noirs, les marins manifestant de la frayeur regagnèrent leur canot, laissant les provisions sur la plage. Les marrons se croyant à l'abri de tout danger accoururent et se hâtèrent de boire et de manger tout ce qu'ils trouvèrent. Les suites étaient inévitables ; ils succombèrent empoisonnés et le capitaine récolta un beau bénéfice. Je n'ai trouvé ce fait mentionné nulle part ailleurs.

rine britannique, intitulé observation sur l'île Bourbon en 1763, je résume : Saint-Denis, la capitale, a
1500 habitants à peu près, dont les trois quarts sont
esclaves. Saint-Paul et Saint-Denis sont reliés par
une route très difficile. Les habitants de cette île
sont généralement beaux et robustes et vivent jusqu'à un âge très avancé. La plupart de leurs troubles
de santé viennent de l'estomac, causés par des indi-
gestions. Les convulsions après un vomitif ou un
purgatif ne sont pas rares. Les fièvres inflamma-
toires n'y sont pas dangereuses et les fièvres palus-
tres y sont inconnues. Le mal de dents est commun
et il en est peu qui arrivent à vingt ans sans avoir
perdu de dents.

Les premiers habitants mélangés aux noirs de
Madagascar ont transmis quelque degré de cette
couleur à leurs descendants qui ont retenu une partie de l'origine de leurs ancêtres maternels. Un cinquième des naissances libres se compose de blancs
qui sont les descendants des pirates anglais. Les
créoles jouissent du privilège du second ordre de
noblesse française. L'auteur va jusqu'à la plaine des
Cafres qu'il trouve froide, humide et couverte d'un
arbrisseau à feuille de pin.

On débarque à Saint-Denis par un pont, ouvrage
de Labourdonnais qui est un bel ouvrage d'art. La
piastre d'Espagne est la monnaie du pays. Celle qui
en France vaut 5 livres 6 sous ne vaut ici que
3 livre 12 sous. Durant la guerre la compagnie
avait son crédit tellement déchu que la piastre
était prise pour 15 livres en papier monnaie. Traduit de l'anglais.

Les ouvrages anglais qui parlent de Bourbon, tout en notant les beaux côtés du pays et de la population, insistent un peu trop peut-être sur le côté défectueux. Ainsi le dernier que j'ai cité dit qu'une grande partie de la population blanche a une origine anglaise. Je ne pense pas que l'élément anglais ait eu une aussi grande part dans la colonie. Peu de noms y dénotent cette origine. Cet élément, de même que le danois et autres, a bientôt cédé la place sans doute à l'élément français qui ne tarda pas à arriver en nombre et à se distinguer à mesure que la colonie se développait. Je n'ai lu ainsi que dans ces auteurs l'idée d'un port à Sainte-Marie.

J'ai trouvé au dépôt des cartes et plans de la marine une très belle carte coloriée de l'île Bourbon provenant du cabinet du ci-devant roi, 1793. Dressée par ordre du duc de Choiseul. L'île est représentée en 1763 comme une immense surface hérissée, coloriée en vert. Les seules parties cultivées et habitées sont les rivages à partir de la rivière des Marcassins au repos Laleu, en passant par le nord.

Une autre belle carte de Selhausen d'après le relèvement du sieur Banks. Un plan terrier de la paroisse de Saint-Pierre indiquant les concessions primordiales, leurs divisions, et les noms des propriétaires d'après les contrats de concession. Ces plans terriers faits en plusieurs parties, ont été en grande partie égarés. C'est le baron Milius qui les avait ordonnés en 1818. Mahavel, appartenant aujourd'hui à la famille Le Bidan, avait été concédé en 1725 au sieur Dumenil, entre la rivière Saint-Etienne et la ravine des trois marres. Le terrain entre la ravine des cabris et la ravine blanche concédé à Don Fernando de Casanova en 1727. Plus tard à Pierre et Louis Cadet.

Il y a au dépôt des cartes et plans de la marine, le journal de bord de Bouvet, lieutenant sur le vaisseau de la compagnie des Indes le *Dauphin*, capitaine Lesquelin. Ce journal contient plan et vue de la rivière d'abord située dans la partie sud de l'ile Bourbon, où mouilla le *Dauphin*, pour y prendre un chargement de café le 10 novembre 1749, de laquelle rade ledit sieur Lesquelin a appareillé le 15 dudit mois.

Mouillé par 25 et 30 brasses. Mer rude, obligé d'appareiller pour ne pas se jeter à la côte. Une carte représente le quartier avec quelques maisons. A gauche on voit le château du Gol, la pointe des grands bois à droite, dans l'arrière-plan les Salazes. Rien de particulier sur le pays et les habitants. Le quartier commence à se dessiner et le pays prend une certaine importance. Déjà en 1743, on trouve un arrêté du conseil qui ordonne que chaque concessionnaire d'emplacement au quartier de la Rivière d'abord sera tenu de faire et d'entretenir son chemin et de le planter en chiendent. Je n'ai pu trouver le chiffre des produits de ce quartier à cette époque, mais ils sont déjà assez considérables pour y attirer les navires (1).

(1) Dans un de ses mémoires de cette époque, il y a un passage concernant une famille qui est restée à Saint-Pierre. Le sieur Leclerc, de Saint-Lubin, est passé dans l'Inde. Cadet avec son frère, il a fait une première campagne en cette qualité sur le vaisseau *le Fleury de l'Inde;* revenu à l'ile de France, il a été fait officier pour être de l'expédition

de M. de Labourdonnais pour Madras, mais étant tombé
malade en touchant à Bourbon, s'est marié à la fille de
M. Dejean, conseiller, commandant à la Rivière d'abord,
veuve de M. Verdière. Il a des biens assez considérables à
la Rivière d'abord, mais il y est attaché par les dettes dont
il est chargé. Le brevet de lieutenant réformé qu'il demande
n'est que pour se procurer une distinction. La compagnie
doit envoyer un brevet pour les capitaines de la milice bour-
geoise.

CHAPITRE VIII.

RÉTROCESSION AU ROI. — DE BELLECOMBE, CREMONT, POIVRE, ETC., 1764 A 1789.

Dumas succède à Desforges comme gouverneur des deux îles. — Desforges se fixe à Gol. — Dumas et Poivre prennent l'administration des deux îles le 14 juillet 1767. — Desroches remplace Dumas en hostilité avec Poivre. — De Bellecombe arrive à Bourbon le 1er décembre 1767 comme commandant. — Organisation nouvelle. — Législation établissant les rapports nouveaux entre la compagnie et les habitants. — Tournées dans l'île. — Milice, misère générale. Représentant à Paris. — Nouvelle juridiction. — De Souillac, de Courcy. — 1777-1779. Rareté du numéraire, création d'un papier-monnaie, girofle, épices. — D'Entrecasteaux, gouverneur des deux îles, 1787. — Discours, mémoires de Poivre. — Population, religion, clergé en 1779. — Etat de la colonie en 1789. — Mœurs des habitants. — Licenciement des volontaires.

L'élan qui avait été donné aux deux îles depuis Labourdonnais avait surtout développé la population et le commerce de l'île de France. Bourbon avait aussi progressé, mais dans de moindres proportions, ce qui s'explique facilement par son manque de port, tandis que l'île voisine offrait des abris sûrs aux navires. — Malgré ces progrès réels, la situation de la compagnie et des habitants ne s'était pas améliorée: la compagnie était aux abois et sa dette était considérable. Les propriétés achetées dans un moment de prospérité avaient été vendues le double de leur valeur réelle; les propriétaires acheteurs ne pouvaient *se liquider et il en résultait un trouble profond dans toutes les transactions. — Les deux îles subiss aie n la même situation.*

L'île de France d'après les relevés fournis par l'abbé Raynal contenait à cette époque 3,160 blancs, 587 libres et 15,022 esclaves. Sa production en blé, riz, haricots, maïs, avoine, coton, s'était accrue; mais les frais n'étaient pas en rapport avec les produits à Bourbon comme à l'île de France. Un état de choses devenu intolérable fit sentir de part et d'autre la nécessité de changer les bases de l'organisation coloniale. — Le roi pour y remédier se fit faire la rétrocession des deux îles par un édit du mois d'août 1764 (1). — Après la rétrocession au roi, Desforges-Boucher, administrateur des deux îles, fut remplacé par Dumas. Desforges n'ayant pas assez de fortune pour vivre en Europe comme il vivait à l'île de France et à Bourbon où il était depuis assez longtemps, préféra se retirer à Bourbon sur sa magnifique résidence du Gol (2).

(1) Les écarts si considérables dans la valeur des terres et les conséquences qui en résultent se sont renouvelés d'une manière périodique dans les deux îles jusqu'à nos jours, et on dirait que fatalement, par une marche toujours à peu près identique, il a été donné aux propriétés de prendre une valeur exagérée pour retomber dans des prix avilis. Ce fait explique les fortunes et les ruines qui se succèdent périodiquement dans ces pays. Les mêmes faits se reproduisent de nos jours, et il faut espérer qu'à la déchéance de toutes choses que nous constatons aujourd'hui, succédera la reprise de la valeur des terres. La statistique de ces dernières années donne à ce sujet des chiffres éloquents.

(2) Le château du Gol appartient aujourd'hui à la famille Chabrier et le domaine du Gol est une des plus belles exploitations sucrières de l'île. Desforges y avait une résidence

Le 14 juillet 1767, en vertu d'un ordre du roi, Dumas et Poivre prirent l'administration des deux îles, Dumas, gouverneur, Poivre, président du Conseil supérieur. Ces deux hommes ne s'entendirent pas et renouvelèrent les accusations réciproques que nous avons constatées si souvent dans l'histoire des deux colonies. Il y eut entre eux une lutte incessante ; ils s'accusent d'incapacité, de malversation. — Dumas fut rappelé par le ministre et remplacé par le chevalier Desroches. Celui-ci fait le plus triste tableau de l'île de France dont le port avait accru l'importance, mais qui était devenue le refuge de tous les déserteurs de la mer des Indes.

A Bourbon, de Bellecombe arrive comme com-

d'été située sur la hauteur et qu'on appelait Belle-Vue. Là on ne souffrait pas de la chaleur et la vue s'étendait au loin sur la mer, sur la plaine du Gol et les belles régions de Saint-Pierre. Desforges y vivait en philosophe, jouissant de la considération publique et menant une existence seigneuriale. Tout semblait réuni pour le rendre heureux, mais il y a toujours dans la vie de chacun un coin qui laisse entrer le souci. Il aurait voulu prendre sa retraite avec le grade de brigadier, et il n'était que colonel, ou il aurait voulu que sa terre fût érigée en marquisat ou en comté. Cette faveur ne lui fut pas donnée malgré ses demandes réitérées, appuyées par de Bellecombe. Desforges-Boucher avait avec lui tout un personnel qui resta dans la colonie et forma la souche de familles encore existantes et en grande partie disparues. Le château fut construit par un architecte qu'il fit venir de France, Bardinon de la Chambre, qui se maria à Saint-Pierre et s'y fixa. Ce nom a disparu, mais des membres descendant de cette famille existent encore. Les Parny lui furent parents ou alliés, de même que le poète Bertin qui parle dans ses poésies de ce château du Gol où se passa son enfance.

J'ai entendu raconter par les vieux débris de cette génération les épisodes de l'existences de ces temps reculés qui avaient une grandeur princière. L'hospitalité était fréquente au château du Gol, et des fêtes y réunissaient souvent l'élite mandant le 1er décembre 1767 avec Cremont comme ordonnateur. Ils vont présider à la nouvelle organisation de l'île sous le gouvernement du roi.— Nous allons les suivre dans leur administration. L'organisation militaire les préoccupe d'abord, et à son arrivée de Bellecombe parcourt l'île pour en apprécier les besoins. — Aussitôt après l'édit par lequel il reprit la propriété des deux îles, le roi nomma trois commissaires pour régler les dépenses et surtout faire des économies. Ces trois commissaires furent : Bertin, conseiller commandant à Bourbon ; Cardonne, commissaire à l'île de France ; Bellier, conseiller au Conseil de Bourbon. — Ils procédèrent à la vente des esclaves et des immeubles appartenant à la compagnie. A Bourbon, Bertin était déjà connu

de la population. Les dames y venaient en palanquin, les hommes à cheval, et le châtelain allait les recevoir avec courtoisie à l'entrée de sa grande cour, donnant la main aux dames et les accueillant avec des paroles aimables et des compliments sur leur beauté ou les qualités d'esprit qui faisaient leur réputation.

Le manguier était à cette époque l'arbre des grandes avenues et une immense allée de ces arbres conduisait en ligne droite du château à Belle-Vue. On ne connaissait alors que la ligne droite quelque pénible qu'elle fût pour les porteurs ou les chevaux. On voit encore aujourd'hui au Gol, de même que sur l'autre rive de la rivière Saint-Etienne, les restes de ces longues allées de manguiers. Desforges avait une voiture. C'était le seul habitant en ayant une, d'après un auteur anglais qui voyagea à Bourbon à cette époque. Desforges-Boucher avait été ingénieur en chef des deux îles et fit partie, comme tel, de la campagne de Labourdonnais dans l'Inde. Après la tempête qui désempara la plupart des vaisseaux partis de l'île de France et qui l'obligea à se réfugier dans la baie d'Autongil, ce fut Desforges qui participa aux grandes réparations de la flotte avec une rapidité qu'excita sans doute l'ardeur du chef.

comme faisant partie du Conseil supérieur. Ces préliminaires firent que la rétrocession au roi ne fut effective qu'en 1767 quoique datant de 1764. — Bertin parti pour la France remit ses pouvoirs à Adrien Bellier qui les transmit à son tour à de Bellecombe, premier gouverneur pour le roi. — Ce même Bertin eut pour fils le poète né à Bourbon qui devait être l'émule et l'ami de Parny.

Par une ordonnance du roi (1766) contre-signée duc de Praslin, concernant la législation des îles de France et de Bourbon, la compagnie se charge de fournir aux habitants les choses dont ils auront besoin et d'acheter leurs produits, la piastre évaluée à 5 livres 16 sous. — Le papier-monnaie de la compagnie discrédité est remplacé par un papier de carte payable au Trésor royal. Le tarif des marchandises venant de France est fixé. — La liberté de commerce d'Inde à Inde est accordée. — Les colonies de l'île de France et de Bourbon sont considérées comme un point de relâche de l'Europe dans l'Inde. C'est le point de vue qui domine. — Autrement ces deux île sne sont qu'une charge pour la métropole. — C'est l'opinion qui est exprimée dans l'édit du ministre. Le port de Lorient devient port royal. La compagnie ne garde que les bâtiments qui lui appartiennent. — Les magasins et constructions coloniales sont évalués et cédés au roi.

Cette ordonnance, comme on voit, fixe la nouvelle situation, et les colons ne pourront plus se plaindre d'être pressurés par une compagnie avide de bénéfices qu'elle ne réalisait pas. La valeur de toutes choses ne dépend plus des caprices des agents de la compagnie

Arrivé à Bourbon en décembre 1767, le nouveau gouverneur publie une lettre en forme d'ordonnance sur l'intention du roi d'organiser les habitants de l'île en compagnies détachées sous le titre de troupes nationales. — Immédiatement, il fait une tournée générale dans la colonie, et il donne au ministre des détails sur sa tournée. Surpris par un ouragan au passage de la rivière appelée Bras-de-Ponteau, que les crues avaient rendue très grosse, quelques habitants qui avaient accompagné de Bellecombe lui ont proposé de s'en retourner, disant qu'il était impossible de la traverser ; mais ce gouverneur leur dit qu'il n'était pas habitué à rétrograder. A l'instant, il s'est lancé à l'eau et a passé la rivière. Tout le monde le suivit et personne ne s'est noyé. Cet acte de vigueur a fait plaisir aux habitants et les a étonnés, étant habitués à ne voir voyager leurs gouverneurs qu'en palanquins. (Archives de la marine.) C'est sans doute pendant ce voyage qu'il alla jusqu'au volcan, en s'arrêtant à un endroit qui porte encore son nom et où l'on s'arrête sur le bord de l'enclos, le Pas-de-Bellecombe.

Il divisa l'île en cinq quartiers : Saint-Denis, Sainte-Suzanne, Saint-Benoît, Rivière-d'Abord, Saint-Paul. Ces différents quartiers pourront fournir onze à douze cents hommes de milice. Les habitants ont paru enchantés de l'établissement des troupes nationales ; les vieillards même ont demandé à être employés et à former, dans chaque quartier, une compagnie d'invalides qui servira à garder le village pendant que les milices du quartier se transporteront dans un autre. De Bellecombe finit sa lettre par le tableau de la misère qui règne dans la colonie. Tout y est à faire ou à réparer; il n'a trouvé ni hôpital, ni caserne, ni fortifications; le gouvernement tombe en ruine. La plupart des habitants est dans la plus grande misère; il en a vu qui, dans une nombreuse famille, n'avaient que deux ou trois chemises et autant de jupes, qu'ils mettent chacun à leur tour pour aller le dimanche à la messe. Le sol et les habitants sont bons et peuvent nourrir l'île de France et approvisionner les bâtiments du roi et de la compagnie; mais il faudrait faire l'avance de 5 à 6,000 nègres. Il est content de tout le monde, et tout le monde est content de lui.

En 1768, Henry Panon Desbassyns est nommé capitaine à Saint-Paul; Joseph Panon Desbassyns, lieutenant; Julien Gonneau de Monbrun, capitaine.

François Rivière est nommé commandant à la Rivière d'Abord, capitaine depuis 1732.

De Bellecombe demande au roi que le Gol, quartier de la Rivière d'Abord, soit érigé en marquisat; il fait ressortir les titres de Desforges, ancien gouverneur, qui a créé cet établissement depuis vingt-cinq ans. Les créoles de Bourbon demandent à passer dans la légion de l'île de France; il le fait savoir au duc de Praslin et lui propose de nommer à Saint-Paul, Paul Parny commandant, et Guill Desjardin capitaine canonnier.

Le 1er mars de la même année, il demande de porter ses appointements à 40,000 livres, les revenus alloués au gouverneur jusqu'à présent étant insuffisants pour le faire vivre. Il paraît que le prix de toutes choses avait singulièrement augmenté puisque les 6,000 livres d'il y a quelques années sont si

loin des besoins actuels. Ce serait une preuve d'une
augmentation de richesses, au moins pour une partie de la population. De Bellecombe, du reste, ne s'ou-
blie pas dans son gouvernement, et, dans ses lettres,
il demande souvent une augmentation d'appointements et un grade plus élevé.

Dans une lettre du 4 mars, il se plaint que les navires venant de Chine et de l'Inde ne veulent pas
toucher à Bourbon et préfèrent aller à l'île de France,
où ils trouvent un port de refuge, ou mouiller à Saint-
Paul. La capitale, Saint-Denis, ne bénéficiait pas, de
cette façon, de leur passage.

1769. — Demande d'une horloge, le pays n'en
ayant pas. De Cremont, dans une lettre au ministre
de cette époque, dépeint l'état misérable de ce pays.
Les billets de la compagnie sont sans valeur, la
piastre est montée au taux de 36 livres au lieu de
3 livres 10 sous. Le pays est dépourvu de tout, la
compagnie dirigeant d'abord sur l'île de France les
navires porteurs de marchandises. Il en résulte que
le rebut est envoyé à Bourbon. Demande que dorénavant des navires viennent directement à Bourbon.
Cet état de choses est un reste de l'ancienne administration de la compagnie et les bénéfices de la nouvelle organisation ne se sont pas réalisés de suite.

Cremont se plaint de la délimitation arbitraire des
propriétés; il en résulte des troubles et des haines
dans les familles. Les premières concessions, faites
rès largement, étaient maintenant subdivisées souvent en beaucoup de parties; il en résulte des con-
estations qui motiveront bientôt un tribunal spécial.

Etat des grâces que de Bellecombe supplie le duc

de Praslin de faire accorder à quelques habitants. Il recommande :

Chevalier de Mouhy, capitaine d'infanterie ; Paul de Parny, capitaine d'infanterie ; Joseph de Sabadin ; François Rivière, capitaine de la bourgeoisie ; le curé de Saint-Denis.

Joseph de Guigné demande lettres de noblesse, pension ou croix.

Pension au sieur Paulin Desbassyns, ayant servi dans l'Inde, très estimé, son fils ayant aussi servi ; pension à Mussard, commandant les détachements de noirs marrons.

Longue lettre accompagnée d'une demande de Desforges-Boucher, donnant tous ses titres à la récompense qu'il demande (marquisat du Gol).

Paul de Parny, chevalier de Saint-Louis, capitaine commandant des troupes nationales de l'île Bourbon, en raison de ses anciens services, demande le brevet de colonel. Le sieur de Parny, père de dix enfants, réclame encore les bontés de votre grandeur pour ses enfants. Deux de ses fils ont été gardes du corps ; il réclame le brevet de lieutenant pour trois de ses fils, J.-B. Paul Parny des Salines, Evariste (1) Désiré Parny de Santerre, Joseph-Louis Cheriseuil Parny de Montchéry ; de Bellecombe la recommande au duc de Praslin.

(1) C'est le poète qui devait être célèbre et devenir le Tibule français. Cette famille des Parny eut de nombreux descendants. Quelques-uns eurent des emplois publics sous la Restauration ou furent officiers dans l'armée ; ils avaient généralement de l'esprit, de l'originalité. Nous en avons connu les derniers rejetons, ruines de la souche brillante.

Bellecombe fait plusieurs tournées dans l'île et va jusqu'à la rivière du Rempart, qu'il met par un chemin en communication avec la Rivière-d'Abord ; il s'occupe d'armer les milices.

Le 25 novembre 1769 une assemblée des communes est convoquée à l'effet de délibérer sur divers objets relatifs à la colonie. Il s'en dégage un fait important : les intérêts du pays avaient besoin d'un représentant fixe en Europe. Nous avons vu, à une époque déjà reculée, qu'une assemblée coloniale sans autorisation avait pris sur elle d'envoyer des députés en France. Aujourd'hui l'administration et les habitants sont d'accord sur ce point. Dans l'état de conflit qui existait fréquemment entre les colons et les administrateurs, il était important et même indispensable que les colons eussent un représentant permanent à la métropole. L'assemblée fut unanime à demander pour l'île Bourbon un député résidant à Paris, chargé spécialement de veiller aux intérêts particuliers de la colonie.

Le sieur Janvier, payeur de rentes à Paris, fut le premier député désigné.

1771. — Le Conseil supérieur est supprimé et remplacé par une juridiction régulière composée d'un juge, d'un lieutenant de juge, d'un procureur du roi et d'un greffier. Le Conseil transformé est composé du commandant particulier, de l'ordonnateur, de six conseillers titulaires, du procureur général, du substitut, de quatre assesseurs et un greffier. Un tribunal terrier est créé, qui devra s'occuper de la collocation des terres, de la distribution des eaux des rivières. On nomme un curateur aux successions vacantes. Cremont, véritable administrateur, s'occupe aussi de la capitale, qu'il régularise, dérive la rivière de Saint-Denis pour faire un canal à moulins. On voit que la colonie s'organise d'une manière sérieuse et que l'administration du roi, substituée à la direction fluctuante de la compagnie, produit déjà d'importants résultats. Nous sommes arrivés à un âge plus avancé de l'existence coloniale. Après avoir reçu tous ses agents et ses officiers de la mère patrie, nous voyons ses fils se retourner vers elle et prendre place dans son armée et son administration.

On procéda à la liquidation des immeubles de la compagnie. Tous les magasins de l'île Bourbon lui appartenant furent évalués 3,623,000 livres, et leur entretien 37,160 livres. Le magasin de la Rivière-d'Abord considéré comme le plus beau, le plus commode de l'île, fut acheté, en 1772, sous l'administration royale, 60,000 livres. Il devait servir de caserne et pouvait contenir 400 hommes.

Les habitants de la Rivière-d'Abord souffrirent beaucoup cette année (1772) de trois ouragans et furent obligés de solliciter des secours. A cette occasion, on demanda de construire, à l'Etang-Salé, de grands magasins qui seraient une précieuse ressource pour conserver les subsistances nécessaires à la population. En septembre 1772, de Bellecombe et Cremont écrivent au ministre : « Des cinq quartiers de l'île, celui qui a été le plus maltraité par les deux ouragans du 1er mars et du 14 avril, est celui de la Rivière-d'Abord, qui renferme les paroisses de Saint-Louis et de Saint-Pierre. Tout y a été ravagé généralement, blé, maïs, café, légumes, rien n'a été épar-

gné. Les habitants ont maintenant consommé tout
ce qu'ils ont pu ramasser pour la subsistance des
noirs, et telle est maintenant la misère extrême qui
se fait sentir dans les deux paroisses et la disette
totale de vivres que plusieurs noirs sont morts de
faim, et plus d'un habitant même réduit à se nourrir de palmistes et de racines, et à chercher dans les
bois cette triste subsistance. Nous sollicitons de vous
quelque soulagement pour ces pauvres habitants. »

Les deux îles, depuis l'administration royale, malgré les dissentiments des gouverneurs et des in-
tendants, avaient beaucoup progressé. L'agriculture
surtout avait pris un grand développement. Poivre et
Cremont le constatent dans des mémoires envoyés
au ministre.

Poivre surtout, occupé d'introduire des plantes
nouvelles et des améliorations agricoles, fait ressortir tous les progrès qui en sont résultés.

L'ouragan qui fit tant de mal à la Rivière-d'Abord
sema la ruine à l'île de France. Plus de trois cents
maisons furent renversées; trente-deux navires jetés
en plein dans la rade; la grande église écroulée. A
cet épouvantable fléau vint s'en joindre un autre,
une véritable inondation de rats et d'oiseaux des-
tructeurs. Les habitants furent obligés de porter
chaque mois quatre queues de rats et une tête d'oiseau. A Bourbon, ces fléaux existaient, mais moindres. Cependant, on imposa aussi les habitants de la
même manière.

De Cremont fait de nouvelles concessions basées
sur l'arpentage du chevalier Banks, officier sur un
navire du roi, qui avait fait naufrage à Madagascar.

Steinawer qui, après le départ de Bellecombe, prit le commandement de l'île, fut bientôt remplacé par de Souillac, ayant pour ordonnateurs Cremont et Courcy. La population augmentait beaucoup aux extrémités de l'île. Il fallut diviser la paroisse de Saint-Paul et on en créa une au repos Laleu, qui prit le nom de paroisse de Saint-Leu.

En 1778 et 1779 des ouragans violents vinrent s'abattre sur les deux îles. Malgré tant de ruines, la fortune publique devait s'accroître, car nous voyons les administrateurs obligés de demander des augmentations d'appointements. M. de la Brillaune se fait donner 50,000 livres par an ; son secrétaire a 6,000 livres. Ce sont les chiffres de nos jours à Bourbon. — Le girollier commence à se reproduire (1775) au jardin des Pamplemousses, deux arbres fleurissent à Bourbon, on en plante à Saint-Benoît.

Un fait commercial qui s'est toujours reproduit dans ces colonies est le manque ou la rareté de l'argent, et l'obligation de créer un papier-monnaie qui finit par se discréditer. Le papier de la compagnie avait disparu, sans valeur presque, et l'administration du roi lui substitua des cartes du Trésor en nombre limité. Un édit de 1768 autorisa l'émission de 2,000,000 de livres de papier. MM. Desroches et Poivre autorisent l'émission de deux autres millions pour subvenir aux besoins des deux îles. — Des abus d'agiotage eurent lieu bientôt et on fut obligé de supprimer le papier-monnaie en 1771, en fixant la valeur de la piastre à 6 livres. Mais la valeur de l'argent n'est pas arbitraire et ses fluctuations échappent au contrôle de l'autorité. Cette question monétaire, qui a sa gravité, se prolonge en s'enchaînant à d'autres époques. Je la continuerai jusqu'au bout pour ne pas en interrompre les phases. Bellecombe et Cremont dépeignaient l'extrême misère de Bourbon comme due à la disette des marchandises, à la mauvaise administration et surtout au discrédit du papier-monnaie. La suppression de ces bons entravant le commerce, Maillard, intendant, fit en 1775 une nouvelle émission de 2 millions de livres. En 1779, les administrateurs furent autorisés à émettre 6,000,000 de livres de monnaie en papier, et le roi envoya aux deux îles pour 2,000,000 de monnaie de billon, à laquelle il avait fixé une valeur numéraire de 3 sous au-dessus de leur valeur intrinsèque. — Deux ans après (1781) le roi ordonna la suppression du papier-monnaie et sa conversion en bons de caisse aux îles de France et de Bourbon, et en récépissés du trésorier desdites îles, payables en quatre années, par le trésorier général de la marine à Paris, et cela pour obvier aux pertes que faisait le Trésor en payant sans réduction les lettres de change provenant du papier-monnaie déprécié. Cette mesure n'eut pas les heureux résultats qu'on en attendait, parce qu'au lieu de détruire le papier-monnaie après la délivrance des récépissés, on les remettait en circulation. — Pour réprimer ce désordre considérable, par un arrêt du 8 août 1784, le Conseil d'Etat nomma un commissaire général, Le Brasseur, et deux commissaires, de Curt et Melon, pour se rendre immédiatement aux îles de France et de Bourbon et procéder aux examen, vérification et inventaire de tout le papier-monnaie et déclarer de nulle valeur tout ce qui n'avait pas été contrôlé trois mois après. Le ministre enjoignait à Le Brasseur de faire un rapport sur l'état général de ces colonies. (Archives de la marine.)

En 1779, la milice nationale s'était déjà bien organisée et rendait des services au dedans et au dehors. Elle servit à réprimer plus d'une fois les révoltes des noirs, et une entre autres à Sainte-Suzanne et Saint-André. On y recrutait les volontaires de Bourbon, qui prirent une part brillante aux campagnes de Suffren. — Nous avons vu le giroflier planté à l'île de France et à Bourbon. M. Hubert, à Saint-Benoît, en récolte le premier. Le 24 février 1785, Sicre de Fonbrune présente à de Souville et Motais de Narbonne, gouverneur et ordonnateur, la première muscade cueillie à Bourbon et réclame deux noirs de choix promis par leurs prédécesseurs Souillac et Chevreau en pareille circonstance. On fit droit à sa demande. Le 27 septembre 1786 un tremblement de terre se fit sentir à l'île de France et à Bourbon à six heures vingt-cinq minutes du matin.

En 1787, d'Entrecasteaux, gouverneur des deux îles, écrit au ministre : « L'île Bourbon est comme partagée entre trois ou quatre familles qui, dans le principe, vivaient dans le meilleur accord ; mais dès que la division s'y est introduite, elle est devenue inévitable. Les haines entre quelques individus de ces familles sont des querelles générales dans lesquelles toute la colonie prend parti. Les magistrats, qui tiennent presque tous à ces diverses familles, ont éprouvé la même division, et il en est résulté qu'il n'est rendu par ce tribunal que des jugements

passionnés quand le parti de l'opposition prévaut,
ou que des arrêts trop mitigés quand la pluralité
est favorable au parti opposé. »

Nous avons déjà vu semblable plainte pour l'administration civile, et même la demande que les employés qui se marieraient dans le pays devraient
être, par ce seul fait, démissionnaires.

En tout, la lutte existe, et quand on lit les plaintes
des administrateurs entre eux et des habitants contre
les administrateurs, on se demande quelle pouvait
être la vie coloniale au milieu de ces haines, de ces
jalousies. — Mais il devait y avoir exagération. En
tout temps les administrateurs sont émus de la misère et des désordres de cette société qui cependant
progresse en tous sens.

AGRICULTURE.

Le gouvernement du roi plus régulier, plus paternel, les lumières spéciales de Poivre, l'arrivée de
nombreux esclaves donnèrent un élan marqué à la
production du sol. La culture du blé s'était beaucoup
étendue du côté de la Rivière-d'Abord; le café était
cultivé avec succès à Saint-Leu et le girofle dans les
quartiers humides, Saint-Benoît, Sainte Rose. La
question monétaire, qui venait souvent entraver les
affaires, était conjurée par le bon vouloir d'un gouvernement qui était paternel et n'exploitait pas les
colonies comme une ferme.

A son arrivée à l'île de France, Poivre prononça
un discours qui est un modèle de bonne économie

politique. Je vais en donner quelques **extraits, de** même que d'un mémoire justificatif qu'il envoya au ministre et qui a trait aux progrès agricoles qui furent la conséquence de son initiative. Ce discours donne une idée des conditions de la propriété et des rapports entre le gouvernement et les habitants.

« La liberté du commerce vous est accordée depuis le cap de Bonne-Espérance dans toutes les mers de l'Inde. Les approvisionnements d'Europe tels que vous les aurez demandés vous seront assurés. Vos terres seront rendues libres comme vous l'êtes vous‑mêmes, car vous êtes exempts de toute espèce d'im-pôts. Vous avez dans les magasins du roi un débouché certain du superflu de tous les grains qui pourraient vous rester faute de consommation. Je suis autorisé à les recevoir à un prix qui sera convenu entre vous. — Il les détourna du projet que quelques-uns avaient de quitter la colonie.

« Je ne dois pas vous laisser ignorer que le gouvernement a vu avec indignation ces dernières émigrations d'une multitude de colons, qui ont rapporté en France des fortunes énormes faites dans des temps également malheureux et à la nation qui s'est épuisée pour soutenir cet établissement et à la colonie elle-même qui, loin de fournir les secours qu'on devait en attendre, s'est vue dans la plus cruelle détresse. — Si ces fortunes étaient provenues de la culture des terres, d'une bonne administration, etc.; mais non, elles ont été faites, pour la plupart, aux dépens de la nature dont elles augmentaient les malheurs. — Est-ce donc pour enrichir quelques particuliers, quelques sangsues publiques que l'Etat entretient à grands frais, à quatre mille lieues de ses ports, une île qui est un gouffre capable d'engloutir seule *tous* ses trésors, sans améliorer sa situation. — Plus de 60,000,000 ont été dépensés dans cette île depuis la prise de possession sans profit pour l'Etat. (Il s'agit ici de l'île de France seule.)

« La nature avait tout fait pour l'île de France, les hommes y ont tout détruit. Les forêts magnifiques qui couvraient le sol ébranlaient autrefois par leurs mouvements les nuages passagers et les déterminaient à se résoudre en pluie féconde. Les plaines détruites par le feu, sans laisser aucun abri, sont d'une aridité surprenante ; les rivières considérablement diminuées. — *Encore quelques années de destruction et l'île de France ne sera plus habitable* ; il faudra l'abandonner. Vous préviendrez tous les maux qu'entraîne après soi l'esclavage introduit dans cette île, en suivant exactement l'esprit de la loi, qui a permis aux Français d'avoir des esclaves dans leurs colonies. Cette institution a donné lieu à une corruption de mœurs énorme, et il faudrait les lumières de la religion pour en atténuer les tristes effets. Les deux îles souffrent des mêmes désordres et d'une culture inintelligente. »

Que de choses applicables aux temps actuels et que dirait Poivre du déboisement à outrance de nos jours. Desroches et Poivre s'accusaient réciproquement, à l'île de France, des malheurs du pays. — Poivre envoie à ce sujet un long mémoire justificatif au ministre. J'en extrais ce qui a trait à l'agriculture :

« J'ai trouvé l'île sans culture ; je l'ai remise à

mon successeur avec une agriculture éclairée sur les objets essentiels, délivrée par mes soins du fléau des sauterelles, et fortifiée par une augmentation d'environ huit à dix mille colons. Au milieu des oppositions les plus fortes, dépouillé par le chef militaire de toute l'autorité attachée à ma place, mais appuyé sur celle que donne la raison dont l'empire est au-dessus de toutes les résistances, je n'ai ici ni contrarié, ni commandé ; j'ai fait voir au cultivateur son véritable intérêt ; je l'ai dirigé dans ses travaux: je lui ai donné l'exemple d'une meilleure culture. Par ce moyen, j'ai laissé à mon successeur une agriculture montée à un tel point que sans la sécheresse extraordinaire qui a suivi deux ouragans, la récolte du blé eût produit plus de 2,000,000 livres pesant, sans parler des orges, des avoines et des légumes.— Les obstacles apportés par M. Dumas, dès le commencement, puis par Desroches à l'établissement d'une excellente agriculture, ont certainement retardé le succès de mes efforts, j'eusse remis à mon successeur une colonie formée sur une agriculture telle que dans aucun temps il n'eût été embarrassé pour sa subsistance. » — Il mentionne aussi l'économie introduite dans les hôpitaux. Suit une étude des productions naturelles des deux îles.

Rentré en France le 25 mai 1773, il y publia ses mémoires. — Il avait trouvé à son arrivée à l'île de France 80,000 livres de blé, il en laisse 400,000 livres ; — 3,000 têtes de gros bétail, laissé 8,000 ; 400,000 livres de farine ; 150,000 de riz. — Il créa des casernes, des magasins, des hôpitaux, une imprimerie. — Port-Louis est augmenté d'un tiers.— 8 à 10,000 esclaves en plus.

La population des deux îles avait beaucoup augmenté de même que les produits; cependant les plaintes sont incessantes. De part et d'autre, nous voyons à peu près les mêmes griefs qu'à notre époque. Les colonies qui ne rapportaient pas directement à la métropole sont considérées comme des charges. On se plaint de ce qu'elles coûtent, et si n'était la question maritime, on les abandonnerait volontiers. — Malgré tant de conflits entre les habitants et les administrateurs, il est positif que la fortune publique augmente. Cet état d'inquiétude, de malaise est comme inhérent à nos colonies. A lire certains documents, on pourrait croire que la ruine est définitive et imminente, et cependant l'importance et l'accroissement de toutes choses peut se constater. Les cultures se succèdent, se remplacent et viennent raviver les positions qu'on croirait perdues. Nous constatons cette succession et cette transformation jusqu'à nos jours.

POPULATION : 1767-1771-1777-1778.

Depuis le commencement de la colonisation, à Bourbon comme à l'île de France, on accuse un trop plein de population, et on se préoccupe des moyens d'obvier à cet inconvénient. On pense de nouveau à coloniser Madagascar avec le trop plein des deux îles.

En 1767, de Modave, envoyé à Madagascar, adresse à M. du Buq un mémoire pour fonder un établissement à la grande île. Il professe un grand enthousiasme pour ce pays qu'il ne connaît que d'après tout ce qu'on lui a dit. Pour lui, c'est le but essentiel des efforts de la France dans ces mers.

« Les îles de France et de Bourbon séparées de cet objet ne sont qu'une occasion de dépense pour le gouvernement. Madagascar, au contraire, nous offre des avantages immenses ; elle offre la subsistance des îles de France et de Bourbon. Prière à MM. Dumas et Poivre d'appuyer les deux îles d'un établissement à Madagascar ; il pense, d'après Flacourt, que la province de Carcanossi fourmille d'or. Reconnaissant l'insalubrité du rivage et son peu de fertilité, il penche pour un établissement dans l'intérieur plutôt que sur la côte. »

Comme raison la plus importante de cet établissement, l'excès de population des deux petites îles qui avaient un besoin essentiel de déverser sur une plus grande terre le trop plein de leurs habitants.

Th. de Valgny dit à du Buq, à la même époque, dans un mémoire : « J'observe que dans quelques années l'île de France sera trop remplie de monde, comme l'est déjà celle de Bourbon, où une partie des créoles n'a plus de terres. »

Pendant le temps que de Modave demande avec instances au gouverneur de l'île de France et de Bourbon de l'aider à former un établissement à Madagascar, il ne cesse de lui réclamer des provisions, vivres, blé, viandes salées, pour ses besoins. — Le chevalier Desroches s'étonne de voir de Modave sur une île si grande, si riche en toutes choses, réclamer des provisions aux deux petites îles qu'il considère comme ne pouvant subsister sans Madagascar.

De la Serre, gentilhomme qui avait fait la guerre de Pologne avec Beniwski, était parti pour Madagascar avec l'idée d'y fonder un établissement. Il publie de nombreux mémoires en faveur de la colonisation de la grande île et s'appuie sur la nécessité d'offrir un débouché au trop plein des îles de France et de Bourbon. Les renseignements qu'on lui donne tendent à prouver que ces deux colonies sont dans le marasme le plus complet, que la misère y est à son comble. Sur sa demande, le vicaire apostolique de Bourbon lui envoie une note à ce sujet. Il est très singulier de voir cette permanence d'appréciations que les faits contredisent toujours. On ne peut se faire à l'idée que Bourbon et l'île de France puissent être quelque chose à côté d'une grande terre qui devait être une nouvelle France. La nouvelle France n'a produit que des sacrifices et des désastres et les deux petites îles ont acquis une importance de plus en plus grande.

Certificat relatif à la population de Bourbon donné par le préfet apostolique, grand vicaire de M. l'archevêque de Paris.

« Je soussigné certifie à M. de Serre que la population de Bourbon peut fournir à former l'établissement qui se prépare à Madagascar, que cet établissement deviendra une ressource nécessaire à Bourbon qui sera dans peu hors d'état de nourrir ses nombreux habitants, dont déjà la plupart sont aujourd'hui sans possessions, déclare en outre que dans cette paroisse de Saint-Paul où je travaille depuis dix ans, il se trouve actuellement plus de trois cents demoiselles à marier, et presque autant de

garçons que la misère et le défaut de facultés éloi-
gnent du mariage, et qu'il est à peu près de même
des paroisses que je viens de visiter en dernier lieu,
d'où je conclus que le projet de M. le chevalier de La
Serre de demander des colons de ces îles pour former l'établissement de Foulpointe ne peut être que
très avantageuse, et que si ce projet réussit, ce sera
une sortie favorable dont plusieurs profiteront. »

Saint-Paul, 18 octobre 1777.

Signé : DAVELU, v. p. apostolique v. g.

L'idée que Bourbon était trop habitée se propage
jusqu'à nos jours et avec plus de raison aujourd'hui.
— En 1820 M. Millius, gouverneur, écrit au ministre pour se plaindre de l'accroissement excessif de
la population. — A cette époque du reste surgissent
les opinions les plus contradictoires et les plus singulières, souvent en opposition avec les faits. Les
administrateurs se suspectent et s'accusent des choses les plus graves. C'était un désordre et un manque de contrôle, conséquence de l'éloignement, qui
devait nuire à la marche progressive des deux îles
qui ont de la peine à prendre une assiette stable.

Ces colonies étaient bien malheureuses d'après
tout ce qu'on en dit, et la peinture de l'état actuel
serait bien consolante en comparaison.

Legentil dans son voyage à Madagascar, 1761,
1762, 1763, fait le plus triste tableau de l'île de
France : la misère et la famine y sont permanentes,
la sécheresse, les sauterelles, les rats, les ouragans
fréquents y détruisent les cultures.

De Modave dans une lettre au ministre écrite de l'île de France le 10 novembre 1771 : Ainsi l'île de France semble destinée à être longtemps un goufre de consommation et de dépenses sans aucun dédommagement. Le roi ferait un mauvais marché de conserver une charge aussi onéreuse, etc. — Et plus bas : C'est le seul point qui nous permette d'avoir un refuge nécessaire pour lutter contre l'Angleterre dans la mer des Indes.

Ainsi, on le voit, sans le besoin d'un refuge pour les navires de guerre, le mieux serait d'abandonner ces îles. C'est l'idée qui domine.

CLERGÉ 1772-1779.

A l'époque de retrocession au roi des deux îles, il y eut un nouveau règlement entre le gouvernement et les missionnaires. — On alloue à chaque prêtre 1,000 livres par an et les habitants sont chargés de leur fournir de la farine et du vin, moyennant quoi, ils ne réclameront pas de casuel. Tous les cinq ans, un noir devra être accordé par gratification au curé de chaque paroisse.

Nous avons assisté à plus d'un débat entre le clergé et le gouvernement. Un arrêt royal avait interdit aux prêtres de faire partie du Conseil supérieur. Quand la colonie était naissante et les esprits généralement incultes, leur influence était naturellement grande et prédominante. Mais à mesure que la population s'accroît d'éléments nouveaux et supérieurs, ils devaient peu à peu rentrer dans leur rôle ecclésiastique. Les missionnaires rendirent de grands services à l'instruction et à la moralisation des colons. Nous avons vu que sous le gouvernement de Bouvet-Lozier ils édifièrent un collège près de la cure à Saint-Denis. — Les deux influences ou les deux pouvoirs étaient toujours en lutte et le moindre prétexte faisait éclater cet antagonisme. Un débat entre le curé de Sainte-Marie et Millon procureur général eut un grand retentissement.

Millon se présentant pour être parrain d'un enfant ne fut pas accepté par le curé, comme n'ayant pas rempli son devoir pascal.

De Bellecombe et Cremont, administrateurs à cette époque, sont obligés d'enjoindre aux curés de ne pas exiger cette clause de ceux qui se présentent comme parrains. Un décret du Conseil supérieur rend obligatoire l'ordre du gouverneur. Peu de temps après le Conseil supérieur de Bourbon suspend Millon de ses fonctions à cause de ses dettes et des poursuites qu'on exerce contre lui. Poivre cherche à concilier les parties, et d'après une lettre de lui, les missionnaires prient Millon d'accepter leurs excuses. Celui-ci rejette les moyens de conciliation. L'affaire est portée à la Sorbonne par M. Teste, vicaire apostolique. Les docteurs après une longue consultation donnent raison au curé, mais recommandent la plus grande modération et de se conformer au temps malheureux qu'ils traversent.

La paix ne se fit pas : le collège des missionnaires est envahi le mercredi saint (1772) pendant qu'ils chantaient l'office des ténèbres. Les troupes débarquant de l'île de France s'emparent du collège dont on avait surpris les clefs par ordre du gouvernement. Cet ordre émanait du duc de Praslin Choiseul auquel on avait écrit contre le collège (Lazaristes).

Le clergé de l'île était vieux et infirme ; il avait besoin d'être renouvelé. M. Teste mourut le 24 juin 1772 âgé de 75 ans.

Le père Caulier part pour France et demande au ministre une audience pour l'entretenir de différents sujets intéressant Bourbon et en particulier de la réédification du collège fondé par les missionnaires en 1751. — Trois nouvelles chapelles sont fondées à la rivière de l'Est, au Repos-Laleu et à la rivière du Rempart. De Cremont proposa une taxe de trois livres par tête d'esclave pour la réédification des églises.

A la mort de M. Teste, M. Davelu est nommé préfet apostolique sans l'assentiment du gouvernement qui réclama sa sanction comme nécessaire pour exercer un ministère quelconque. Il y eut à ce sujet un long débat entre le supérieur de la mission, l'archevêque de Paris, le ministre et les autorités civiles locales. Cette opposition et ces polémiques devaient aboutir bientôt à la fin de la mission à Bourbon. L'autorité du roi allait pour le bien de tous donner plus d'unité à l'administration.

Les missionnaires en 1788 font un triste tableau des mœurs du pays, de l'île de France surtout ; de Sauillac se plaint aussi de l'immoralité générale.

La population de l'île de France était de 37,915 âmes. Port-Louis 10,731 habitants.

Bourbon population :

	Blancs.	Libres.	Esclaves.
Saint-Denis......	1.004	379	5.273
Sainte-Marie.....	309	23	3.172
Sainte-Suzanne ..	449	40	2.703
Saint-André......	813	60	2.821
Saint-Benoist.....	1.483	81	5.339
Saint-Joseph.....	220	8	102
Saint-Paul.......	1.219	206	7.950
Repos-Laleu......	205	3	2.468
Rivière-d'Abord :			
Saint-Louis......	742	64	2.160
Saint-Pierre.....	1.384	55	5.277
			46.028

On voit surtout une grande augmentation d'esclaves. La culture s'étend aux extrémités de l'île Saint-Pierre-Saint-Benoist, les derniers quartiers habités sont déjà en grande prospérité.

En 1776 il a été importé de l'île de France et de Bourbon :

En café.................	3.248.000 livres
En 1787, par la compagnie.	» » »
Par les particuliers.......	2.656.000
Coton...................	147.000

La compagnie accordait à des particuliers sous certaines redevances l'autorisation de faire le commerce de l'Inde. Les importations en épices, poivre, cannelle, etc., ne sont pas évaluées. — (Pouchet. Etat des colonies orientales.)

ÉTAT DE BOURBON EN 1789.

Avant d'entrer dans la période de la Révolution, qui de 1789 à 1810 présente une phase particulière de l'existence des deux îles et doit aboutir après une longue, glorieuse, malheureuse guerre à leur séparation, je vais citer un mémoire qui donne une idée exacte de la situation de Bourbon à cette époque.

Extrait d'un mémoire adressé par un des chefs de la colonie en 1789 au ministre sur la population, les mœurs des habitants, la production en général, la religion et l'administration. (Arch. de la marine.) — Suivant le dernier recensement, la population peut s'élever à 8,000 blancs, et 40,000 noirs. — C'est depuis la rétrocession des deux îles qu'elles ont pris une consistance vraiment intéressante, tant par leur commerce et leur culture que par la population ; à Bourbon la culture des terres a doublé depuis vingt-cinq ans. Dans le moment actuel, elle peut être tout au plus susceptible d'un quart d'augmentation ; ce qui donne à craindre que rien ne s'opposant positivement à une plus grande population, qu'elle n'aille toujours en augmentant et dans la même progression que par le passé. On ne saurait donc s'occuper trop tôt du moyen à prendre pour décharger l'île de l'excédant de ses habitants, ou ils seront obligés de se dévorer entre eux dans un temps plus ou moins éloigné.

On aurait de la peine à se persuader, si on n'était

sur les lieux, qu'une île dont nous ferons connaître
les richesses puisse néanmoins renfermer une aussi
grande quantité de personnes toutes ayant besoin de
l'assistance publique. La plupart des héritages qui
ne sont pas possédés par les grands terriens de l'île
ont été divisés et subdivisés trois ou quatre fois, et
c'est sur ces subdivisions que des ménages chargés
d'une nombreuse famille vivent aujourd'hui. Il n'est
pas rare d'en trouver qui ont depuis six, huit, jusqu'à
douze et quinze enfants.

MŒURS DES HABITANTS.

Les habitants en général sont de la plus haute
stature et la plus belle espèce d'hommes qu'on puisse
voir. Dans quelques provinces, on aurait de la peine
à en trouver qui aient moins de cinq pieds quatre
pouces. Ils sont forts, robustes et bien constitués,
naturellement bons et hospitaliers, paresseux à
l'excès, aimant avec passion la liberté dont ils n'ont
pas cessé de jouir dans leurs habitations depuis leur
enfance ; fins et déliés dans ce qui concerne leurs
intérêts, ce qui rend leur esprit processif, simples
d'ailleurs, insouciants pour l'avenir, n'aimant aucun
genre d'occupation que celui de la chasse et de la
pêche ; de la plus grande sobriété, et se contentant
pour leur nourriture d'un peu de maïs, de riz ou de
manioc qu'ils font cultiver dans leur ménage par
trois ou quatre noirs, s'ils en ont, ou qu'ils volent
chez leurs voisins s'ils n'en ont pas. Il faudrait qu'ils

fussent pressés par un grand besoin s'ils se déterminaient seulement à donner un coup de pioche; aimant les liqueurs fortes, naturellement enclins à l'ivrognerie, redoutant plus qu'ils ne respectent l'autorité militaire des commandants à qui ils attribuent heureusement des pouvoirs qu'ils ne sauraient avoir; braves par tempérament, ils sont propres au métier de la guerre, mais hors de chez eux, et en quelque sorte indisciplinables dans leur île même par la facilité qu'ils ont de se réfugier chez leurs parents dans la chétive barraque qui les a vus naître....

Persuadés qu'il n'y a aucune différence entre eux, ils voudraient tous être officiers. Ils ne mettent aucun frein à leurs passions; les femmes participent plus ou moins des bonnes ou des mauvaises qualités qui forment le caractère des hommes; elles sont comme eux en général bien constituées et fortes. Quoique avec d'assez beaux traits, elles n'ont aucun agrément dans leur physionomie, très brunes à cause des alliances que dans le principe plusieurs familles ont contractées avec des négresses de l'Inde ou de Madagascar.

La population peut être divisée en trois ou quatre grandes familles. La première dans laquelle ils n'ont jamais eu d'alliance qu'avec des Européens, ou des créoles dans la famille desquels il n'y a jamais eu de mélange. Les deux ou trois autres ont contracté de fortes mésalliances. On peut donc assurer que dans chacune de ces divisions tous les membres sont parents ou alliés.

Cette peinture des créoles est encore vraie en grande partie. Il y avait à cette époque comme toujours avant et après une grande aisance, de la richesse pour quelques-uns et une grande misère pour les autres. M. Caulier, curé, dit la même chose : A côté de grandes fortunes faites rapidement, il y a une misère et un dénûment extrêmes, des familles entières qui manquent de vêtements et de nourriture ; misères souvent honteuses que le prêtre seul et le chirurgien sont appelés à constater. Paroles applicables à notre époque plus encore.

Ce fut en 1789 que par des raisons peu connues on licencia les volontaires de Bourbon. M. de Montvert, leur commandant, s'en émeut et écrivait au gouverneur général Conway une lettre où les volontaires sont jugés et appréciés d'une façon élogieuse.

« Ces volontaires se sont habitués et à la police et à la discipline militaires, à servir d'exemples aux autres troupes de la garnison dans la célérité de leur marche ou la supériorité de leur feu, sans que depuis leur création il y ait eu la moindre plainte contre eux ; et de leur côté, ils ont toujours témoigné la plus grande satisfaction et le zèle le plus ardent pour être employés sur terre et sur mer.

« Depuis quarante ans passés que j'ai l'honneur de servir le roi, et d'après un examen suivi sur la qualité des hommes des différents pays, les plus propres à la guerre, je n'en ai pas connu qui réunissent mieux les qualités physiques et morales pour cet état, comme les créoles de Bourbon dont la réputation est bien méritée par les deux dernières guerres de l'Inde, et je suis si convaincu de ces vertus que si cette troupe est portée à 400 hommes, comme cela est facile, je suis assuré de combattre et de détruire dans une guerre de poste deux bataillons anglais. »

Cet éloge si flatteur pour les créoles de Bourbon pouvait s'appliquer encore aux années suivantes, leur réputation de bravoure et d'adresse a été consacrée plus d'une fois dans les guerres de la Révolution et de l'Empire. Je me rappelle avoir entendu raconter par un de ces vieux débris des guerres maritimes les prouesses des créoles à bord des corsaires ou des navires de guerre. Les volontaires créoles étaient surtout renommés pour la justesse et la précision de leur tir. Bergeret, Surcouf, Bouvet et tous les braves capitaines de cette époque en faisaient le plus grand cas. Aussitôt que l'affaire s'engageait et que les vaisseaux se trouvaient à portée le commandant ordonnait toujours : Créoles de Bourbon dans les hunes. C'est de là que leurs fusils bien ajustés atteignaient les ennemis et faisaient merveille. C'était aussi l'opinion de leur vieux commandant Montvert qui leur attribuait surtout le mérite de la guerre de poste.

Leur vie de montagnards, de chasseurs de cabris marrons, accidentée, si périlleuse, au milieu des bois et des rochers escarpés les avait dès longtemps habitués à tirer dans toutes les positions, en courant, en sautant d'un rocher à un autre, en luttant de vitesse et d'adresse avec ces animaux alertes dans nos ravines profondes. J'ai connu quelques rares descendants de cette race d'hommes vraiment merveilleuse à voir dans cette chasse irrégulière : s'élancer d'un bond d'un rempart, d'un rocher, d'un arbre et tirer sans prendre le temps de s'équilibrer et presque toujours atteindre la bête qui fuit dans sa course irrégulière, tel est le spectacle émouvant que

le chasseur de cabris a donné pendant longtemps.
— Race aujourd'hui perdue ou à peu près, les mœurs
ayant changé et les cabris marrons n'existent plus.

Ces hommes d'une trempe si vigoureuse, sobres,
infatigables, ayant des muscles d'acier et que dépeint de Montvert ont disparu ou dégénéré avec une
éducation nouvelle et un milieu différent.

RESUME.

D'après tout ce que nous venons de citer lettres
des administrateurs, mémoires, plaintes des habitants, nous arrivons à conclure que la misère était
bien grande dans ces îles pour le plus grand nombre.
Elle l'était en effet pour la plupart et les causes en
sont plus d'une fois appréciées. Toutes les choses
venant du dehors étaient vendus fort cher. Les causes principales d'une telle situation sont très expli-
cables : les grands revenus sont transportés en Europe, les proprietés sont de plus en plus divisées, la
paresse, les dilapidations, l'ivrognerie, l'absence
de toute industrie viennent augmenter les raisons
qui motivent tant de plaintes. A cette époque,
comme de nos jours, le grand mal de ces colonies
est dans l'habitude irrémédiable des propriétaires
riches de venir dépenser en Europe leurs revenus.
Il faut que ces pays soient bien riches et bien vi-
vaces pour résister depuis si longtemps au déplacement de richesses dont la plus nette partie vient se
dépenser en Europe.

Ce mélange d'éléments si divers de peuples a produit une société singulière, à part, originale dont

les qualités et les défauts tiennent de son origine et de la nature des lieux qui porte à la vie sauvage, indépendante.

Les mêmes faits se perpétuent à peu près jusqu'à nos jours avec les mêmes conséquences fâcheuses dont on parle à cette époque, avec cette difference essentielle pourtant que le sol est aujourd'hui plus épuisé, le pays plus saccagé, la population considérablement plus nombreuse et le climat profondément modifié par des maladies endémiques inconnues pendant plus de deux siècles.

PRODUCTION.

Dans un mémoire émanant du gouvernement de cette époque, le revenu annuel de la terre est évalué net à 4,000,000 de livres à peu près. Les besoins de la colonie en denrées venant du dehors et marchandises ne s'élèvent pas à la moitié de cette somme. Ce calcul bien simple doit donner une idée de la richesse du pays. Mais ce qu'il y a de fâcheux, nous l'avons dit, c'est que le plus clair des revenus qui appartiennent aux grands propriétaires est transporté en Europe. Les riches habitants font élever leurs enfants, en France, et y vont eux-mêmes, surtout ceux de Saint-Paul et de Saint-Leu, les riches de cette époque. — L'accroissement de la colonie se traduit encore par l'édification de nouvelles chapelles; celles qui existaient devinrent insuffisantes. Après Saint-Leu et Sainte-Rose, une chapelle est construite d'abord à Langevin, puis portée à la rivière du rempart. A Sainte-Rose, le terrain est donné par Mme de Greslan à la ravine glissante. — M. Vivenot fut le premier curé de Saint-Joseph, Grandidier à Sainte-Rose. (Lazaristes.)

Saint-Elme-le-Duc, sous le psudonyme de Cluni de Maltese, a laissé trois volumes manuscrits qui se trouvent à la grande bibliothèque qui renferment des documents pour l'histoire de l'Ile-de-France. Son frère, qui avait habité longtemps l'Ile-de-France et les Scychelles le mit sur la voie de recherches historiques sur ces îles. Un volume ne contient que sa correspondance avec les marins qui avaient participé aux dernières guerres maritimes. On y trouve surtout sur l'Ile de France des documents intéressants. Il puise souvent ses renseignements dans des conversations qui ont pu le porter quelquefois à exagérer certains détails.

En 1672 il n'y avait à Bourbon qu'une centaine de personnes, tant Françeis que Noirs.

En 1678, figuraient, parmi les principaux habitants : Emmanuel Tixere de Mothe, Houarau, Payet, Elie le Breton, Guy Boyer, Ftienne le Baillif, Julien Lautrec, Pierre Hibon, Ajoute-Le-Duc, de l'ancienne famille noble de Picardie, Hibon de Frohan, dont la réputation de bonté était telle parmi les esclaves que pour désigner un esclave heureux on disait : c'est un esclave des Hibon.

Il rapporte aussi une épisode dramatique que je donne malgré son exagération évidente.

« Sous l'administration de M. d'Entrecastraux et de Cossigny, il se passa à l'île Bourbon un drame affreux, M. de Cossigny était administrateur en sous ordre à Bourbon.

Je 11 mars 1879, mademoiselle C. de R., fille du chevalier de R., propriétaire à Bourbon, fut enlevée audacieusement par un de ses parents. L'un d'eux nommé M., aidé d'un sieur L., celui-ci plus coupable, car c'était un père de famille. Le gouverneur Cossigny fit aussitôt passer à d'Entrecastraux tous les détails de cette affligeante affaire en le priant de lui transmettre ses instructions. La famille intéressée étant puissante ; on y comptait les noms suivants : Laval-Beaulieu, de Laval-Lelièvre, de Laval-Palmont, Roux de Laval, Desforge-Parny, vicomte de Lore, La Gourgue, le chevalie de Maugade, le chevalier de Benard, Laroche, Préau, etc. Le chevalier de R., exaspéré, voulait poursuivre à outrance les coupables et surtout l'infâme M. La malheureuse demoiselle avait été retrouvée plusieurs jours après dans l'état le plus déplorable, à demi morte, au fond d'une fosse creusée dans la maison de L. Grâce à l'intercession de Cossigny et d'Entrecastraux, cette affaire fut assoupie.

Mais soit que d'entrecastraux fût trop honnête pour consentir à être témoin plus longtemps de ce débordement de mœurs qui, sans être poussé à cet excès par tous les jeunes gens des deux colonies, était assez général parmi eux, soit qu'il pensât, comme il l'écrivait au ministre, qu'un marin ne devait pas rester dans l'inaction, il avait demandé à être rappelé.

Conway lui succéda. Ce fut sous ce gouverneur, que par des raisons inconnues, on licencia les volontaires de Bourbon.

CHAPITRE IX

Révolution française. — Assemblées similaires de celles de
la métropole. — Malartic, gouverneur des deux îles. —
— Jacob gouverneur, de Chanvallon intendant. — Révolte
de Belleville. — Général Decaen, gouverneur des deux
îles, 1803. — Prise des deux îles par les Anglais en 1810.
— Retour do l'île Bourbon à la France en 1814.

Nous allons assister à un spectacle singulier et qui
s'est reproduit à chaque révolution. Le Français si
mobile si impressionnable, si amoureux de changement conserve son caractère dans ces régions chaudes
avec l'exagération qu'entraînent l'éloignement et
une impressionnabilité plus grande. A peine de
Cossigny et du Verger entrent en fonctions comme
gouverneurs et administrateurs qu'ils apprennent la
convocation des Etats généraux le 15 mai 1789. La
colonie s'enflamme pour les institutions nouvelles;
on demande une assemblée, des députés comme dans
la mère patrie.

Des assemblées de paroisses sont accordées avec
le droit d'envoyer un député pour rendre compte
de leurs procès-verbaux. A l'île de France on
l'avait autorisé et le gouverneur général transmet
au commandant de Bourbon la même autorisation.

Mais les deux colonies ne voulurent pas en rester là et demandèrent une assemblée générale de tous les députés de la colonie, assemblée qui devait être indépendante de l'administration.

L'assemblée paroissiale de Saint-Denis nomma M. Desmazière député le 24 janvier 1790 et invita les autres députés des paroisses à se réunir, afin de transmettre à l'administration sa délibération des mois de décembre et janvier. — Malgré l'apposition des administrateurs, il fallut céder et la colonie fut convoquée peu après dans ses comices pour nommer des députés à l'assemblée coloniale. Ils se réunirent au nombre de 128 le 15 mai 1790, sur la convocation de Cossigny et du Verger à Saint-Denis. — Le même jour à sept heures et demie du matin, ils se rendirent à l'église pour assister à une messe du saint-Esprit. L'assemblée fut saluée par une salve de vingt et un coups de canon. De Cossigny en fit l'ouverture par un discours très applaudi et accompagné chez lui par tous les représentants des paroisses. Plusieurs curés en faisaient partie. Ce chiffre de 128 était déjà bien élevé, mais on né le trouva pas suffisant et il fut porté quelques jours après à 137. — Bellier fut élu président pour quinze jours et Beaulieu vice-président. — Bellier de Villentroy, Greslan et Bruna secrétaires.

Le 27 mai 1790, après avoir prêté serment entre les mains du président, les députés se déclarent sous le bon plaisir de l'assemblée nationale et du roi, assemblée générale des représentants de la colonie de l'île de Bourbon, permanente, inviolable et ne pouvant être dissoute que par un décret de l'assemblée

nationale sanctionné par le roi. C'était se placer vis-
à-vis du gouvernement de Bourbon, sur le même
pied que l'assemblée nationale de France vis-à-vis
du roi. L'écho de ce qui se passe en France commence
et se perpétuera encore longtemps.

Une comission de onze membres fit un règlement
qui fut approuvé. Le serment fut prêté en présence
des troupes, un *te Deum* chanté. Desroches fut invité à redire le discours qu'il avait prononcé à l'église.
Arrivé à la péroraison, le curé demanda aux députés
d'oublier les dissentements qui pouvaient exister
entre eux pour ne penser qu'au bonheur de la colonie.
L'assemblée entière prononça : « Je le jure ! Vive
notre respectacle pasteur ! »

Le calme et la raison ne durèrent pas longtemps
et à l'instar de l'assemblée de France, celles de l'île
de France et de Bourbon voulurent se reconnaître
souveraines ; elles voulurent s'arroger le pouvoir mu-
nicipal ; gouverner et siéger au gouvernement. —
De Cossigny ne put accéder à ce désir. D'Entre-
cartaine à l'île de France est obligé de résister aux
mêmes protestations. — Bellier de Villentroy est
nommé député à l'assemblé nationale.

A peine a-t-elle appris la formation de la convention nationale que l'assemblée de Bourbon propose
de se former aussi en convention. — On forme des
clubs ; des idées nouvelles, de l'agitation surgissent
à l'instar de ce qui se passait en France. — A l'île de
France des troubles sérieux ont lieu. Un homme
est massacré à la sortie d'une réunion de démago-
gues (Macmemora). Des députés partent sur la
Thétis.

Un des derniers actes de Louis XVI fut la nomination de Malartic comme gouverneur à l'île de France avec des pouvoirs illimités sur toutes les colonies au delà du cap. Le nouveau gouverneur trouve à son arrivée le pays très agité, en proie à des désordres et des convoitises révolutionnaires. Son esprit conciliant parvient autant que possible à tout apaiser. Mais son rôle était pénible et difficile. L'assemblée omnipotente lui faisait sentir qu'il ne représentait pas le pouvoir réel. — Le désordre et l'indiscipline avaient gagné les troupes et même les équipages des vaisseaux. M. de Saint-Félix nommé vice-amiral dans la mer des Indes fut abreuvé de dégoûts ; il n'était plus maitre de la discipline à son bord ; son secrétaire était mêlé aux agitateurs de l'ile de France. N'étant plus maitre de ses équipages, il se réfugia à Bourbon. Déclaré déchu de son commandement par le commissaire civil, il fut mis en accusation. De Saint-Félix avait à son bord deux officiers qui voulurent suivre sa destinée et l'accompagnèrent dans sa fuite : Decrès plus tard ministre de la marine sous l'Empire et de Villèle qui lui avait été particulièrement recommandé. — Ils trouvèrent un refuge dans une famille hospitalière Saint-André. Saint-Félix poursuivi par un mandat d'amener lancé contre lui, sa tête mise à prix, fut obligé de se cacher dans les gorges des ravins éloignés. Ce fut à cette époque qu'eût lieu la réunion des sans-culottes de l'île de France et de Bourbon, événement qui devait être consacré par un souvenir. Une médaille fut frappée, légendaire avec cette inscription : *République française, réunion des sans-culottes, 15 ger-*

minal 1794. C'est à cette occasion que Bourbon prit le nom de Réunion encore existant aujourd'hui. Saint-Félix et de Villèle pris et ramenés à l'île de France furent conduits à la chaumière, club gouvernemental du pays où on leur annonça que le peuple les jugerait. Ils eurent à souffrir bien des avanies que les gardes nationales de la colonie gens à mœurs douces qui n'avaient que les couleurs de farouches, adoucissaient souvent.

La mort de Robespierre vint à propos pour délivrer les prisonniers. De Villèle retourna à Bourbon où il se fixa et se maria; il y resta jusqu'en 1807. C'est le même qui devint ministre sous la restauration. — Saint-Félix resta à Bourbon jusqu'en 1810 et rentra en France pour aller mourir à un âge avancé à Corde, son pays natal, dans la Haute-Garonne.

La guerre étant déclarée à l'Angleterre, l'Ile-de-France équipa des corsaires qui eurent une grande réputation dans la mer des Indes. — Bourbon, sur l'appel du gouverneur Malartic, coopéra à l'armement des corsaires en envoyant des provisions et des hommes de bonne volonté. — Privées des subsides de la Métropole, les deux îles sont obligées de créer un signe monétaire, et on met en circulation pour une somme considérable de papier-monnaie. — La vente des biens du clergé avait produit 1,398,468 livres, somme à réduire de moitié par la dépréciation du papier-monnaie. Cette vente n'allégera pas beaucoup les charges de l'administration et ses embarras ne vont qu'en augmentant. — En 1794 l'Assemblée nationale, à la suite d'une lettre du gouverneur et de l'ordonnateur, décrète : que chaque habitant ayant des piastres sera tenu d'en faire connaître la quantité au gouvernement pour être prélevé en proportion, un impôt devant s'élever à 4,000 piastres.

JACOB, GOUVERNEUR, CHANVALLON, INTENDANT (1795).

Ce fut pendant le gouvernement de Jacob qu'eut lieu la révolte de Belleville qui fit grande sensation, et se termina heureusement sans coup férir. — Le sergent Belleville envoyé pour recruter des volontaires, s'était réuni à eux, au Gol, et leur persuada qu'ils étaient plutôt armés contre le dedans que contre les ennemis du dehors. — Ils espéraient sans doute s'emparer du gouvernement et agir ensuite à leur guise. Après s'être concertés, ils marchent sur Saint-Denis. — Aussitôt le général Jacob réunit les gardes nationaux de Saint-Denis, Saint-Paul, Saint-André, Saint-Benoît, qui marchent contre les rebelles. Les révoltés prirent la fuite, et Belleville fut arrêté, avec douze des plus compromis, et embarqués sur un navire qui devait les déporter dans l'Inde (27 mars 1798). On dit que, pendant la traversée, s'étant emparés du navire, ils se firent conduire aux Seychelles.

A cette époque, des ambassadeurs de Tipo-Saïb vinrent à l'Ile-de-France et Bourbon solliciter des secours contre les Anglais. — Trois cents volontaires des deux îles environ s'embarquent pour l'Inde. En 1799 une nouvelle conjuration menaça le gouvernement et l'Assemblée elle-même. On décréta la déportation d'un grand nombre de citoyens ; cent et quelques furent embarqués sur le navire la *Réunion* pour être transportés à Fort-Dauphin. Ce navire, rencontré par une frégate anglaise et pris pour un corsaire, fut attaqué et coulé. Presque tous les passagers périrent.

L'île Bourbon étant isolée, sans communication avec le dehors comme l'Ile-de-France, plus fréquentée à cause de son port, privée des choses les plus nécessaires, il vint à l'idée de quelques-uns, dans la colonie, de s'affranchir du gouvernement de la France et de se mettre sous la protection anglaise. Les deux gouverneurs luttèrent avec succès contre cette idée qui était, du reste, opposée à l'esprit général du pays essentiellement français.

A cette occasion le général Malartic se rendit à Bourbon, reunit l'Assemblée, et dit qu'il voulait maintenir l'autorité de la France contre les idées d'indépendance. Il y avait dans l'Assemblée un parti royaliste et de Villèle en était le chef. Il fit un discours opposé à la déclaration du gouverneur. Des cris de vive la république et vive le roi se firent entendre. Le commissaire président prit la parole et demanda que les deux îles restassent à la mère-patrie. Le projet discuté fut rejeté, et un arrêté du 15 frimaire an VII proscrivit toute délibération nouvelle à ce sujet.

Quand le Consulat à vie fut proclamé par le général Magallon, et les préliminaires de paix connus, il y eut une manifestation de joie. Les relations avec

l'extérieur allaient reprendre, les souffrances diminuer ou disparaître.

En 1803, le général Decaen fut nommé gouverne u
général et Jacob retourna en Europe, nommé préfet
maritime à Toulon.

Le général Decaen arriva à l'Ile-de-France le
17 août 1803. — Le gouvernement révolutionnaire
va cesser, et le nouveau gouverneur est chargé d'organiser les deux îles en rapport avec la nouvelle
constitution. A Bourbon, de Chauvallon est nommé
préfet, et Pierre-Joseph Bellier commissaire de justice. L'Assemblée coloniale tint sa dernière séance
le 1er octobre 1803.

En 1806, le général Magallon est remplacé par le
général des Brulys. Il y eut cette année un cyclone
épouvantable qui a laissé de terribles souvenirs dans
le pays. Une misère extrême en fut la conséquence,
et les récoltes de vivres manquèrent. Beaucoup de
malheureux allaient dans les forêts chercher leur
nourriture.

Lors de la distribution des drapeaux, le 16 août,
les habitants demandent que le nom de l'île soit
changé, et que dorénavant la Réunion devienne île
Bonaparte. — Les Anglais faisaient de fréquentes
apparitions autour des deux îles pour s'en emparer.
L'Ile-de-France, mieux défendue, était pour eux
d'un accès plus difficile. A Bourbon, ils attaquèrent
Sainte-Rose, Saint-Benoît sans succès.

En 1809, ils débarquèrent à la pointe des Galets
en assez grand nombre et s'emparèrent de Saint-
Paul.

Saint-Denis apprenant leur descente marche au

secours de Saint-Paul, mais les troupes et les milices arrivent trop tard. Maîtres de Saint-Paul, les Anglais se dirigent sur Saint-Denis et y débouchent par la montagne. La défense fut bien vite impossible, et, malgré des actes de bravoure, il fallut céder à la force, à une armée régulière. — Sur la place de la Redoute, à Saint-Denis, deux pyramides ont été construites pour perpétuer les noms des Anglais et des Français morts dans cette circonstance.

Le général des Brulys, désespéré de ce qu'il considérait comme fatal et se sentant impuissant, se donna la mort en laissant cet écrit :

« Je ne veux pas être traître à mon pays, je ne veux pas sacrifier des habitants à la défense inutile d'une île ouverte. D'après les effets que j'entrevois de la haine ou de l'ambition de quelques individus tenant à une secte révolutionnaire, la mort m'attend sur l'échafaud. Je préfère me la donner. Je recommande à la Providence et aux amis sensibles, ma femme et mes enfants. 25 septembre 1809. Des Brulys. »

Le gouverneur général envoya le colonel Sainte-Suzanne pour remplacer des Brulys. C'est donc ce dernier qui fut chargé de la défense et de la capitulation.

Les Anglais avaient envoyé une flotte et des troupes considérables. L'île de France ne tarda pas à succomber et l'Angleterre n'eut plus à redouter ce refuge des corsaires et des vaisseaux de guerre français. Les honneurs militaires furent réservés aux vaincus et leurs biens respectés.

Depuis 1810, Rowley, Keating, Farquarh, commandent dans les deux îles pour l'Angleterre. La population de Bourbon à cette époque était de 16,400 blancs, 3,496 libérés, 70,000 esclaves

CLERGÉ. POPULATION.

Lors de la convocation de l'Assemblée nationale, plusieurs curés y furent envoyés par la population. Le clergé, au milieu d'habitants dont une grande partie était sans instruction, avait nécessairement une grande influence. Du Rocher, préfet apostolique de la Fosse, Rollin, en faisaient partie. De La Fosse, curé de Saint-Leu, fut compromis dans l'affaire de Belleville, il fut exilé aux Seychelles, où il mourut plus tard.

Un missionnaire fait un rapport sur l'esprit religieux de l'île de France et de Bourbon.

Les Indiens y sont nombreux : ils n'ont ni temple ni idole, mais on leur permet de faire publiquement la fête du Jamsé. Les noirs sont en général voleurs, menteurs, paresseux, ivrognes, libertins, amateurs de la danse, insouciants, ignorants, au point qu'il est rare qu'ils sachent Notre Père. La classe des mulâtres est adonnée aux vices. Dans la population blanche, les pauvres et les artisans sont adonnés à l'ivrognerie, au libertinage. Les riches ou ceux qui ont quelqu'instruction sont philosophes, incrédules, ou ne vont à l'église que par cérémonie, par ton. Les spectacles et les bals sont très recherchés. Ce pays a besoin d'une refonte générale. L'homme cependant n'y est pas méchant.

Les habitants de Bourbon sont un peu plus religieux que ceux de l'île de France et les églises un peu mieux fréquentées.

Les prêtres de la Mission étaient bien vieux ou avaient succombé. Le clergé colonial avait besoin d'être renouvelé .

Le gouverneur Bouvet demande des séculiers et le séminaire du Saint-Esprit accepte d'en envoyer. M. Delmotte, vicaire à Saint-Vincent-de-Paul, âgé de 66 ans, accepte d'aller à Bourbon en 1814. Il ne restait plus que quatre prêtres de la Mission. Cambray et Davelu moururent. Ce dernier était dans la colonie depuis 1766. Il a laissé une histoire de la colonie dans laquelle on trouve des notes intéressantes. Il avait été nommé préfet apostolique en 1777, malgré une grande opposition des autorités civiles. La querelle était permanente du reste entre le gouvernement et le préfet sur toutes les questions.

ÉTAT DE LA SOCIÉTÉ COLONIALE VERS LA FIN
DU SIÈCLE DERNIER JUSQU'EN 1815.

Cette société coloniale, si troublée et qui donne lieu à des rapports, à des mémoires si accusateurs et annonçant une existence si malheureuse, avait pourtant d'heureux moments. J'en parle d'après les récits de ceux qui ont vécu à cette époque. L'île de France était relativement plus heureuse que Bourbon. Les corsaires y arrivaient souvent avec des prises très riches et approvisionnaient le pays de toutes choses. La présence d'un de ces navires donnait lieu à des fêtes et à l'expansion de toute la gaieté française. Les bals, les spectacles, les repas, étaient fréquents. A certains moments, l'argent était abondant, et comme le lendemain n'était pas très sûr, on le dépensait sans souci de le conserver. Pour ceux qui ont vécu à cette époque, ç'a été le plus beau temps de leur existence et ils en parlaient avec enthousiasme. A Bourbon la vie était plus modeste, moins abondante en choses de luxe et du dehors. Le vin, par exemple, était très rare et quelques privilégiés seuls pouvaient en boire. On ne s'en amusait pas moins et l'aspect de la société coloniale accusait dans sa simplicité une grande distinction, les manières du monde. Les maisons n'étaient pas luxueuses, mais beaucoup, dans leur simplicité primitive, offraient aux visiteurs les plaisirs de la danse, de la musique et d'une conversation délicate. Le clavecin, la guitare servaient à reproduire les compositions musicales, anciennes et modernes. J'ai connu des femmes âgées de ce temps qui étaient excellentes musiciennes et avaient dans leurs maisons le ton des sociétés raffinées. Les hommes, dont l'aspect physique frappait par la force et les belles formes, avaient presque tous un grand air, une distinction qui semblaient indiquer une origine noble. Ceux qui ont pu voir les derniers débris de cette génération ont été frappés de cette remarquable race d'hommes que les temps modernes ont diminués.

Il y avait bien d'un côté la richesse pour quelques-uns et pour le plus grand nombre la misère, mais une misère qui n'était pas dégradée et que ces heureux climats permettaient de supporter sans trop de souffrance. Et par dessus tout une grande égalité, une grande fierté qui laissaient intacte la partie la plus susceptible de l'orgueil humain.

Les deux îles vont entrer à partir de 1814 dans une vie nouvelle ; l'île de France, hélas ! devenue Maurice, va continuer à grandir sous un drapeau nouveau, quoique restant française de langage, de mœurs.

L'île Bourbon, sous un gouvernement régulier et avec des institutions qui iront en s'améliorant, prendra son plus grand développement et sera la source de grandes fortunes presque toutes transportées en Europe.

Nous allons parcourir cette époque dans les pages suivantes.

Le pays n'avait été qu'agricole, il va devenir industriel par la culture de la canne. Il va en résulter des conséquences nouvelles et une modification profonde en toutes choses.

CHAPITRE X.

Ce fut le général Bouvet-Lozier qui, à la rentrée
de Louis XVIII en France, vint reprendre la possession de l'île Bourbon. Ce commandant y resta jusqu'en 1817. Ce nom était déjà connu dans l'île et fut
bien accueilli des habitants. Son administration eut
des moments difficiles ; il fallut réorganiser un pays
livré depuis plusieurs années à toutes les incerti-
titudes, sans législation fixe, presque sans liens avec
la mère patrie pendant la guerre, ayant subi pendant quelques années un gouvernement étranger et
ayant à se créer une assiette nouvelle. A toutes ces
difficultés inhérentes à cette situation exceptionnelle, Bouvet eut à ajouter les embarras d'une opposition et d'une lutte pénible et passionnée avec
l'administration et la population. Cet état de trouble
et de zizanie semble fatal à l'organisation du pays et
nous la constatons d'une manière presque perma-

nente depuis la formation de la colonie. Bouvet est animé des meilleures intentions et sa correspondance témoigne de ses efforts pour la réorganisation du pays et faire connaître au ministre ses besoins. Il fit le tour de l'île pour se rendre compte de l'état des communes et s'informer de ce qui leur était nécessaire. Il visita avec intérêt la commune de Saint-Joseph, de formation relativement nouvelle et où la culture du girofle et de la muscade se développait. La terre y semblait favorable à ces plantes. Pour en favoriser le développement, il demande à maintenir les concessions qui avaient été faites aux habitants de ce quartier en 1785. La correspondance du commandant pour le roi et du commissaire ordonnateur est très détaillée et s'occupe de tous les besoins du pays.

Depuis surtout que l'Ile-de-France avait passé sous un gouvernement étranger, la nécessité d'un port se faisait de plus en plus sentir. Il demande que des hommes spéciaux soient envoyés pour faire des études et créer un abri pour les navires. A cette époque, c'est Saint-Giles qui est le point le plus désigné.

L'instruction publique était très négligée depuis longtemps ; il fallait un collège pour l'éducation de la jeunesse et des écoles pour toutes les classes de la société coloniale. L'agriculture avait besoin de bras, et en présence d'une industrie nouvelle qui en demandait beaucoup, les habitants réclament de nouveaux esclaves. Cette question est d'autant plus difficile à traiter et à résoudre que la traite va être sévèrement défendue. — Il fallait établir un budget;

quatre habitants et quatre négociants notables sont nommés par le gouverneur pour délibérer sur l'assiette des contributions. On impose les esclaves et des droits sont perçus à l'entrée et à la sortie des marchandises et des produits de la colonie. Pour l'année 1816 les dépenses présumées sont fixées

à........................... 1.280.000 livres.

Les recettes à............ 1.385.455 —

Excédent des recettes..... 105.445 livres,

Maurice avait pris tout d'abord, par son port, une importance et un mouvement commercial considérables. Les navires y affluaient, tandis qu'ils étaient rares à Bourbon. Il en résultait que tout était à meilleur marché à Port-Louis qu'à Saint-Denis. Le vin et les autres marchandises d'Europe y étaient payés beaucoup moins qu'à Bourbon. Il s'établit alors un grand mouvement maritime entre les deux îles. En 1816, vingt-trois bâtiments sont expédiés de Bourbon pour France, et trente-deux de Bourbon pour Maurice. — Parmi ces trente-deux bâtiments, vingt-neuf sont anglais. La colonie, restée si longtemps sans écoulement régulier de ses produits, commence à reprendre un certain courant commercial, et nous allons constater une importation de plus en plus croissante.

Elle exporte, tant de son crû qu'en produits réexportés, de 1815 au 6 avril 1816 :

Sucre...................... 461.616 kilog.

Café...................... 1.687.488 —

Coton....... .... 51.999 —

Cacao..........................	20.172	—
Girofle.....................	166.885	—
Tamarin.	10.323	—
Riz..........................	489	—
Bois d'ébène...............	75.825	—
Indigo......................	39.226	—
Muscade....................	394	—
Poivre réexporté.............	157.775	—
Miel vert...................	166	litres.
Arak........................	50	—

Ce mouvement commercial, qui s'accuse tous les jours davantage, rendait nécessaire la création d'une banque, et elle est demandée avec instances. La monnaie est rare, et les transactions se font avec difficulté. Des statuts sont préparés, et la banque devra fonctionner à partir du 1er janvier 1817, au capital de 800,000 piastres, et devra délivrer des billets de 5, 10, jusqu'à 100 piastres. Comme par le passé, on s'inquiète du trop plein de la population libre, et on pense toujours à Madagascar pour déverser l'excès des habitants. Nous conservions toutes nos prétentions sur la grande île, et des efforts sont faits pour y renouer des relations régulières.

Les Anglais n'admettaient pas les prétentions de la France et envoyaient des agents pour mettre obstacle à nos actes. Nous continuâmes cependant, et nous continuerons encore longtemps, à envoyer dans la grande île des explorateurs, des agents commerciaux ou politiques, pour chercher des alliances avec les chefs du littoral. La longue guerre qui avait duré entre les deux peuples, et qui venait de se terminer à l'avantage de l'Angleterre, avait ranimé les vieilles animosités, qui continueront pendant quelque temps avec aigreur. Les gazettes de Maurice en 1846 publient des articles fréquents, tendant à avilir le caractère français et à prouver qu'il existe dans le royaume de l'inquiétude sur l'état actuel des choses. Ce trouble des esprits et ces haines d'une vieille rivalité dureront plusieurs années, et n'empêcheront pas cependant les relations amicales des deux îles, dont les habitants ont la même origine et conservent le même langage, la même parenté, les mêmes mœurs.

Bouvet avait pour administrateur M. Desbassyns de Richemont, qui était en opposition et en lutte avec lui. Leur correspondance trahit à chaque instant leur animosité, et ils s'accusent réciproquement. Le commandant avait, il est vrai, un pouvoir sans contre-poids, et pouvait souvent errer et obeir à des préventions personnelles ; mais il faut avouer qu'il avait à vaincre de grandes difficultés : appelé à réorganiser un pays qui depuis longtemps n'avait pas de gouvernement stable, au milieu d'une population toujours difficile à gouverner, qui avait beaucoup souffert et qui cherchait une assiette nouvelle et définitive, son rôle devait être très pénible, et sa mission transmise à d'autres, nous le verrons, sera un héritage plein d'ennuis et de soucis.

M. de Richemont, influent à Paris, en opposition avec Bouvet, contribua à son rappel ; il désigna le baron Milius pour lui succéder. Ce fut lui, en effet, qu'on lui envoya comme gouverneur. Avant de parler de cette nouvelle administration, disons quelques mots de l'état de la colonie pendant le gouvernement de Bouvet. L'instruction publique le préoccupa beaucoup, comme son ancêtre au milieu du siècle dernier. Les demoiselles Philibert, sœurs du commandant de la station, fondèrent une institution de jeunes filles à Saint-Denis, et reçurent une gratification mensuelle de 150 francs du gouvernement. Le gouverneur recommanda aussi un collége fondé par M. Gallet, établissement précieux, qui depuis quelques années donne l'instruction à trente ou quarante élèves de la classe élevée.

Bouvet, après les Cent-Jours, eut à lutter contre le parti qui voulait rétablir le drapeau tricolore. Ce fut à son énergie et à sa foi politique que le drapeau blanc dut de rester en place pendant l'interrègne. La population en général, malgré le souvenir des souffrances de la période impériale, était restée bonapartiste. Le marquis de Parny, commandant en second, fait savoir au ministre que l'ordre et le maintien du drapeau blanc sont dus à l'énergie de Bouvet.

M. de Richemont, qui accusait beaucoup Bouvet, se plaignait cependant amèrement des difficultés d'administration de Bourbon. Le marronage était considérable et menaçait d'être, comme par le passé, une des plaies vives du pays. L'impôt se payait difficilement, et les délits pour éviter de les payer étaient fréquents; aussi demanda-t-il au ministre des gendarmes plutôt que des troupes, la colonie ayant à se garantir des ennemis intérieurs plus que de ceux qui pourraient venir de l'extérieur. Il fallait avant tout une bonne police. La culture des plantes à vivre était négligée. Depuis les beaux revenus donnés par la canne et le girofle, toutes les forces se portaient vers ces produits, et on négligeait les plantes nourricières. Les gouverneurs sentirent, il faut le reconnaître, tout d'abord le danger d'un tel abandon, et une ordonnance de Bouvet, contresignée de La Nux, en 1816, oblige les habitants à planter en vivres une partie de leurs terres. Cette ordonnance fut souvent éludée, et l'engouement des produits à beaux revenus l'emporta et modifiera forcément l'économie agricole du pays. En 1816, Maurice eut à souffrir d'un vaste incendie qui détruisit une partie importante de Port-Louis. La perte fut évaluée à 6,000,000 fr. Les preuves de sympathie ne manquèrent pas à Bourbon. A la suite de ce désastre, plusieurs familles mauriciennes vinrent se fixer dans l'île voisine, et y furent accueillies avec des sentiments fraternels.

Bouvet rentra en France en 1817, après avoir à peine ébauché ses projets d'amélioration coloniale. Il fut remplacé provisoirement par de Lafitte de Courteil, qui, aussitôt en fonctions, s'entoura de tous les renseignements qu'il crut utiles de faire connaître au ministre.

Dans un mémoire qu'il lui adresse du 1er septembre 1817 il dit : depuis les ouragans de 1816 et les subséquents, le sol de Bourbon a perdu de sa fertilité. Les caféiers et les girofliers sont presque détruits sans ressources; les terres à grains produisent moins; les maladies et le ver qui s'est attaché au cotonnier ont presque anéanti cette branche de revenus. La culture du sucre à laquelle on commence à s'adonner ne peut se soutenir si le gouvernement

n'apporte des modifications aux lois des successions.
Les établissements de ce genre exigent des dépenses considérables, sont incompatibles avec la subdivision des terres et surtout des esclaves. Il existe dans la colonie une masse de population indigente et paresseuse dénuée de toute propriété. Les individus de cette classe qui ont conservé quelques principes d'honnêteté subsistent des produits de la pêche et de la chasse; mais la majeure partie vit aux dépens des propriétaires ou favorisent le brigandage des esclaves. Un autre fléau de la colonie est cette multitude d'aventuriers cherchant fortune. L'établissement de Madagascar n'offre aucune ressource pour l'excédent de la population, — Il demande aussi avec instance un port ou au moins un barachois pouvant donnner refuge aux caboteurs; c'est de toute nécessité pour le commerce. Le port de Saint-Giles ne semble pas devoir présenter les avantages qu'on s'en promet. Un baraichois à Saint-Denis est préférable.

Il est curieux de voir apparaitre de temps en temps depuis les premières époques de la colonie l'idée que le sol est épuisé. De nos jours on le dit plus que jamais et sans doute avec plus de raison; mais la cause essentielle qui empêcha la végétation de certaines plantations est le plus souvent la maladie et la présence d'un insecte destructeur. Le coton, le café succombent détruits par un ver qui se loge dans la graine et quand nous accusons les habitants d'avoir détruit leurs plantations de café et de coton pour obéir à l'engouement passager d'une autre culture, nous oublions souvent que des causes indépendantes de

leur volonté ont commencé l'œuvre de la destruction
La subdivision des propriétés que nous avons déjà
vue être une cause de trouble dans les familles est
considérée aujourd'hui sous un autre point de vue.

La culture de la canne va changer complètement
l'économie de la colonie, il faudra plus de bras et
une industrie qui demandera de grands capitaux.
Nous allons assister à une période de fortunes nouvelles qui auront leur grandeur et aussi leurs moments de difficultés et de ruines.

Le Baron Milius succède à Lafitte de Courteil qui
n'était resté au gouvernement que peu de temps,
mais assez pour faire connaître les besoins urgents
du pays.

Le nouveau gouverneur arriva en 1818. — Son
administration a été une des plus actives et des plus
prospères; elle dura trois ans et fut féconde en œuvres importantes qui ont laissé longtemps des traces
remarquables. Le nouveau gouverneur ne tarda pas
à éprouver les mêmes ennuis que son prédécesseur;
il eut à lutter contre l'esprit indiscipliné et frondeur
du pays et laisse voir plus d'une fois dans ses lettres
au ministre son découragement. — Malgré toutes
ces difficultés, il se mit de suite à l'œuvre et des ouvrages importants furent commencés. Nous avons
vu que le besoin d'un port ou au moins d'un barachois était urgent. Il en commença l'exécution et la
première pierre du barachois de Saint-Denis fut po-
sée le 27 novembre 1819. Une fête fut donnée à cette
occasion pour consacrer l'œuvre et la joie des habitants. Milius en rend compte au ministre : on y tra-

vaille jour et nuit et tout le monde admire l'ardeur et le succès qui président à cette entreprise.

Un élan considérable est donné au commerce, à la culture et le pays devient de plus en plus prospère. Des routes sont créées ou améliorées. Saint-Denis s'embellit, des arbres sont plantés, les maisons du roi restaurées et peintes. Une de ses lettres au ministre se termine ainsi : après trente années de stagnation et de désordre, la vue de constructions publiques faites à l'avantage de tous est un spectacle nouveau qui électrise les cœurs et fait reporter aux sages vues du ministre et à la bonté du roi les bénédictions d'autant plus sincères qu'un plus long silence les avait précédées. Les habitants ne se croient plus isolés au milieu des mers, les routes s'aplanissent et les pierres du barachois s'enfoncent au fond de la mer, etc.

Ce fut à cette époque que des créoles de Saint-Louis découvrirent les eaux-chaudes de Cilaos au pied du grand étang. Sources abondantes qui devaient donner lieu à une station importante. Les grandes rivières de la colonie ne pouvaient être pontées et on proposa surtout pour la rivière des galets de faire des radiers. Il est bien fâcheux qu'on n'ait pu mettre cette idée à exécution, car les essais qui ont été faits plus tard sur des cours d'eau de peu d'étendue ont eu un grand succès. Le gouverneur fait le tour de l'île, se rend compte de tout et ses rapports au ministre sont d'un grand intérêt. Le 9 décembre 1819 il en envoie un très intéressant : « Les produits sont importants cette année; on compte sur cinq millions de kilogr. de blé qui sera vendu probablement 12 fr. 50 c. les 50 kil. 190, à 200 mille kil. de girofle. Le sucre devient un produit considérable et a donné cette année cinq à six millions de livre qu'on trouve à vendre difficilement 30 fr. les cent livres. Le maïs est peu abondant et se vend 10 à 15 francs, pas de riz. Les habitants depuis la culture de la canne ont une tendance fâcheuse à planter moins de vivres. On espère envoyer à Maurice deux millions de blé. Les relations des deux îles tendent à être de plus en plus actives et le blé de Bourbon est surtout recherché par nos voisins. Les navires malheureusement manqueront bientôt et s'il n'en arrive pas davantage, on sera embarrassé l'année prochaine pour l'expédition des sucres. »

Cette année le choléra se déclara à Maurice et y jeta l'épouvante. Bourbon fut épargné pendant quelque temps, grâce à de grandes precautions, mais nous verrons que l'année suivante le redoutable fléau y arriva.

Depuis la restauration, l'instruction publique préoccupait les commandants et les habitants. Des institutions privées rendaient déjà de grands services, mais on voulait un établissement plus régulier et à base plus large. Le 9 janvier 1817, fut solennellement ouvert le collège de Saint-Denis. Le colonel Mingard, qui s'y était particulièrement intéressé, en fut nommé le directeur. Au début, le collège compta 25 élèves, en mars il y en avait 46. L'institution Gallet, qui avait rendu de grands services, continua à fonctionner à côté du collège royal, il devait subsister encore quelques années avec avantage pour l'instruction élémentaire.

Des sœurs de charité donnèrent l'instruction aux classes pauvres et deux institutions pour les jeunes demoiselles de la société prirent une certaine importance. On le voit, non seulement les travaux publics prenaient un essor nouveau, mais l'instruction si nécessaire à une population qui en avait été privée si longtemps, se développe et vient compléter fructueusement l'organisation de la société créole.

Les grands travaux commencés exigeaient des travailleurs et le gouverneur demande des corvées d'hommes aux habitants. Ceux-ci ne les accordent pas facilement et il y eut une cabale contre le gouverneur dans les quartiers, surtout à Saint-Paul, pour refuser les journées de corvée. Milius s'en plaint amèrement. Heureusement les habitants, en grande partie, reconnaissent les bonnes intentions de l'administration et viennent d'eux-même offrir des travailleurs. Le gouverneur s'en montra touché et les remercia chaleureusement. Cependant l'esprit de lutte et d'indépendance se montra toujours, comme par le passé, et les habitants trouvant que leurs droits n'étaient pas suffisamment sauvegardés, demandèrent à envoyer un député en France. Milius s'y opposa pensant que les coteries du pays rendraient le rôle d'un député difficile et peut-être dangereux.

Un progrès agricole eut lieu à cette époque et il est singulier qu'il n'ait pas eu de suite. Milius annonce au ministre en mars 1819 que des essais de charrue ont été faits dans certaines localités avec un grand succès et demande qu'on en envoie d'autres, il reconnaît que ce serait un grand bienfait si cet usage pouvait se répandre. Malheureusement cet instrument agricole qui aurait pu remplacer les bras qui manquaient, tomba en désuétude et la culture de plus en plus exclusive de la canne rendit nécessaire une préparation du sol toute particulière. Il fut reconnu qu'il fallait un trou profond et à parois dures pour maintenir le pied de la canne.

L'agriculture et le commerce se développent d'une manière remarquable et avec une progression inaccoutumée. La fortune publique s'accroît d'une manière très sensible ; la colonie est très florissante et ses produits arrivent à un chiffre exceptionnel. Dans une lettre du 28 octobre 1820, le commandant en donne l'évaluation :

Girofle, 500,000 kilgr., à 5 fr. le kilog......................	2,500,000 fr.
Sucre, 3,500,000 kilogr.. à 60 fr. les cent kilogr.............	2,100,000
Café, 40,000 balles, à 115 fr. les 50 kilogr................	4,600,000

Revenu présumé pour 1821.

Girofle.....................	900,000
Sucre.......................	2,400,000
Café	4,600,000
Coton, blé, maïs, etc.........	1,400,000

Le girofle est calculé, devant moins produire parce qu'on a observé qu'à une récolte abondante succédait toujours une récolte moindre.

Toutes les lettres du commandant Milius au ministre, confirment les grands progrès du commerce et de l'agriculture et en donnent la preuve à l'appui. Ses conseils aux habitants sont empreints d'une grande sagesse. Il ne cesse de les arrêter dans leurs idées de déboisement pour arriver à cultiver la canne presque exclusivement et aux dépens des plantes à vivre. Le trop plein de la population le préoccupe souvent et Madagascar est toujours la terre vers laquelle se fixent les espérances d'une colonisation puissante. Mais nos tentatives ne sont pas plus heureuses que par le passé et Milius, reconnaît que le principal obstacle à un établissement sérieux à Madagascar est dans la conduite tres répréhensible des habitants qui donnent, sous tous les rapports, le plus mauvais exemple aux naturels. C'était sans doute un obstacle, mais le plus grand était dans le pays lui-même.

L'augmentation des revenus, la richesse qui se développe de plus en plus, la Société coloniale qui s'organise d'une manière remarquable n'empêchent pas les mécontents, les plaintes, les accusations, les placards, les chansons, les libelles, pleuvent contre le commandant. Les habitants se plaignent et désirent mieux. Cependant des chiffres éloquents viennent prouver que les choses vont bien. L'exportation de 1820 dépasse de 2,636,000 fr. celle de 1819. On aurait voulu davantage.

La santé de Milius était altérée; il était aussi dégoûté du peu de justice qu'une partie des habitants rendait à son zèle. Aussi demanda-t-il au ministre, en juin 1820, de rentrer en France. Il repousse les calomnies qui pourraient être dites contre lui, ses actes répondant avantageusement de sa conduite; il termine en réclamant pour le remplacer un ange envoyé du ciel, seul capable de gouverner un peuple aussi indocile. Ce commandant si actif, si bien intentionné, se dégoûta malheureusement trop tôt de son administration. Les traces qu'il a laissées de son trop court passage à Bourbon, font regretter tout ce qu'il aurait pu faire en y restant davantage. Mais le pays était entré dans une voie nouvelle et fructueuse; la prospérité continua encore à s'accroître pendant quelques années sans interruption.

Ce fut sous M. Milius que fut commencé le canal de dérivation de la rivière Saint-Etienne qui devait conduire l'eau à Saint-Pierre, et féconder les riches terres de ce quartier. Trois habitants, Frappier de Montbenoit, Aug. Motais et Ch. Houarau, ont été les promoteurs de ce grand travail (1).

En octobre 1821, il envoya au ministre un mémoire qui représente divers renseignements utiles sur l'île Bourbon. C'est un tableau de toutes les communes qui donne une idée exacte de la population, des produits et de la valeur du pays.

Ce tableau de Milius est très instructif et consolant pour le pays. On y voit que l'agriculture à cette époque n'était pas sans souffrir beaucoup des ennemis que nous constatons aujourd'hui. La sécheresse diminuait alors comme de nos jours souvent, les revenus

(1) M. Marin, maire de Saint-Pierre, a consacré par un marbre qui se trouve à l'Hôtel-de-Ville ce fait si important pour la richesse du pays et qui a été sous tous les rapports un grand bienfait.

d'une grande partie de l'île. Nous constatons la transformation agricole qui s'opère par la culture de la canne. La richesse publique se déplace et nous ne tarderons pas à voir la balance pencher du côté opposé où elle était la plus forte.

L'île est évaluée en meubles et immeubles à la somme de 116,000,000 de fr.

Saint-Denis, de 1819 à 1820, a fourni à l'exportation : 450,000 kil. de sucre, 10,000 kil. de café, 300,000 kil. de girofle, 1,300 kil. de coton.

A la consommation : 75,000 litres d'arak. — 9,709 habitants, dont 6,648 esclaves.

SAINT-PAUL.

15,186 habitants, dont 11,315 esclaves. — Valeur des produits en 1820 : 1,214,000 fr. Quartier le plus populeux de la colonie. Tout y abonde : racine, gibier, poisson, bestiaux ; 2,310,500 goulettes de terrains ont fourni cette année à la consommation et à l'exportation : 2,050,000 kil. de sucre, 10,000 veltes d'arak, — 210,000 kil. de café, peu de girofle, 20,000 kil. de coton, 5,170,000 kil. de grains nourriciers, 500,000 kil. de racines alimentaires, 123,000 kil. de légumes de toute espèce. Ce quartier peut être appelé à juste titre le père nourricier de la colonie, et c'est à Saint-Denis que s'écoule le superflu de sa consommation. On y élève une grande quantité de volailles, cochons, cabris, et Saint-Denis serait à plaindre si Saint-Paul ne fournissait abondamment à ses besoins de tout genre.

SAINT-LEU.

Résultat des valeurs appréciées de toutes les productions territoriales du quartier Saint-Leu, année 1820 : 4,520,125 fr. — Population : 5,525, dont 4,917 esclaves.

Ce qu'il y a de frappant dans le quartier Saint-Leu, c'est le petit nombre de blancs qui l'habite comparé aux esclaves qui exploitent la terre ; c'est aussi dans ce quartier que les idées d'indépendance germent dans la tête des esclaves sur lesquels on n'exerce pas une surveillance suffisante. La famille des Hibon, une des plus riches de la colonie, y possède des propriétés immenses, et récolte annuellement beaucoup de café, le meilleur de l'île après celui de la ravine à Marquès si justement vanté. Ces propriétaires n'habitent pas sur les habitations, et ont leurs maisons à Saint-Paul, et ne visitent leurs domaines qu'à la saison des récoltes. Ils ont trouvé, parmi les habitants, beaucoup d'imitateurs, et c'est peut-être à cet éloignement qu'on doit attribuer les désordres dont ce quartier offre plusieurs exemples.

La culture de Saint-Leu consiste principalement en café et en grains nourriciers ; sur près de 600,000 gaulettes de terre cultivées, il y en a 135,000 plantées en café et 400,000 en blé, maïs. — Le reste est abandonné à des essais de canne à sucre, qui n'ont pas réussi par les sécheresses qui désolent la partie sous le vent de l'île. On manque à Saint-Leu d'eau potable pour les usages les plus communs de la vie, aussi les bestiaux y sont-ils rares.

On a tiré de ce quartier 600,000 kil. de café et plus de 1,300,000 kil. de maïs, blé ; le riz n'y peut venir, mais je pense que le coton y réussirait à merveille.

SAINT-LOUIS.

Valeur des produits en 1820 : 202,025 fr. — 6,931 habitants, dont 4,121 esclaves.

Le quartier Saint-Louis, un des plus jolis de la colonie et que je compare au pays de la Beausse par la fertilité de son sol et l'utilité de ses cultures, est en même temps un des plus peuplés et des plus pauvres de l'île. Les habitants de ce quartier sont généralement bons cultivateurs, et ont des mœurs aussi douces que simples. Sur près de 2,000,000 de gaulettes de terrain mises en culture, plus de 1,500,000 sont propres à être sillonnées par la charrue, et à produire une quantité immense de blé, de maïs, de riz.

Les sécheresses de 1820 ont dévoré toutes les récoltes, les oiseaux granivores ont enlevé au cultivateur jusqu'au grain qui avait échappé à l'ardeur brûlante du soleil, et sur lequel le laboureur comptait pour ensemencer ses terres. Cet état de désolation a mérité toute notre sollicitude ; j'ai été en personne visiter leurs champs desséchés, et je leur ai accordé le dégrèvement de leurs impositions arriérées, avec un secours de vivres en nature pour les aider à attendre le retour de la récolte prochaine. Une chose digne de remarque concernant le quartier Saint-Louis, c'est qu'il paie autant d'imposition que les

quartiers les plus riches, et cependant il est facile de se convaincre par le présent tableau que
son revenu ne s'élevait pas au delà de 200 à
300,000 fr., tandis que Sainte-Marie, Saint-André,
Sainte-Suzane dont les revenus s'élèvent à 2,500,000
francs, ne paient comme Saint-Louis que 20 à
22,000 fr. d'impôts.

Est-il juste que des terres qui ne produisent que
des grains nourriciers, d'une valeur médiocre, paient
autant que celles qui récompensent le cultivateur
par de belles récoltes? Cela n'aurait pas lieu si les
terres dans les colonies étaient taxées comme en
France en proportion de leurs produits. Ici, c'est
l'instrument qui est imposé au lieu du sol, et c'est ce
qui fait que les malheureux habitants de Saint-Louis
sont accablés sous le poids d'un impôt dont il est
juste et politique de les dégréver en grande partie.

SAINT-PIERRE.

9,437 habitants, dont 7,027 esclaves.
Revenu en 1820 : 1,302,185 fr.
Le Bidan, un des riches habitants du quartier, est
parvenu à recruter ses noirs parmi ses propres esclaves, en favorisant les unions des deux sexes. Le
quartier Saint-Pierre deviendra un des plus produc-
tifs de la colonie, mais dans l'état actuel des choses,
le défaut d'eau et la rareté des pluies nuisent singulièrement à l'élan donné à l'agriculture. La canne
n'a donné jusqu'à présent que de minimes résultats,
quoiqu'on ait porté à cette branche d'industrie tous

les soins possibles. Sur 1,250,000 gaulettes de terres cultivées, 94,500 ont été plantées en cannes et n'ont donné à la gaulette que deux kilogrammes ; mais l'habitant a été dédommagé par la récolte de café, qui a fourni à l'exportation 300,000 kilos. — Plus de 1,136,000 gaulettes ont été ensemencées en blé, riz, maïs, mais les sécheresses qui ont désolé Saint-Louis y ont fait sentir aussi leur funeste influence. Je pense que les habitants qui se livrent exclusivement à la culture des céréales ne devraient payer que la moitié des impôts et être dispensés de l'arriéré pour les dédommager des pertes qu'ils ont éprouvées et comme moyen d'encouragement pour l'avenir.

SAINT-JOSEPH.

4,184 habitants, dont 3,335 esclaves.

Le quartier Saint-Joseph, comme un enfant qui vient de naître, réclame tous les soins du gouvernement paternel. Il paie 12,374 livres d'impôt, et ses revenus ne s'élèvent qu'à 300 ou 350,000 livres. Le défaut de routes, le voisinage du volcan, l'industrie des habitants, leur soumission, leur douceur méritent des égards et des encouragements. Ce serait un grand bienfait de les dégréver en totalité des impositions arriérées et de ne leur faire payer que 2 fr. 50 par tête d'esclave. 1,200,080 gaulettes de superficie offrent toutes les variétés de culture : canne, café, girofle, blé, riz, maïs, jardinage. Le vesou se convertit en arak, et il en a été fabriqué, en 1820, 10,000 veltes. On y a récolté 100,000 kilogrammes de café.

SAINTE-ROSE.

2,162 habitants, dont 1,500 esclaves.

363,965 livres de revenu.

Il s'y fait des défrichements journellement, les terres y sont propres à la culture du girofle, la canne y vient bien aussi. — Les récoltes de 1820 ont fourni 1,180,000 kil. de sucre, 16,000 kil. de café, 40,000 kil. girofle, 3,640 veltes arak, 400,000 kilos maïs, 24,000 kil. riz ; beaucoup de racines alimentaires.

Ce quartier marche vers un accroissement de prospérité qui se fera remarquer sous peu. Dans ce moment il est pauvre et aurait besoin d'encouragement.

SAINT-BENOIT.

8,787 habitants, dont 6,396 esclaves.

1,991,400 livres de revenu.

Le quartier de Saint-Benoît est le plus riche de la colonie, à cause de ses nombreuses plantations de girofle ; ses revenus se sont élevés en 1820 à près de 2,000,000 ; son sol est très productif quoique sa superficie soit pleine de roches et de gros galets, mais il est arrosé par des pluies fréquentes qui donnent du ton et de la vigueur à ses cultures. La principale est le giroflier. La récolte de 1820 a fourni 250,000 kilos, ce qui égale 1,250,000 fr. de revenu. — Il y a de cultivé 2,000,000 de gaulettes de terre, dont 130,000 en sucre, 100,000 en café, 60,000 en girofle,

12,000 en blé, 30,000 en blé, 640,000 en maïs, 15,000 en manioc, 600,000 en pommes de terre; le reste en jardinage. — On ne peut parler du quartier Saint-Benoît sans faire mention de la famille Hubert, la plus respectable de la colonie. L'aîné des frères a fait construire à ses frais un pont sur la rivière des Marsouins. Joseph Hubert a propagé la culture du girofle qui aujourd'hui fait la richesse de l'île. C'est le père de l'agriculture et l'appui de tous les malheureux.

SAINTE-MARIE.

4,532 habitants, dont 3,727 esclaves.

1,435,700 fr. de revenu.

Sainte-Marie, plus rapprochée du chef-lieu que les autres quartiers, renferme dans son sein des habitants inquiets, jaloux des succès d'autrui. Parmi eux se trouvent d'excellents cultivateurs. MM. Ch. Desbassyns et Testard méritent d'occuper le premier rang. Les revenus qu'ils font sont incroyables. Le premier récolte en 1820 : 350,000 kilos de sucre, 800 à 900 balles de café et des vivres en quantité. M. Gillot l'Etang, absorbe annuellement dans ses coffres les produits de 1,000 balles de café, qu'il ne vend jamais au-dessous de 25 piastres et toujours au-dessus du cours de la place. Cet homme est le plus riche capitaliste de la colonie; on estime sa fortune à plus d'un million de piastres. Il ne paie cependant que 1,005 fr. d'impôt, et il se plaint que ses charges sont insupportables. — Superficie :

2,127,000 gaulettes cultivées. — En 1820, la récolte
de sucre a été d'environ 1,000,000 kil.; 24,000 veltes
d'arak; 250,000 kil. café; 6,000 kil. girofle; cacao,
bois à brûler, planches; 1,500,000 kil. maïs, manioc, patates, légumes. Si les pluies deviennent
moins rares, ce quartier augmentera ses produits. —
Sainte-Marie, Sainte-Suzanne, Saint-André et Sainte-
Rose sont les quartiers les plus riches de l'île.

SAINT-ANDRÉ.

5,393 habitants dont 3,797 esclaves. 1,656,025 fr
de revenu.

On voit s'élever tous les jours dans ce quartier des
sucreries. Son terrain paraît propre à la culture de la
canne. On estime qu'une gaulette plantée de ce roseau
doit donner dix kilos de sucre. C'est dans ce quartier
et celui de Saint-Benoît qu'on rencontre le plus de
ces familles créoles qui vivent aux dépens des riches
en leur dérobant une partie de leurs revenus. — On
ne se fait pas une idée de l'horreur que cette partie
de la population a pour le travail. A les entendre il
semble qu'il est l'apanage de l'esclavage et qu'un
homme par la seule raison qu'il est libre ne doit rien
faire. Les habitants redoutent beaucoup ces petits
créoles qu'ils considèrent comme une vermine dévorante dont la multiplicité menace leurs propriétés.
Mais comment faire pour purger la colonie de ces
familles indigentes. Ne doit-on pas respecter la
liberté individuelle. — 1,300,000 gaulettes de terre
sont consacrées à la culture. En 1820 ce quartier a

produit 846,000 kil. de sucre, 173,000 kil. café, 99,000 kil. girofle, 13,500 kil. thé, 68,500 kil. riz, 440,000 kil. maïs, racines, légumes. La richesse de ce quartier est en progression croissante. C'est à son confin que sera construit le pont Poivre sur la rivière du Mât.

SAINTE-SUZANNE.

5,248 habitants, dont 4,014 esclaves 1,645,600 fr. de revenus.

Le quartier Sainte-Suzanne réunit toutes les beautés réelles à la coquetterie de la nature ; c'est un jardin délicieux où croissent toutes les productions de l'île. Son sol est un des plus riches et des plus variés. La campagne offre des rivières qui en descendent en cascades des montagnes, serpentent dans la plaine et fertilisent par leurs eaux calmes et limoneuses toutes les terres qui se trouvent sur leur passage. Une infinité de sources couronnées par des palmiers et des bananiers viennent donner la vie à ce charmant quartier, auquel on ne peut rien comparer. C'est aussi dans cette partie de l'île qu'habitent les plus habiles cultivateurs. Le nom de Bellier Monrose, Joseph Desbassyns, les Bedier, Lepervanche, de Launay, les Fréon, Abadie, Brun, Desrabine, Diomat, Léon méritent de trouver place ici.

La canne a fourni en 1820 : 1,400,000 kil. de sucre 20,000 veltes arack, 95,000 kil. café, 50,000 kil. girofle, muscade, cacao, légumes, etc.

Population générale : 21,197 blancs ou libres, 55,198 esclaves. Les esclaves sont évalués à

55,982,000 francs. Les maisons à 7,730,000 francs.
Les revenus de 1820 sont évalués à 13,401,845 fr.
Quartiers du vent, 8,812,185 fr. — Quartier sous le
vent, 4,583,660 fr. — Impôts, 431,324 fr.

Valeur des maisons et esclaves. . . . . 63,713,443 fr.
Des moyens de culture et d'exploi-
    tation. 5,000,000
Immeubles non évalués. 11,286,557
17,250,000 gaulettes cultivées esti-
    mées à 2 fr. la gaulette. 34,250,000

DE FREYCINET.

De Freycinet succède à Milius. Ce gouverneur
continue les grands travaux commencés par son
prédécesseur et la colonie marche toujours dans une
voie de plus en plus prospère. Le barachois s'achève.
Le collège royal prend un développement marqué et
des professeurs venus d'Europe donnent aux études
uu degré de force remarquable. En 1822 a lieu une
distribution de prix présidée par le colonel Mingard.
Le collège de M. Galet est érigé en succursale du
collège royal. Les institutions de demoiselles sont
subventionnées. Un fait remarquable et particulier
à cette colonie, c'est l'importance qu'on donne à
l'instruction publique en même temps qu'on se
préoccupe de l'industrie, de l'agriculture. Ce collège
est destiné à former des élvées distingués qui devien-
dront eux-mêmes d'excellents professeurs.

En août 1821 le nouveau gouverneur fait un voyage
autour de l'île et constate l'état de plus en plus pros-

père de la colonie. L'esprit des habitants est excellent ; la règle est déjà plus acceptée que par le passé et le gouverneur ne se plaint pas des attaques qui ont tant blessé son prédécesseur. A Saint-Pierre il assiste à l'inauguration de la saline créée par MM. Frappier. Une fête est donnée à cette occasion ; un repas, des réjouissances ont lieu à la saline près du bord de la mer et le curé Vivenot bénit l'établissement.

On apprend en octobre 1821 la mort de *Buonaparte*, cette mort annoncée officiellement n'a produit aucune sensation dans la colonie. Le gouverneur l'annonce ainsi et il semblerait que cette population si enthousiaste pour la gloire de Napoléon l'ait oubliée dans ce moment.

Nous avons vu le choléra à Maurice l'année précédente; il se manifeste à Bourbon en 1821. Les habitants s'enfuient dans les régions élevées. Cette épidémie ne fit pas beaucoup de victimes et se termina bientôt. Une population peu agglomérée, un air excessivement sain étaient des conditions peu favorables aux grandes épidémies. En 1822 on constate dans le pays une nouvelle maladie. On ne savait pas trop ce qu'elle était ; on crut d'abord à la continuation du choléra, mais les rapports des médecins la caractérisent différemment et d'une manière précise. — Dans le rapport médical daté de Saint-Paul, 1822, et que le gouverneur envoie au ministre, cette maladie épidémique est décrite comme un typhus nerveux avec vomissements bilieux, diarrhée bilieuse qui se terminent souvent par des vomissements noirs. Il en conclut que ce ne sont pas les caractères du choléra. Le nom de typhus reste seul. Ces symptômes sont plutôt ceux de la fièvre jaune ou de la rémittente bilieuse que nous avons vue dans ces dernières années.

Ce sont les caractères de la fièvre importée par *Eastern empire*. La population aussi effrayée que pour le choléra s'enfuit dans les montagnes. L'épipémie heureusement ne fut pas de longue durée.

Un comité consultatif d'agriculture et de commerce fut institué et organisé. — Peu à peu les institutions du pays prennent une assiette plus régulière et en rapport avec ses progrès en tout genre.

En 1821, les exportations de la colonie dépassent les importations. La balance en faveur de la colonie s'établit et va grandissant (1).

Extrait d'un grand mémoire sur l'état général de la colonie en 1821 :

Importation................ 6,006,279 fr.
Réexporté 2,148,230

Reste pour la consommation de l'île.......................... 3,861,945 fr.
Exportation................ 10,557,662 fr.
y compris la valeur des objets réex-

(1) M. de Freycinet à son arrivée à Bourbon retrouva la famille d'un créole qui dans le combat naval où il perdit le bras le dégagea et lui porta secours. Ce créole nommé Techer était mort, mais sa veuve existait et était malheureuse. Le gouverneur vint au secours de sa famille.

portés......................... 2,148,103

Reste .... 8,409,431 fr.
Importation................ 3,561,945

Balance en faveur de la colonie.   4,847,486 fr.

ADMINISTRATION INTÉRIEURE. — JURIDICTION COLONIALE.

La colonie avait eu jusqu'à présent une administration spéciale et presque sans contrôle. Un gouverneur pour le roi, un ordonnateur, un commandant militaire et un conseil supérieur dont faisaient
partie le gouverneur et ses subordonnés. — Le conseil supérieur et la juridiction royale dès 1847 furent
remplacés par une cour royale et un tribunal de première instance Une ordonnance du 5 janvier 1817
supprima la traite des noirs. La traite malgré cela se
continua encore clandestine, mais non sans danger
pour ceux qui se livraient à ce commerce illicite. —
Dès cette époque on peut dire que l'esclavage est
miné dans sa base.

En 1825, le comité consultatif des colonies est
remplacé par un conseil général composé de douze
membres nommés par la couronne sur une liste
double de candidats présentés par les conseils municipaux de la colonie. Les institutions européennes
sont introduites dans le pays avec les modifications
nécessaires à sa position exceptionnelle. Le gouverneur n'est plus tout puissant et sans contrôle ; les intérêts de chaque quartier et les intérêts généraux

sont représentés. Après la révolution de 1830, il y eut égalité civile pour tous les hommes libres, blancs ou mulâtres. Les libertés politiques augmentent peu à peu et suivent le cours des événements de la métropole. En 1837 le conseil colonial eut des attributions plus étendues et fut composé de trente membres. — En 1834 le principe électif fut appliqué à la formation des conseils municipaux. — En 1845, les idées d'émancipation prenant faveur en France, on prélude à la grande réforme par la loi du patronage des noirs. Les procureurs du roi étaient chargés de faire des visites régulières sur les habitations et de veiller à la protection et aux intérêts des esclaves.— La révolution de 1848 amena la solution brusque de la question, et il aurait pu en résulter de graves abus si nous n'avions eu à Bourbon un commissaire dont l'esprit sage et mesuré contribua beaucoup à maintenir l'ordre et sauvegarder les intérêts de tous. Le nom de Sarda-Gariga restera comme un de ceux que la colonie devra entourer d'un souvenir reconnaissant. — Il trouva, il faut le reconnaître, une population de mœurs douces qui par son caractère en général, chez les esclaves comme chez les maîtres, devait rendre cette transformation sans grand danger.

En 1848, des députés remplacent les délégués de la colonie et le droit d'électeur fut donné à tout habitant né dans l'île ou naturalisé Français. — Soixante mille esclaves furent rendus à la liberté, et chose inconcevable et qui témoigne de l'exagération folle de cette époque : ces hommes de toute provenance passèrent immédiatement de l'esclavage à la liberté complète et eurent des droits de citoyens. — On les appela du reste citoyens et longtemps ils ne furent désignés même entre eux que sous ce titre qu'ils ne comprenaient guère.

Statistique coloniale, notes extraites du ministère de la marine qui donnent une idée du progrès de la colonie de 1818 à 1836 :

1818. Importation de la colonie en France :
3,029,325 fr.

Exportation de France dans la colonie :
5,125,207 fr. — Ensemble : 8,144,532 fr.
1836. De la colonie en France :
16,104,932 fr.
De France dans la colonie :
7,569,304 fr. — Ensemble : 23,703,301 fr.
Augmentation de la colonie en
France.......... 13,104,932 fr.
— de France dans la
colonie.......... 2,453,837
Ensemble... 15,558,769 fr.

Principales exportations de la colonie :

1818. Sucre : 731,168 kil.; café : 1,242,508 kil.; cacao : 17,480 kil.; girofle : 40,000 kil.; coton : 14,498 kil.
1836. Sucre : 18,359,500 kil.; café : 1,253,649 kil.; cacao : 6,309 kil.; girofle : 493,328 kil.; coton : 0.

Ces chiffres indiquent suffisamment la grande progression du sucre et du girofle. Le coton a disparu, le cacao diminue. Le blé n'est plus exporté tant on en récolte peu.

Cette progression sucrière atteindra son maximum en 1860. Moment de grande prospérité apparente qui sera bientôt suivi d'une liquidation générale qui s'accomplira d'année en année. Des chiffres en donneront une idée.

Valeur, estimation des terres en 1862 :

244,000,000, chiffre rond. 1871, valeur, estimation, 143,000,000.

Plus loin nous donnons la statistique détaillée, prise au ministère de la marine.

L'émancipation en réalisant une quarantaine de millions de francs payés par l'Etat pour le rachat des esclaves, donna un élan énorme et exagéré à la culture de la canne. La traite, supprimée depuis longtemps, les bras étaient devenus rares. Après l'émancipation, l'argent provenant des esclaves libérés est en grande partie transformé en achats d'immigrants qui arrivent en grand nombre de l'Inde. Des terres nouvelles sont mises en culture, les sommets de l'île sont traversés par des rou'es, et l'industrie sucrière prend un essor nouveau. La prospérité semble doublée et la fortune publique et privée atteint un chiffre inespéré. Mais les conséquences fâcheuses de cette exagération ne tardèrent pas à se faire sentir. Des terres impropres à la culture de la canne furent travaillées onéreusement. La dette s'accrut dans des proportions énormes, l'économie générale du pays fut changée, le climat, modifié par les grands défrichements, les sommets dénudés, les cours d'eau diminués. Les fâcheuses conséquences qui s'ensuivirent fatalement, amenèrent la ruine du plus grand nombre. Nous avons vu dans le cours de l'histoire de Bourbon des phases qui rappellent l'état actuel, mais jamais aussi prolongées, et sans un élément nouveau qui a fait du pays renommé le plus sain de la terre un foyer de fièvre rivalisant avec Madagascar et la côte d'Afrique. Les épices, le café, le coton, le blé, le girofle ont eu leur période de succès et ont toujours été remplacés par une culture nouvelle et productive. La canne, qui entraîne avec elle une industrie coûteuse et un besoin considérable de travailleurs, d'animaux de trait, est-elle destinée à disparaître pour faire place à une autre culture rémunératrice? C'est ce que l'avenir dira. Lorsque la nature aura repris ses droits sur ce beau pays, cette végétation luxuriante, ce sol toujours si riche, reprendront leur nature primitive et privilégiée. Tout y est venu avec abondance et de qualité supérieure pendant longtemps. Et l'homme y vivait heureux, satisfaisant, même dans la pauvreté, ses principaux besoins. Ces beaux jours reviendront-ils ; il faut l'espérer et j'y crois ; mais des années sont nécessaires pour atteindre ce résultat et recouvrer le passé.

Les notes prises dans la statistique des colonies françaises, et que je donnerai, en diront plus que les raisonnements pour peindre la vie industrielle de la colonie. Toute son histoire surtout dans ces dernières années est dans l'industrie sucrière. — Les idées, les institutions pour lesquelles nous avons eu souvent des débats qui ont suivi les phases de ceux de la France ne sont qu'à la surface. A la distance où nous sommes et dans notre condition sociale nous subissons toujours forcément le contre-coup des événements politiques de la mère patrie. — Pour la Réunion comme pour toutes les colonies françaises, si petites, si peu importantes par elles-mêmes, l'essentiel est de produire dans des conditions normales, avantageuses. — C'est là le vrai point de vue et ce devrait être le seul mobile de nos discussions.

Nous sommes arrivés à un progrès social remarquable ; l'instruction est répandue dans la classe aisée, notre colonie a un degré de civilisation remarquable. Il nous faudrait la fièvre en moins pour supporter les mauvais jours et attendre l'époque heureuse, et qui arrivera, je l'espère, de la juste pondération de nos revenus et de nos dépenses ; que de fois les administrateurs n'ont pas écrit au ministre que notre situation était désespérée, que la population était exubérante, que le sol ne pouvait plus la nourrir. — Les beaux jours sont revenus cependant et la population a continué à s'accroître. Espérons donc.

La question du travail a aussi et surtout une sérieuse importance. La côte d'Afrique nous est interdite pour y aller chercher des travailleurs. L'Inde seule nous est ouverte avec le bon plaisir de l'Angleterre et aussi avec son contrôle qui s'exerce magistralement chez nous et au-dessus de notre gouvernement. C'est une situation pénible, difficile, onéreuse contre laquelle il faudrait chercher à réagir surtout en constituant une population agricole stable. L'industrie, l'agriculture ont une économie nouvelle à prendre et les hommes intelligents et de bonne volonté devront y travailler activement.

STATISTIQUE DES COLONIES.

1862.	Réunion. — Valeur des terres en culture..............	182,139,321
—	Bâtiments, matériel d'exploitation.....................	43,600,575
—	Animaux de trait, bétail.....	17,094,192
	— En somme....	248,834,685
—	Martinique. — En somme....	78,141,800
—	Guadeloupe	81.790,927
1863.	Réunion. — Valeur générale..	244,373,719
—	Martinique. — ..	82,807,300
—	Guadeloupe. — ..	80,000,000
1864.	Réunion. — ..	228,914,000
—	Martinique. — ..	80,000,000
—	Guadeloupe. — ..	97,439,000
1865.	Réunion. — ..	220,109,000
1866.	— — ..	195,865,009
1867.	— — ..	133,720,000
1868.	— — ..	150,900,000
1870.	— — ..	154,000,000
1871.	— — ..	143,523,000

Ces chiffres disent assez la déchéance de la propriété foncière dans la colonie. De 114,000,000 sous Milius en 1818, elle s'élève à 248,000,000 en 1862, pour tomber à 143,000,000 en 1871.

Après l'émancipation, il y a une progression exa-

gérée et factice dans le prix des terres ; il semblait
que la colonie allait entrer dans une ère nouvelle et,
avec les défrichements projetés, les plaines de l'intérieur cultivées, on arrivait à admettre que les produits de la colonie allaient facilement doubler et tri-
pler. C'était un ballon que chacun se plaisait à gon-
fler et que la moindre piqûre devait affaisser, pour
arriver presque aux proportions de 1818 à 1820. Les
illusions qui nous ont entraînés ont été partagées par
tous, et nos voisins de Maurice les ont subies comme
nous. Eux aussi ont cultivé la canne à outrance et
sont arrivés à peu près aux mêmes résultats, avec
cette différence en leur faveur, c'est que leurs forêts
n'abritaient pas des montagnes à pentes abruptes,
mais de véritables plateaux qui ont pu supporter la
culture de la canne avec des engrais nouveaux. De
1850 à 1860, l'île Bourbon a eu une période de richesses et de bien-être inconnue jusque-là. Quelle
vie luxueuse, grandiose, brillante ! Ceux qui se rappellent cette époque ne reconnaissent plus les temps
actuels, qui en sont la contre-partie. Nous sommes dans une nouvelle phase qui demanderait une
économie sociale et industrielle toute différente. Ce
n'est pas ici le lieu d'en parler. Le port, le chemin
de fer en construction amèneront forcément un
mode nouveau en toutes choses, et alors il en sortira,
j'en suis convaincu, une ère de prospérité.

*Etude comparative de Bourbon et des colonies
d'Amérique.*

1854.	Martinique. —	Mortalité	....	3,30	0/0
—	Guadeloupe.	—	....	2,82	»
—	Guyane française.	—	....	3,89	»
—	Réunion.	—	....	3,29	»
1862.	Martinique.	—	....	3,73	»
—	Guadeloupe.	—	....	2,89	»
—	Guyane française.	—	....	2,38	»
—	Réunion.	—	....	3,48	»

A la Réunion, depuis l'immigràtion indienne, il y
a une augmentation de décès marquée. Il arrive
beaucoup plus d'hommes qu'aux Antilles, et souvent
dans un état misérable. En 1863, l'excédent des décès sur les naissances est de 1,953
De 1854 à 1858, l'excédant égale 3,340
De 1859 à 1863,   —   4,572

A la Martinique et à la Guadeloupe il y a pendant
la même période excédent de naissances. En 1864, à
la Réunion, excédent de décès, 469. Cet excédent n'a
pas cessé depuis cette époque jusqu'en 1871. De 1864
à 1867. = 1,877. — 1868. = 186. — 1869. = 44.
— 1871. = 908.

Le commerce général et la valeur des propriétés
restent à peu près au même chiffre dans les Antilles,
tandis qu'à la Réunion, après avoir pris des proportions considérables, nous arrivons à un chiffre très
inférieur. Ainsi, en 1862, le commerce général de la
Réunion s'élève à 100,221,500 fr., tandis que la Mar-

tinique et la Guadeloupe réunies n'atteignent que le chiffre de 80,000,000 de francs.

Réunion. — Exportation de France pour la colonie.................. — 25,602,358
Importation en France .... + 46,782,045
Importation des colonies et pêcheries françaises .... — 3,859,225
Exportation de denrées de la colonie ou d'importation........... + 616,417
Importation en marchandises étrangères .... — 19,959,594
Exportation de denrées de la colonie ou d'importation........... + 3,208,000
—————
100,221,506

Aux Antilles, les importations et les exportations se balancent à peu près, tandis qu'à la Réunion, à mesure que les produits augmentent, l'importation les dépasse de beaucoup. Cela explique les ruines et le manque d'équilibre depuis 1863.

En 1866. La valeur générale de toutes choses tombe à 195,865,242, — le commerce général à 56,000,000 rond. — En 1869, à 44,975,888.

Les importations et les exportations se balancent à peu près, après avoir été en faveur de l'importation.

En 1865. Importation....... 28,000,000 rond.
— Exportation....... 24,000,000 »

*Tableau récapitulatif du commerce de Bourbon
avec la France, de 1821 à 1836.*

Moyenne annuelle de 16 années :

Importation de la colonie en France...	10,433,608
Exportation de France dans la colonie.	7,447,135
	17,880,743
Commerce général : moyenne de douze années......................	22,373,039

Depuis 1815, le mouvement ascendant du commerce de la Réunion est indiqué par ces chiffres : — 1815 : 5,145,000 fr. ; — 1861 : 87,081,914. Pendant cette dernière année, l'importation s'est élevée à 52,791,134 fr., et l'exportation à 34,290,780. La disproportion est grande et continue en s'amoindrissant ; elle explique la dette énorme qui s'accumule depuis plussieurs années.

En 1834, le numéraire, devenu très rare depuis quelques années, commence à reparaître, par suite de la libération des habitants débiteurs de la métropole, et en raison des revenus qui augmentent. C'est la période ascendante, qui sera fatalement suivie d'une rechute. Ces mouvements de hausse et de baisse sont réguliers et suivent les fluctuations des produits dont la nature varie. L'industrie sucrière, entraînant de grands frais, a dû amener de plus grandes fortunes et de plus grandes ruines.

A mesure que le sucre augmente, le girofle et le café diminuent.

*Tableau des exportations annuelles des denrées du
cru du pays, de 1815 à 1861.*

De 1815 à 1819, sucre, sirop....		696,632
De 1820 à 1821,	— ...	4,121,812
De 1825 à 1829,	— ...	9,680,241
De 1830 à 1834,	— ...	18,682,152
De 1835 à 1839,	— ...	20,589,361
De 1840 à 1844,	— ...	28,936,361
De 1845 à 1849,	— ...	22,460,007
1850,	— ...	21,362,732
1855,	— ...	56,905,208
1859,	— ...	62,596,309
1860,	— ...	68,789,081
1861,	— ...	61,611,200

Café. Années correspondantes : 1,890,010. —
1,720,732. — 1,940,574. — 874,404. — 894,295. —
940,423. — 450,054. — 286,361. — 259,117. —
200,178. — 239,629. — 62,045.

Le girolle varie pendant ce temps de 136,800 kil.
à 500,000 kil., pour tomber en 1861 à 57,316. Produit qui disparaît.

En 1850, la colonie récolte 30 kil. de vanille, et, en
1861, 15,773 kil. Le cacao, de 1832 à 1836, donne
56,500 kil., évalué à 1 fr. 40. Produit qui va en di-
minuant.

Le coton donne 10,000 kil. en 1815, 48,000 kil.
en 1816, 40,000 en 1821. En 1836, 0.

Blé.—En 1822, la colonie fournit le blé nécessaire

à sa consommation et en exporte à Maurice. En 1836, elle recevait du dehors 1,663,500 kil. de blé et 186,223 kil. de farine.

De 1833 à 1836, moyenne récolte de blé, 188,200 kil. Riz, 717,960 kil. Le riz importé de 1830 à 1836 a été en moyenne de 11,673,039 kil. Le maïs récolté de 9,004,425. Manioc, 10,440,640. Les songes, patates, légumes, ne sont pas appréciés.

En 1870-1871, 31 à 34,000,000 kil. sucre environ ; café, 438,350. En 1871, la vanille donne 25,547 kil., évalués 3,852,050 fr. Maïs, légumes, etc., évalués 2,229,000 fr. Nous voyons la production sucrière, la plus importante de toutes, diminuer de moitié. Les frais ne diminuent pas en proportion, et il en résulte pour beaucoup un déficit irrémédiable, ruineux.